大是文化

努力不一定能賺更多，我的人生站不起來，又不想跪下，
除了躺平還可以怎樣？

倦怠

為何我們不想工作

科技專欄作者、前《中國新聞週刊》主筆
波波夫——著

CONTENTS

推薦序一　人為何要努力，不努力會怎樣嗎？／何則文……07
推薦序二　想擺脫無以為繼的倦怠，不妨認知真正的自己／少女凱倫……09
前　言　站不起來又不想跪下，只好躺平……11

第一章　倦怠，全世界的年輕人都一樣……17
01　不想工作，但還是想發財……18
02　薪水高、拿錢快、做一天結一天……25
03　討厭競爭，不上班更幸福……33
04　拒絕長大，立志終生當靠爸族……44
05　努力不一定成功，但不努力真的好舒服……50
06　只想躺平的一代，應該怎麼站起來？……60

第二章　生不逢時的窮忙世代……69
01 大學一畢業，就身負重債……70
02 消失的工作與全新的工作……80
03 與其窮忙，不如降低對物質的需求……93
04 富二代、官二代、壟二代與貧二代……106
第三章　閃辭、跳槽，成為職場常態……123
01 體面的離職，也是一種技術活……124
02 快轉人生，讓你更快倦怠……133
03 三年換一次工作，很正常……147
04 慢就業，是理性思考還是逃避人生？……154
05 別讓間隔年變了味……162

CONTENTS

06 高學歷的無業遊民開始增加 169

第四章 職場的隱形殺手 179

01 八小時裡，被忽略的與被壓抑的 180
02 「喪班」族，一週有七天不想上班 187
03 千禧世代，更易倦怠的一代 197
04 永遠在線，無間歇工作的代價 204
05 從倦怠、憂鬱到自殺 214
06 沒有熱情了，換份工作會更好？ 224

第五章 反抗與陷阱，青年社畜大逃亡 231

01 工作九九六，生病ICU 232

02 零工經濟，新型僱傭關係的坍塌 247
03 你的人借我用，疫情催生出「共享員工」 260
04 斜槓青年，不得已的跨界 268
05 居家辦公，看上去很美 276
06 數位遊民的理想與現實 286
07 逃離朝九晚五，一個美國青年的烏托邦試驗 295

第六章 活在當下，才能幻想未來 301

01 辦公室還有未來嗎？ 302
02 人工智慧，是朋友還是敵人？ 310
03 消失的邊界：數位時代，工作將重新定義 323
04 在不確定的世界，穩住自己 345

推薦序一
人為何要努力，不努力會怎樣嗎？

暢銷作家、職涯實驗室創辦人／何則文

這是一個變動的時代，我們面對比我們父執輩更加動盪的局勢，全球疫情、國際強權對峙、少子化、高房價等議題，讓年輕人難以依循著過去的人生成功路徑前進。一九八〇年代，那是一個臺灣錢淹腳目的時代，大學畢業生有三萬元月薪，臺北房價一坪十萬元，一間房子不過三百萬元，二十幾歲買房大有可能。

然而今天臺北房價沒有個幾千萬元根本只能買到廁所，年輕人不婚不生。根據內政部的統計，三十歲以上單身人口超過六百萬人，無獨有偶，這樣的情況全球已開發國家幾乎都遇到。日本有不工作的繭居族、韓國有五拋世代[1]、歐美的尼特族，以及近來中國很熱門的躺平主義，這些都是經濟發展到一定程度後，青年必然會遇到的挑戰和困境。

1 指放棄戀愛、放棄家庭、放棄生育、放棄買房，以及放棄兼顧人際關係。

越來越多年輕人「拒絕工作」，很多主流輿論對這樣的現象表示批評，也有許多「長者」表示年輕人一代不如一代，然而事實是怎樣呢？真的只是表面上看到的這樣而已嗎？

這本書給了我們很好的全景圖，作者波波夫雖然從海峽對岸出發，然而曾擔任過《中國新聞週刊》主筆的他卻擁有一個開闊的環球視野，彷彿從宇宙中的上帝視角看下來，深度剖析每個國家遭遇到的狀況，書中也引用許多臺灣的數據跟資料，讓人倍感親切。

波波夫面對這樣的現狀，他沒有用一個高道德的標準去批判，而是用溫情的觀察為我們描繪出一個眾生相。在書中，沒有一個鮮明的價值判斷，他不說怎樣是好的、怎樣是壞的，不用黑白分明的鋒利筆觸，而是囊括所有色彩光譜的立體視角。

在他的分析中，我們看到了一個具體的脈絡，不只知其然，還更知其所以然。他用縝密的邏輯演算出未來的職業生態可能，並在最後用一個反求諸己的概念收尾。告訴我們，不論我們要用怎樣的心態、信仰面對，最終都要由自己決定，自己去賦予人生意義。

這樣的思維我是很有共鳴的。的確，過去的成功不能預測將來的成功，變動的時代我們也要跟著找到屬於自己的方向。沒有人可以告訴我們該去哪、能做些什麼，這些議題都要靠自己在混沌中尋找。人為什麼要努力？不努力會怎樣嗎？活著的本質是什麼？作者沒有直接給我們答案，而是用精采生動的故事，讓我們學會找到自己生命的價值與意義。

你也疲倦了嗎？也曾想過要離開自己當前這份工作，好好休息嗎？你並不孤單，世界上有千千萬萬跟你一樣心累了的青年。然而，你也可以不迷茫。透過這本書，你將更了解今日世界的「何以故」，進而找到屬於你人生的為什麼。

推薦序二

想擺脫無以為繼的倦怠，不妨認知真正的自己

《人生不是單選題》作者／少女凱倫

首先，敬謝大是文化出版社邀請我撰寫《倦怠，為何我們不想工作》這本書的推薦序，讓我有機會反思，作為一個九〇後，上接嬰兒潮時代、守成、鮮少突破自我的父執輩，下接以自我為中心、敢說不一定敢當的Z世代。當我們正值事業衝刺期時，的確也跑得「上氣不接下氣」。

當你跑得快時，父執輩會說，「不要這樣做」、「不要那樣說」；當你跑得慢時，Z世代追在你的後頭說，「我會這樣做」、「我會這樣說」。生在這個時代，長大在這個時代，生活周遭的人事物，就是這麼荒誕無稽，壓得你無所適從，頻頻感到倦怠。

倦怠的是，你期望自己能應付每個人的需求。

倦怠的是，你期待能做好自己，世界卻希望你貢獻於它。

倦怠的是，你自認已做得很好，卻會受到社會價值觀的箝制。

有的人一生就這樣了，但不甘心的，還在努力跑著，逐漸的習慣那種「上氣不接下氣」的身心狀態。你，也處在這樣的狀態嗎？

本書作者波波夫是科技專欄作者、前《中國新聞週刊》主筆，他以產業面視角，解析了年輕世代的通病，用層層的現象點出了「多工窮忙」的歸因。

年輕世代並不是因為想多工而斜槓，反倒因為勞動紅利的時代過去，急於表達自我的青年，透過網路輕而易舉的為自己發聲、產生影響力，運用各種方式為自己掙得收入。

有才華、天賦、又肯吃苦的人，應當享有自我實現的回饋；但在真實資訊難以辨認的遠距時代，沒有天賦、沒有才華卻能聰明「展現」自我的人，竟也能享有回饋，因而認為「我所有擁有一切，是來自於我很棒、我很有自信」，殊不知也只是自我戴上的假面具，外人一眼就能看穿。

讀完本書，也許你能從中領會現在這個世界，急迫想展現自己的年輕人，究竟出了什麼問題，也許各種工作切換多重角色的你，也能因各種亂象被揭露而安撫躁動的心。

人生破碎迷惘之時，不妨靜下心，好好的認知自己、精進自己，讓自己的說話分量與權力加重，而不是把話說得多好聽，也許才能真正擺脫這種無以為繼的「倦怠」。

前言
站不起來又不想跪下，只好躺平

二〇一九年五月，世界衛生組織（WHO）首次把「工作倦怠」列入《國際疾病分類》，揭示了一個久被遮蔽的重大社會問題：為什麼那麼多人會在工作中燃盡自我，以至於精力耗竭、消極厭世、效率崩塌，以及為什麼年輕人越來越不願意工作、討厭上班，希望一勞永逸的「家裡躺」。

工作倦怠並非只是一個在辦公場所才存在的問題，也不僅僅是員工自己的問題，它是由落伍的教育體系、畸形的經濟增長、不公平的財富分配、薄弱的社會救助等一系列因素，所共同鞭撻出的現代文明的傷疤。工作倦怠對很多人來說，從學校邁向社會的第一步就已經開始了。

設想，當你擁有一張大學文憑，在投出一百多份履歷之後，依然沒有得到一個面試通知時，你會把原因歸咎於何處？是自己不夠勤奮，還是家境普通沒有靠山，抑或學校所傳授的知識脫節社會需求太多，還是經濟形勢太差企業縮編了？

生活在二〇二〇年代的年輕人，正面臨著有史以來最具挑戰性的就業環境：高等教育的擴張，導致整個就業市場對學歷的要求水漲船高，於是，博士畢業去當高中教師，名校畢業賣豬肉，「海歸」回國成「海待」，這些十年前媒體曾經刊登的新聞人物，如今都不足以吸引記者們的關注。因為，高等教育的普及，也是文憑去魅的過程。

畢業生可供挑選的職業，不是變多了，而是變少了。隨著自動化在各行各業的普及，從平爐工到底片沖洗員，父執輩們引以為傲的許多職業職位，如今只存在於檔案文字中；人們對於職業的想像力也日漸趨同和貧乏，從西方國家到東方國家，當一名大紅大紫的網紅，幾乎成為全球青少年共同嚮往的職業。這也是人類從生產社會走向消費社會的必然。

繁榮的服務業並沒有帶來想像中的輕盈未來，從旅行預訂網站的酒店試睡員，到外送平臺的外送員，在平臺經濟中，更多人奉獻出的是比傳統職位更多的汗水和時間，以至於「九九六」[1]成為今天科技行業的普遍工時制。相較於找不到工作的人來說，給你一個加班的機會，似乎也成為一種可以炫耀的煩惱。

相較於七〇後、八〇後，二〇〇〇年後出生的這一代人，生活已相當富裕。更富裕的結果是，畢業之後，工作並非年輕人唯一的選項，於是間隔年[2]也西風東漸，流行開來，只不過族群從原本的高中生變成大學生，從去公益組織做義工變成環球旅行，從思考人生的意義變成享受人生的樂趣。

變味的不只是間隔年。在消費主義和互聯網兩股大潮的衝擊之下，傳統的工作倫理已然分崩離析。不工作非但不是一種不道德的表現，相反還是家境優渥、人心豁達的表徵。在一個萬物皆可數位化的時代，傳統的工作場景和內容早已千變萬化，以至於人們對於工作的定義也在變化、工作的倫理也在蛻變。

工作和玩樂的邊界從未如此模糊過。澳大利亞大堡礁守礁人早已不是最好玩的職業了。對著好山好水，人們也會生出好寂寞的哀嘆。網遊打得好，可以晉升職業電競選手；喜歡寫寫畫畫擺弄影片的，則可以從各大內容平臺澎湃的流量中分得一杯羹；有好嗓子的搞怪高手則有機會在YouTube、抖音上賺得盆滿缽溢。

並不是「朝九晚五」、「三點一線」[3]才算是正經工作，一份工作做上幾十年也不可想像。無論在哪個國家，人們在一份工作上待的時間普遍只有三到五年，一生跳上幾回槽再正常不過；短暫、靈活、彈性取代了長期、穩定、剛性，成為當代主流的工作方式。一份工作已不足以成為我們身分的標識。

在這樣一個事物不斷變化的環境下，工作不再如同工業社會那樣成為主宰個人生活、社會秩序和社會生存能力的中樞。於是，那些說給勞動者聽的勤勞和奉獻的勸告詞，聽起來都如此的空洞和欠缺說服力。在一個數位化的消費時代，只有消費才會在我們的舞臺中占據中央位置。

---

1 指每天早上九點上班，晚上九點下班，一週工作六天。

2 Gap Year，泛指在學期間或畢業後，暫時放下學業和穩定的工作，給自己一段空窗期，四處旅遊、打工旅行等，來進一步認識自我、了解社會的一種做法。

3 指生活簡單不變，每天都是上班、下班、回家。

反正，無論是在格子間裡朝九晚五，還是居家創業，今天的工作平臺大部分都是對著螢幕——筆記型電腦、手機、平板電腦的螢幕，人生的悲歡離合就是在這一片又一片螢幕鏡面中起起落落、縱橫捭闔。不知數百年後的地球人，在看待生活在二十一世紀的我們，會不會也是一臉困惑：他們為啥一天花那麼多時間對著一塊螢幕？

勤奮並不總能帶來財富，很多時候不過勉強度日而已，這已是一種全球性現象。許多美國人一天做兩份工，才付得起房租水電；在日本，看上去很自由的零工越來越多，但單位勞動報酬遠不及正式員工，還會因為對於未來不確定，而自我延長工作時間；「世界是平的」的預測落空了，貧富差距的鴻溝在絕大部分地區其實是在拉大，無就業式的經濟增長更令人不安。

溫柔的人總是傷痕累累，許多無辜的年輕人正在承受社會不公正的後果，但職場專家們還是教導他們要繼續提升自身技能、終身學習，適應職場的日新月異。然而，讓人去適應機器又談何容易。在無燈工廠的流水線上，忙碌的是機械手臂，工人成為照料它們的保母；在裝扮得像遊樂園的科技公司辦公大樓裡，程式設計師們扮演著二十一世紀建築工的角色，為數位世界添磚加瓦；在一個日益麥當勞化（見第三五七頁的「放棄一些關於工作的幻想」）的社會中，越來越多的工作，是人在協調、適應機器，而非相反。

我們很有可能正在重演第一次工業革命機器對人異化的那一幕，焦慮、憂鬱、倦怠不過是這種異化在我們精神面貌上的投射。

越來越細緻的分工、越來越普及的自動化，在人們手頭工作和交付產品之間豎立起一道又一道隔離牆，最終讓人們看不清每一份具體工作的意義。無論是傳統的官僚制，還是新近宣導的扁平化管理，本質上都無法緩解當下工作一族所遭遇的意義虛無的精神危機。我們總得找到應對之道，於是，各種雞湯文章走紅朋友圈，冥想課程成為社畜們的新時尚，積極心理學成為當下熱門顯學，救贖之道層出不窮，但許多人還是被困在倦怠的迷宮。唯一可以安慰的是，我們並非孤獨的迷路。

第一章

倦怠，全世界的年輕人都一樣

什麼都不做只會滋生恐懼和懷疑；行動則能產生信心和勇氣。如果你想克服恐懼，別只坐在家裡擔心。走出去讓自己忙起來，會有意料不到的驚喜。

——人際關係學大師

戴爾・卡內基（Dale Carnegie）

01 不想工作，但還是想發財

你有沒有這樣的經歷，早上一睜開眼，想起接下來又是「住所——公司兩點一線」的一天，起床氣就莫名的升騰而起，但你又不得不拖著沉重的身體，重複著慣性的動作，過著和昨天差不多的又一天。但有這麼一群人，他們對工作極為看輕，工作只是為了最低限度的生活，而非人生的重心所在。

都是淡定惹的熱度

二〇二〇年四月的一天，人稱「竊．格瓦拉」的周立齊刑滿釋放，監獄鐵窗之外，迎接他的是，傳言中的網紅經紀公司開出的價值數百萬合約，以及媒體鋪天蓋地的報導和網路流量的狂歡[1]。廣西南寧電視臺在五年前播出的一則社會新聞，徹底改變了這個青年的命運，當時他因偷竊電動車被抓。大部分竊賊面對鏡頭都會懺悔，而他，儘管一隻手還被銬在鐵窗上，但他依然表情淡然的對著記者侃侃而談。

「打工是不可能打工的，這輩子不可能打工。做生意又不會做，『偷』這種東西才能維持得了生活這樣子。」對於看守所，常人避之不及，而他覺得，「在看守所裡的感覺比家裡好多了」（該新聞見下方QR Code）。在老家，他沒有朋友，沒有可以說話的人；在看守所，撲面而來的是形形色色的人生，以及他前所未聞的說話方式，最重要的是，提供了一個遲到的構建朋友圈的機會。

從二〇〇一年起，周立齊自稱在南寧偷了不下一千輛車，在看守所已經是「三進三出」。二〇一五年八月十四日，他跟集團成員在南寧興寧區偷走五輛電動車。經過鑑定，被偷的電動車總價值一萬零六百五十二元[2]。加上因為他和車主打了一架，因此竊盜變搶劫罪。後被法院數罪並罰，判處有期徒刑四年六個月。

身為慣犯，周立齊下手之前也有一套標準，「低於一千元的車都不要」。這顯然不是「盜亦有道」的二十一世紀版本，但經過電視語言的呈現和轉化，足夠戲謔和反諷。周立齊出獄前後的幾天，從衡量網路搜索熱度的百度指數上看，流量對他的關注達到了一個新高潮。

從一開始，周立齊身上就閃爍著吸引流量的特質，又因他的鬍鬚和髮型酷似古巴革命領導人切．格瓦拉那張著名的頭像照片，這也為他日

1 〈「這輩子不打工」的周某出獄，網紅經紀公司百萬簽約？他回絕了，理由是……〉，每日經濟新聞，二〇二〇年四月二〇日，http://www.nbd.com.cn/articles/2020-04-20/1426957.html。

2 約新臺幣四萬零七百六十二元，書中後續若無特別說明，所提金額皆為人民幣。依據二〇二一年六月匯率資料，人民幣一元約可兌換新臺幣四．三九元。

◀「這輩子不打工」的竊．格瓦拉新聞報導。

後取得「竊·格瓦拉」大名埋下伏筆。這條新聞播出時，傳播範圍尚小，竊·格瓦拉真正爆紅，還是緣於之後被互聯網流量加持。

草根的奮鬥生涯

在竊·格瓦拉入獄快一年後，一句「這輩子不可能打工」吹響了網路「廢柴」集結號。那段電視新聞先是被網友剪輯成鬼畜影片[3]在嗶哩嗶哩[4]（以下簡稱B站）上線，不但豐富了鬼畜惡搞影片的種類，也讓尚在獄中的竊·格瓦拉完成了從素人到紅人的「出圈」[5]。作為新興的影片網站，B站不但把彈幕培育成了一種全新的評論載體，同時也推動著網路次文化[6]部落裡的議題設置。

但竊·格瓦拉的影響範圍很快超出B站二次元[7]用戶，隨後如旋風般征服了百度「戒賭吧」千萬成員。戒賭吧一度是一千四百萬賭徒的「聖地」，初衷是希望設立一個能讓賭徒自我反省、互相勉勵的平臺，並打出「不賭為贏」口號。後來該貼吧人氣越來越旺，大量信用貸款仲介、非正規就學貸款也隨之湧入，搜尋潛在客戶。一些原本已經戒賭的人，在網路借貸的誘惑下重新走上賭場。

二〇一八年世界盃期間，戒賭吧再次成為賭球的聚集地，因大量網友舉報，二〇一八年六月，百度貼吧宣布封禁戒賭吧。但此時，竊·格瓦拉已經被戲稱為戒賭吧的精神偶像，他的頭像甚至被人印在T恤上在網路上銷售，被當作青年文化的另類圖騰。

除了髮型和鬍鬚，周立齊和古巴革命者切．格瓦拉幾乎沒有任何相似之處。前者不過是一個偷車賊，而後者則是名聲大作的古巴英雄和世界偶像，儘管西方世界對切．格瓦拉爭議不斷，但在他身故的半個世紀後，切．格瓦拉化身為一個廣為流傳的反主流文化符號，他的肖像不僅出現在壁畫、遊行、音樂和海報等各種公共場所，也成為T恤、襯衫、郵票、杯子、鑰匙鏈、皮帶、棒球帽等許多商品上的圖案。

相較於切．格瓦拉的偶像化，網友為周立齊取名竊．格瓦拉，其邏輯類似於「海淀羅志祥」、「臨汾陳喬恩」，更多的是一種網路文化惡搞。對於戒賭吧的吧友來說，竊．格瓦拉也被視為草根階層對主流文化的溫和挑逗，他們不滿於精英階層和主導媒體掌握話語霸權的現狀，為了爭奪話語權，草根群體透過無厘頭、輕鬆搞笑的惡搞，對精英霸權和主導文化進行顛覆和抵抗，拓展了話語空間。

隨著媒體的深入調查，人們得以一窺竊．格瓦拉的成長經歷：竊．格瓦拉生於一九八四年，家住南寧農村，兄妹六人，他排行老五，但個子最高。家境貧苦，小時候經常光腳上

3 用頻率極高的重複畫面（或聲音）組合而成的，一段節奏配合音畫同步率極高的影片。
4 中國一個以ACG（日本動畫〔Anime〕、漫畫〔Comics〕與電子遊戲〔Games〕的英文首字母縮略字）相關內容起家的彈幕影片分享網站。
5 指人或事物知名度變高，開始進入大眾視野，變成真正的公眾人物。
6 Subculture，又稱亞文化或非主流文化，指相對於某個主流文化的小眾文化。
7 指的就是動畫（Anime）、漫畫（Comic）、遊戲（Game），以及小說（Novel），也就是所謂的ACG＋N；也包括所有虛擬角色，像是初音未來。

學，而接受正規教育止於小學，曾北上打過工，也交過一個漂亮的女友。在年近五十歲的大姊眼裡，竊．格瓦拉對朋友講義氣，人也善良，「那時年紀小，是被外人帶壞的[8]。」

竊．格瓦拉三十多年的經歷，讓人不自覺聯想起香港導演周星馳電影裡所刻畫的底層草根形象，真實生活則一網打盡底層的酸甜苦辣，儘管有偷竊等違法行為，他也曾試圖做個好學生，也試著打過工、談戀愛，讓人依稀看到自己的一點影子。鏡頭中的竊．格瓦拉說話無厘頭，出獄之後，經紀公司拿出天價合約想捧紅他，這一幕更像極了從《喜劇之王》到《食神》裡周星馳鏡頭下小人物的逆襲故事，極易博得人們的共情。

我廢柴但我快樂

互聯網上對竊．格瓦拉的圍觀，某種程度上體現的正是人們在審醜群嘲（按：群體嘲諷）中，發洩自我以達到自嗨的心態。

在知乎問答網中，「如何評價竊．格瓦拉」問題之下，有人回答：「事實上太多老哥是這樣子……其實本質上就是遇到困難了，很多人都會有逃避的念頭，而竊．格瓦拉不光產生了這個念頭，他甚至還付諸實際行動，真的不打工、不做生意，就是靠偷維持生活[9]。」

對於四次入獄的竊．格瓦拉的流行與竄紅，批評者認為這是流行文化墮入庸俗的表徵，並提醒大眾要警惕罪惡被網路鬼畜洗白，蹭流量不能是審醜大戲。還有評論擔心：「周立齊將來如果在經紀公司的指導下開了直播，一定是在反覆吟誦他的『語錄』，進而迎合著一些人對勞動的不屑、對規則的嘲弄等。這完全脫離了正常娛樂的範疇，純粹是糟蹋公序良俗、惡搞世道人心[10]。」

這種批評可能低估了輿論場自帶的糾錯、淨化功能，事實上，如果稍微留意一下B站、微博在有關竊·格瓦拉影片下的留言，便可以發現，大部分人仍然有著符合主流道德標準的判斷，流量的喧囂更多是一種審醜的狂歡。

傳統意義上的審醜一般有兩層含義，一方面指審美外觀上的不和諧，另一方面又指倫理道德中的惡。審醜與審美相輔相成，共同構成當前社會大眾的審視觀念，而審醜也構成了網路文化的一個檢視角度，類似股票市場的做空機制，審醜透過披露、呈現「醜」，來幫助網民自發的辨別、理解「美」。

兩千多年前，蘇格拉底就曾討論過醜的相對性問題：「胳膊，在賽跑中是美的東西，在拳擊中卻是醜的東西，反過來，也是一樣，因為任何一件東西如果它能用在對的地方，它就同時是善的又是美的，否則就同時是惡的又是醜的。」一八五三年，德國哲學家羅森克蘭（Karl Rosenkranz）出版了西方藝術史上第一本關於醜的專著——《醜的美學》（*Aesthetic of Ugliness*），確立了醜在美學中的獨立地位。

---

8 肖潔、溫豔麗：《對話周虹》，《瀟湘晨報》，二〇二〇年四月十八日。

9 見知乎 https://www.zhihu.com/question/50311204。

10 崔文佳：《「不可能打工」的周某火了，蹭流量不能是「審醜大戲」》，載「新京報」，二〇二〇年四月二十日。

作為一種社會現象，審醜也從早年的電視選秀到現在網路視訊一路蛻變。在網路推手的推波助瀾之下，鳳姊、芙蓉姊姊、王尼瑪、小月月等 web 1.0 時代的「網紅」，以不循常理的肢體表演和超出常規的言行，集體撕開了網路審醜的大幕。

在以「視聽」為主的消費主義時代，身體作為一種經濟資本，在網路審醜中扮演了重要角色，身體在消費的同時，也在被消費。特別是在社會轉型時期，在快節奏的工作生活節奏的重壓之下，容易出現集體社會焦慮，網民需要找到一個突破口來排遣壓力，審醜對象身體展演製造的視覺奇觀，正好迎合網民的娛樂心理，在網路空間形成了一種狂歡化的氛圍。

相較於鳳姊、芙蓉姊姊主動迎合大眾審醜截然不同，竊．格瓦拉因偷竊電動車入獄，既有悖於道德和法律的規範，同時又因其極為窘迫的生活，和不願打工的勇氣，形成了極大的人物反差，他的言行舉止之中，體現出一種小人物原始的拙樸，進而升騰出一種莫名的笑中帶淚的喜感，水乳交融般匯入流量的汪洋大海。

不想打工、偶爾想戀愛、一直想發財，這並不是竊．格瓦拉一個人的想法，而是一群人的態度。人們對竊．格瓦拉的圍觀，其實澆灌的是自身失意的塊磊（按：比喻胸中鬱積的不平之氣），是青年群體失落反叛的表徵，審醜和惡搞所代表的只不過是一種狂歡的儀式，它既可能消失在主流價值觀的規訓下，也可能淹沒在奔騰的資訊流中，它原有的顛覆意義和抵抗意義，很快就會被下一個網路熱點給風吹浪打去。

02 薪水高、拿錢快、做一天結一天

如果說竊．格瓦拉是一個人在「戰鬥」，那麼常年徘徊在深圳龍華區的「三和大神」，則為我們提供了觀察「不工作族」的群體象徵，只不過他們是為了最低生活所需，而打最低限度的零工，永遠趨近又永遠無法實現不工作的願望。

打工青年的頹廢勝地

皮褲哥一度是三和一景。

二〇一八年的一天，棲息於天橋下的皮褲哥，聽到橋上傳來救命聲，原來是幾個醉漢想要調戲一個女孩，皮褲哥雖然兩天沒吃飯，仍迅速衝到橋上，趕走了醉漢，並因此負傷。當時的皮褲哥因身著一身皮褲，由此一戰成名，得以在三和「封神」。

三和大神最初被叫做「龍華臨時工」。大概在二〇一五年初，天涯[11]上出現了一篇關於三和的貼文，稱這些臨時工為大神一般的人物。三和大神的名號繼而在百度龍華貼吧流行開

11　中國一個網路社區，提供論壇、部落格、相簿、影音、站內消息、虛擬交易等多種服務。

來。二〇一六年，經由媒體大量報導，三和大神的名聲不脛而走。

三和大神中的「三和」一詞，指的是龍華區景樂新村三和人才市場，地處城中村，附近有包括三和、海新信等十二家職介機構，日均求職人數約七千人，這裡被視為深圳特殊之地，低端勞動力的集散地。城中村的道路上白天常常睡滿人，很多人打著赤膊，有人直接在路上大小便。

據龍華街道辦事處披露，該區居住人員超過三千人，其中九五%是外來人口。三和人才市場常年提供一些零工職位仲介服務，因此聚集了一大批打零工的外地青年。在這裡，他們找到的最多的零工是服務員、快遞分揀，大都不需要特別的技能，日薪普遍在百元左右。

深圳是中國製造業的重鎮，在過去四十多年，數千萬年輕人從全國各地湧向這個南方的海濱城市，尋找屬於自己的機會。智聯招聘發布的《二〇一九年冬季中國雇主需求與白領人才供給報告》顯示，二〇一九年冬季深圳求職每月平均薪資一萬零四百七十七元，位列中國城市第三位，堪稱高薪白領的天堂。

相較於白領們月薪過萬的收入，對於沒有接受過高等教育、缺乏專業技能的打工族，特別是三和大神來說，月入過萬簡直就是天文數字。《二〇一八年深圳市人力資源市場薪資指導價位》顯示，深圳一半的薪水階級的月薪低於五千零六十九元。

三和大神的詞典裡只有日薪百元，這足以維持他們好幾天的生活。在三和一帶，有著極為低廉的生存解決方案：幾元一碗的麵，兩元一桶的清藍牌礦泉水，十五元一晚的廉價旅館床位，十元網咖通宵。這一條龍的服務為大神營造了一個低成本生活的伊甸園，由此支撐了

「做一休三」（工作一天休息三天）的三和臨工模式。

薪水高、拿錢快、做一天結一天

「沒有人一開始就是大神，只是與天鬥、與人鬥，贏了走出三和，輸了成為大神。」這是人稱「三和歷史書記」的方言在他所創辦的三和大神網[12]上寫下的一句話。

這個網站也被媒體揶揄為「三和大神的神祕花園」，方言在裡面寫了很多大神的故事、傳聞，也從社會學、心理學角度對大神的行為、心理進行了剖析。在三和大神網裡有篇文章〈集體潛意識和個人潛意識的犧牲品：三和大神〉裡，方言寫道：

> 老哥我作為一個資深的三和大神，一路在癱瘓，一路在自救。為了自救，我盡力搜索心理學各派理論、宗教佛教基督、瑜伽經，就差巫術了吧。海信酒店旁上千大神行為驅動的不受意志控制性和強力循環性，讓我接受了精神分析、潛意識理論，寫了近二十篇被一個網友評論為沒文化的（分）析文（章），雖不知道他對有文化和沒文化的具體定義是什麼，但自己心中是有一種不能完美，或六十分的解釋三和大神的心理動力學的感覺[13]。

12 有關三和大神的動態可參考 https://dashen123.com/。
13 方言：〈集體潛意識和個人潛意識的犧牲品：三和大神〉，三和大神網，二〇一九年四月十四日。

方言用文字和圖像，在互聯網上保留了一段寶貴的關於這一邊緣群體的紀錄。每一個三和大神都有自己的故事。

就像皮褲哥，他和紅姊、小黑，成為唯三被列入「三和人物專欄」的大神，個中原因大概是這三位是最能代表三和大神精神的：「精神已升天、吃喝全不管，以天為蓋、以地為席，今日有錢今日花，明日無錢才打工。」

三和大神代表了底層打工者最幽暗的一面。關於皮褲哥的故事，我們只知他十多歲時從湖北南下深圳打工，做過流水線工人，最後在三和街頭餐風露宿，偶爾有網友送他飯，卻也是為了換取錄製一段視訊，上網賺取流量。

許多大神也曾在富士康這樣的大廠打過工，但大都從事不需要專業技能的簡單重複的體力勞動。大神普遍吃不了起早貪黑加班的苦，在日本放送協會（NHK）拍攝的《三和人才市場：中國日結百元的青年們》紀錄片中，一位三和青年回憶當初在富士康的經歷：「一天擰三千多臺 iPhone 的螺絲，一天睡不了幾個小時，幹了幾個月就無法忍受。」還有些人時運不濟，會被黑心仲介介紹到黑心工廠，不但拿不到工錢，還可能被老闆坑錢，最後血本無歸。

那些吃得了苦的，二十出頭來到深圳，老闆要你做啥就做啥，

▲ 三和大神——
皮褲哥的故事。

▲ 三和大神——
紅姊的故事。

▲ 三和大神——
小黑的故事（文字）。

但到了快三十歲，「打工也打煩了，心態不一樣，耐心沒有了。」加上過了黃金勞動年齡，也難以找到更好的工作，而回到家鄉也自覺面子上過不去，在逃避和奮鬥兩種情緒的交鋒中，最終逃避理想占了上風，從長期工轉向來打零工。

到了三和之後，他們依然挑剔。就像竊．格瓦拉偷車只偷千元車一樣，三和大神對零工也有自己的堅持：**薪水高、拿錢快、做一天結一天**，三個條件缺一不可。否則寧可衣不蔽體、食不果腹，就像皮褲哥一樣好幾天沒工作、沒飯吃，最後餓倒在三和街頭。在上述紀錄片裡，一位大神說：「一百塊錢幹八、九個小時，餓死了我都不會去幹。」再後來，索性不工作，在三和附近流浪，慢慢也沒有了夢想，對生活也沒有了指望，成了三和大神。

浪跡網咖

三和大神的結局大都無人知曉。

和紅姊、小黑一樣，皮褲哥早已消失在三和街頭，不知所蹤。三和大神聊微信、玩《王者榮耀》，乍看也和其他年輕人並無兩樣，但窘迫的生活狀況，讓他們也更容易受到網路借貸和網路賭博的誘惑，淪為資本獵殺

◀《三和人才市場：中國日結百元的青年們》紀錄片。

鏈條的最末端。

《三和人才市場：中國日結百元的青年們》紀錄片開頭的旁白就概括了三和大神的迷茫和無力：「他們沒有夢想，沉湎於虛擬實境世界。他們是被暗黑世界吞噬的青年。這裡黑心仲介橫行，他們再拚命打工也無法逾越貧富鴻溝。絕望感在年輕人中間蔓延。」

在遊戲資訊網站觸樂網上刊發的〈在三和玩遊戲的人們〉，則提供了一個觀察窩在網咖裡的三和大神沉淪日常的窗口。文中採訪的其中一位是化名阿孝的大神。

十四歲時，他曾為了省下兩元的上網費，花五小時從村子步行到網咖。一年後，由於太愛玩網路遊戲《傳奇》，他與家人大吵一架，帶著一百零三元到東莞找表哥，在一家烤爐廠做了三年，又到中山做了幾年皮鞋，還在北京郊區的工廠打過工。離京赴深的原因只有一個：當地「砍服」[14]的朋友叫他來玩。兩年前，三和的一個朋友叫他來玩。阿孝來了，本來只想待一個月，結果一待就是兩年。來三和的第一個星期，他在網咖裡丟了手機，第二個星期丟了錢包，第三個星期丟了行李。每天在網咖裡睡醒，身上總是要少點東西。作者見到他時，除了身上實在看不出多久沒有洗的牛仔褲以外，他最貴重的財產可能是兩包二十二元的玉溪香菸，還是作者在之前給他的「好處費」[15]。

在三和，因為做「砍服」，阿孝一天收入最高時能超過五百元，已屬衣食無憂。但更多沉迷在網咖裡的大神，境況堪憂。有人甚至猝死在三和所在的龍華區網咖。據中國影片網站梨視頻報導，二〇一九年五月二十日，二十四歲的小夥子上網三十多小時後，在網咖猝死。老闆說，事發時他桌上還有兩瓶白酒。網咖工作人員說，小夥子上網後出去，拿了酒來喝，回來睡覺就睡死了。同年八月，又一名二十七歲男子在網咖連續上網近二十小時後猝死。網咖負責人說，當時他趴在桌上，叫不醒他，救護車趕到時發現他已失去生命跡象。

微博名人「花總丟了金箍棒」曾在景樂新村一帶臥底，原本想找一個廢青自暴自棄的故事，卻發現了一個群體被碾壓成泥的現場。最後他把這段經歷寫成〈尋找三和死者〉：

那些最終連身分證都賣掉的人，要多麼走投無路，才會這樣涼薄的埋葬明天。景樂北有形形色色的自我流放者，其中少數由更高階層墜落，主體還是來自草根的一群人……他們面對帶毒的誘惑毫無抵抗力，最終被形形色色的陷阱與圈套反覆收割、敲骨吸髓[16]。

最典型的是一度在三和非常流行的手機假分期付款，門市幫大神從網路借貸公司貸款五千元，其中四千元歸門市，大神拿到一千元現金，也就是說大神為了拿到千元現金，卻要欠下五千元網路借貸。

二〇一七年末，由於網路上出現的各類三和大神文章，龍華街道辦事處啟動「百日整治」行動，由深圳市公安局帶頭，多部門抽調人員成立綜合治理攻堅組，進入三和人才市場

14 中國玩家提起《傳奇》時，既不提這款遊戲的名字，也不說玩。他們說「砍服」。「砍」字總結了《傳奇》的核心玩法，「服」字代表了私人伺服器的最大特徵：新伺服器數量極多、伺服器合併速度極快。

15 楊中依：〈在三和玩遊戲的人們〉，觸樂網，二〇一七年五月三日。

16 花總丟了金箍棒：〈尋找三和死者〉，微信訂閱號「新裝腔指南」，二〇一八年二月十二日。

實地辦公，強力推進整治工作。三和所在的景樂南北片區迎來最大規模整治，包括三和人才市場在內的多家仲介被定性為黑心仲介被迫關閉[17]。

今天，當你再次踏上三和街頭，路邊躺臥的流浪漢模樣的三和大神已難覓蹤影，在城市治理的重拳之下，三和大神再次走向命運的十字路口。

03 討厭競爭，不上班更幸福

基宇出生在韓國首爾一個貧窮的家庭，和妹妹基婷以及父母在狹窄的半地下室裡過著相依為命的日子。一天，基宇的同學上門拜訪，他告訴基宇，自己在一個有錢人家裡給他們的女兒做家教，太太是一個頭腦簡單出手又闊綽的女人，因為自己要出國留學，所以將家教的職位暫時轉交給基宇。

就這樣，基宇來到了朴社長家中，並且見到了他的太太，沒過多久，基宇的妹妹和父母也如同寄生蟲一般進入了朴社長家裡工作。然而，他們的野心並沒有止步於此，基宇更是和這家的大小姐墜入了愛河。隨著時間的推移，朴社長家裡隱藏的祕密漸漸浮出了水面……。

即使是條寄生蟲，也想當條好命的蟲

韓國電影《寄生上流》，講述了一個關於富裕階層與底層人士的複雜故事，也揭示了半地下室裡隱藏著的不同於漢江奇蹟（按：指一九五三年至一九九六年間韓國首都漢城（今

17 〈深圳大力整治「三和大神」亂象：刑拘五十四人，取締黑仲介〉，澎湃新聞，二〇一七年九月四日。

首爾）經濟的迅速發展。因漢江貫穿了漢城市中心，將漢城分為江南和江北，故以漢江為名）的另一面。

二〇二〇年二月，韓國導演奉俊昊執導的電影《寄生上流》榮獲奧斯卡最佳影片、最佳導演、最佳國際影片、最佳原創劇本等四項大獎，創下韓國電影史紀錄。這部電影選取富裕的朴家和貧苦的金家，用寓言式的黑色幽默手法講述，展開對於貧富差距的討論，從而獲得了一種跨文化的普世認同。

在《寄生上流》裡，奉俊昊把階層之間的鴻溝，透過居住條件直接展現給觀眾：一個住山上華麗的豪宅，另一個住陰暗的半地下室。在韓國，人們認為一個體面的人，首先得擁有一輛好車或一棟漂亮的房子，而住在半地下室裡幾乎就與貧民身分畫上了等號。由於擔心與北韓爆發戰爭，南韓政府在一九七〇年更新了建築法規，要求所有新建的低層公寓樓都必須有地下室，以便在國家緊急情況發生時充當掩體。二〇一八年聯合國指出，儘管韓國是全球第十一大經濟體，但該國缺乏民眾負擔得起的住房，這是一個很大的困境，特別是對於年輕人和窮人。在快速上漲的首爾租房市場中，這種半地下室公寓已成為經濟實惠之選。

在現實生活中，仍然有成千上萬的韓國人住在陰暗的半地下室。據韓國國土交通部二〇一八年統計，韓國仍有三十八萬戶家庭居住在地下、半地下以及閣樓內，在韓國最繁華的首爾，半地下室的住戶比例占全國近六〇%。其中相當大一部分是剛走出校園的大學畢業生。和《寄生上流》裡的金家人一樣，許多底層韓國人難以找到一份穩定的工作。

據韓國《中央日報》報導，韓國僱傭勞動部初步統計結果顯示，二〇二〇年一月至四月一日期間，韓國新增四十五．五八萬失業補助金申請者，比前一年同期增加近五分之一。受到新冠肺炎疫情衝擊，韓國出口經濟備受打擊，每天失業人數比韓國燃氣公司（四千兩百一十三人）和韓國最大菸草公司KT&G（四千零七十五人）的雇員總數還多，甚至高於韓國金融行業在過去三年所裁的銀行職員的總數（六千人）。

閉上眼睛的時候是最好的

每年，在失業大軍中，還會有一小部分人轉化為無業遊民，成為「尼特族」（Not in Employment, Education or Training，簡稱NEET）——該詞源自英國。一九九九年，一份來自英國工黨政府受社會排斥學生輔導小組（Social Exclusion Unit，簡稱SEU）的報告中，將不就業、不升學、不進修或不參加就業輔導的年輕人稱為尼特族。

網紅MEGI，是一個韓國女孩，每週她都會更新一段「真實的無業遊民日常」的影片，記錄著她的尼特生活：賴床、起床、看影片、吃午飯、看動漫、吃晚飯、看影片看到凌晨四點半、睡覺。但MEGI也很少出門，一如她在影片中所說：「出門就會花錢，所以只能待在家裡。乾脆不願睜開眼睛，即使睡不著也會閉上眼睛。這樣一來，不知不覺間就會睡著，時間也在流逝。閉上眼睛的時候是最好的。」像MEGI這樣的無業遊民絕非個例。

據韓國統計廳資料，二〇一七年韓國非經濟活動人口中，不參與經濟活動，原因為「休息」的十五歲至二十九歲青年為三十．一萬人，比二〇一六年多二．八萬人，占韓國青年口的三．二%，比二〇一六年高出〇．三個百分點。韓國非經濟活動人口是指既非就業人員，也非失業人員，有工作能力但無就業意圖，或無工作能力對勞動供給無貢獻的人群，基本等同於尼特族。他們不參與經濟活動的原因有準備入學、育兒、退休、殘疾、準備入伍、休息等，不一而足。

大部分尼特族同時也是「啃老族」。韓國職業能力開發院在二〇一七年發表的《啃老族實態分析與課題》報告顯示，韓國成人中啃老族共計約六百三十一萬人，他們成年後依然無法獨立，需要父母給予經濟支援。和MEGI類似，他們常常中午起床，第一件事是拿起手機或者打開電腦，然後匆忙的洗漱、翻找家中冰箱剩下的食物，緊接著開始一天的上網閒逛，聊天、刷劇、玩遊戲，一直到半夜，日復一日。

韓國中央大學教授李炳勳認為，韓國年輕人逐漸意識到，社會已經形成如此明顯的階級分層，絕大部分人無法進入精英階層成為不爭的事實，因此感到受挫和憤怒。青年求職屢屢碰壁導致心灰意冷，最終死心[18]。

上過大學並不等於光明未來

當你走在首爾的街頭，其實很難碰到尼特族，他們大部分時間是在網路上閒逛。和三和大神一樣，韓國尼特族信奉**「討厭競爭，不上班更幸福」**，但他們的學歷普遍比三和大神要高出一大截。據經濟合作與發展組織[19]統計，二〇一七年，這些在韓國人看來「不升學、不就業、不進修的青年群體」，在十五歲至二十九歲人群中的比例接近五分之一，其中四成以上擁有大學學歷。

上大學並不意味著過上衣食無憂的日子。韓國的高等教育普及率位居全球前幾名，近七成的年輕人都上過大學。高等教育普及的另一面也意味著，教育水準的參差不齊，以及隨之而來的學歷通膨的問題。一如韓國勞動社會研究所發布的報告《韓國青年尼特族特點與經濟費用》中所分析的，高學歷尼特族雖然完成了大學教育，但是他們在完成大學教育後，並沒有成功的轉化為勝任社會角色的獨立社會人：他們既沒有在專業上成才，又沒有在精神上成人，而是處於尼特狀態。

一些年輕人在上大學時就過上了尼特族的生活，《時代》（*Time*）雜誌記者亞曼達・瑞普立（Amanda Ripley）曾經在《教出最聰明的孩子》（*The Smartest Kids in The World*）一書中，講述過韓國教育體制存在的問題，一位曾經在韓國交換過一年的學生告訴她，在韓國課堂上常常有三分之一的學生在呼呼大睡[20]。高等教育普及也是把雙刃劍。一方面，上過四年大學，受高等教育文憑的加持，使得不少年輕人心態發生變化，對薪資有了更高的期待，

---

18 杜白羽：〈韓國廢除精英高中的啟示〉，《新華每日電訊》，二〇一九年十一月二十一日。

19 簡稱經合組織，Organization for Economic Cooperation and Development，OECD，至二〇二一年計有三十八個會員國及五個擴大參與的國家，OECD素有WTO智庫之稱，主要工作為研究分析，並強調尊重市場機制、減少政府干預，以及透過政策對話方式達到跨國政府間的經濟合作與發展。

20 Amanda Ripley, The Smartest Kids in the World: And How They Got That Way, Simon & Schuster（Reprint）, 2014.

但實際能力又無法匹配；另一方面，在富裕環境下成長起來的九五後、〇〇後（按：分別指一九九五年至一九九九年，和二〇〇〇年至二〇〇九年出生的一代）一代又不願意做辛苦的工作。找不到輕鬆錢又多的工作，寧願空等。如果父母的經濟狀況能夠支撐日常生活，就更不想工作。

但更多人是走出大學校園之後才感受到了現實的殘酷。韓國的《中央日報》分析了韓國大學畢業生二〇一四年到二〇一七年的就業資料發現，大學畢業生平均就業率從六四・五％下滑到了六二・六％，創下二〇一一年來新低，而SKY（按：韓國最著名的三所綜合性大學首爾大學〔Seoul National University〕、高麗大學〔Korea University〕和延世大學〔Yonsei University〕的英文首字母縮寫）級名校的畢業生，就業率也未能躲過就業寒潮，下滑幅度甚至超過了普通大學。

尼特族的存在，也從另一個側面揭示了階層板結[21]問題。二〇二〇年新年一開始，韓國國際廣播電臺發布的民調顯示，有七五％的民眾認為韓國貧富懸殊的現象非常嚴重，在對於本人或子女是否能躋身上層階級的問題上，有四六％的受訪者認為「不可能」，回答「有可能」的人僅占一七％。

韓國大部分的尼特族並非主動放棄工作，更普遍的情況是，他們找不到理想的工作。已開發國家中，韓國青年的失業情況尤為嚴重。經濟合作與發展組織發布的資料顯示，韓國二〇一八年失業人口中，二十五歲至二十九歲人群占比二一・六％，在經濟合作與發展組織成員中連續七年排名第一。韓國二十五歲至二十九歲人口僅占十五歲以上人口的七・八％，失業率占比卻始終徘徊在二〇%的高水準。專家指出，由於韓國國內大企業月薪（四百八十八萬韓元，約新臺幣十三．二萬元）是中小企業（兩百二十三萬韓元，約新臺幣六萬元）的兩倍，韓國年輕人寧願花費更長的時間求職進入大企業，而企業則不願擴招起薪高、勞動靈活性較差的大學畢業生[22]。

經濟合作與發展組織對韓國青少年工作情況的調查顯示，韓國青年就業率低還與高等教育普及導致的就業時間延後有關。韓國的高等教育擴張無法與勞動市場需求銜接，僱傭政策導致非正式員工和正式員工的待遇兩極化。而受限於就業機會，高學歷者開始向下爭食低技術類型的工作，低學歷青年受到直接擠壓。目前韓國有一半以上的勞工都是非正式員工，遠超過日本的三三%，隨時面臨被解僱的危險。

無法考上公務員，無法被三星、現代、大宇等大公司錄用，等待畢業生的可能是一輩子打臨時工，或者當大企業的非正式雇員的結局，就像是被韓國上班族奉為「人生教科書」的漫畫《未生》中的一句話：「做著像灰塵一樣的工作，最後卻變成了灰塵。」

工作就是浪費生命

尼特族並非韓國獨有。

21 比喻呆板、不會變通。

22 〈調查：韓二十五歲至二十九歲失業者占比居經合組織第一〉，韓聯社，二〇二〇年一月十三日。

九五後的阿什莉和艾米是五十八萬尼特族中的兩位女孩，她們來自澳大利亞雪梨德魯伊特山區。她們寧可在麥當勞受凍、開著舊越野車滿山跑，也不願意去工作，她們認為工作就是浪費生命。阿什莉稱：「我不想工作一輩子然後死去，我想要的生活並非如此。找工作是很難的，而我其實不想去找工作。福利署（Centrelink）會幫我付房租和我需要的一切。」阿什莉的朋友艾米最近被她所在的機構開除，現在還沒有工作。艾米稱：「那裡什麼都不給，我為什麼還要去。這很不公平，我只是想享受我的生活，但我不想被開除。」

阿什莉和艾米並非個例。據經濟合作與發展組織於二〇一六年九月發布的「投資青年」（Investing in Youth）報告，儘管澳大利亞經濟連續二十五年增長，目前仍有五十八萬當地青年屬於尼特族，也就是平均每八名十五歲至二十九歲澳大利亞青年中，就有一名是尼特族，相較於二〇〇八年全球金融危機後的統計資料（十萬名）增加了許多。

這份報告指出，澳大利亞男性尼特族傾向於「花更多時間在娛樂活動上，比如打電腦遊戲、看電視、睡覺」。一般來說，年輕女性在結婚有孩子之後會辭去工作或休學，而年輕男性辭職或休學的原因則是「教育程度低、缺乏合適的工作機會、生病或殘疾等」[23]。尼特問題也引發了澳大利亞媒體的關注。《每日電訊報》（*The Daily Telegraph*）撰文稱，這一問題對整個澳大利亞是很危險的，澳大利亞已經面臨眾多債務問題和財政赤字，在醫療、教育、福利等方面花費越來越大。

文章警示尼特族：「每個人都知道澳大利亞的經濟發展緩慢，尼特的增多就意味著其他人獲得的服務減少。」許多人對此表示不理解，認為不願意工作的年輕人是澳大利亞的恥辱：「我們納稅人養活的是這些遊手好閒的人」；「希望福利署能看到這兩位女孩的言論」。還有人稱，這個問題已經無法控制，建議取消那些遊手好閒、享用福利超過一年的人的投票權。

萬里之外的法國也有類似的煩惱。歐盟統計局於二〇一八年發布的報告稱，法國有九十六・三萬名年齡在十六歲至二十五歲的青年屬於不就業、不進修也不參加職業培訓的尼特族。

報告顯示，年輕尼特族當中三一％擁有職業教育文憑，比如獲得了「職業能力證書」（Certificat d'aptitude professionnelle，簡稱CAP）或「職業教育文憑」（Brevet d'études professionnelles，簡稱BEP），他們通常可以在一年內找到工作；二〇％則沒有獲得任何文憑，研究人員認為這部分人是就業的「最脆弱群體」。與此同時，尼特族年輕人也很少得到父母的經濟支持，他們每年平均從家中獲得一千三百七十歐元（約新臺幣四萬六千六百三十五元，歐元與新臺幣的匯率約為一比三十四・〇四元）的資助，而學生每年平均能夠得到四千六百一十歐元資助[24]。

《人民日報》（海外版）援引根據臺灣中正大學的研究報告稱，二〇一二年臺灣十五歲

23 Australia should improve the quality of vocational education and training to help young people into work, OECD.org, September 12, 2016.

24 魯佳：〈研究：法國近百萬名年輕人不就業、不參加職業培訓〉，海外網，二〇二〇年二月十一日。

至二十四歲的年輕人中，未就業、未就學，靠啃食父母財產生活的約有四十七・二萬人。也就是說，每十位臺灣青年中，可能有一人是尼特族[25]。臺灣《聯合報》把這四十七萬人稱為「沉重的負擔」[26]，記者採訪了一位畢業生：二十五歲的阿凱，會計系畢業，兩年間投過兩百多封履歷、到五十多家企業面試，全都沒下文。他說要念書考證照，卻每天花十幾小時玩電腦遊戲。

據新加坡二〇一六年全國青年調查的最新資料，該國有兩萬多名尼特族，占青年居住人口的四・一%。比起二〇一三年的一萬九千七百名（三・七%），攀升了〇・四個百分點。《聯合早報》採訪了一位新加坡理工學院媒體與傳播專業的畢業生，還原了他如何成為尼特族的經歷：「在被十家製作公司拒絕後，他對找工作感到害怕，加上過去實習工作讓他留下的不愉快的經驗，如工作時手腳慢遭活動公司炒魷魚等，都導致他對工作心生恐懼，去年還罹患憂鬱症。過去一年半以來，他每日都在家中度過，他既沒有上學也沒有工作，同時也沒參與任何培訓。為了把生活開銷減至最低，他每日在家中看報紙、上網或聽廣播。只有偶爾會外出幫父母跑腿，因為父母會幫他支付餐費和基本費用[27]。」新加坡人力部同國際勞工組織（International Labor Organization，簡稱ＩＬＯ）指出，尼特族是青年人口中較弱勢的一群人，他們在人力市場及社會排斥方面有更高的風險。

隨著全球經濟深度探底，未來尼特族還會再膨脹。

國際勞工組織二〇二〇年三月發布的《二〇二〇年全球青年就業趨勢》稱，目前全世界大約有十三億年輕人，其中二・六七億是尼特族，預計到二〇二一年這一數字將達到二・

七三億。女性比男性更易淪為尼特族。上述研究顯示，年輕女性成為尼特族的可能性是年輕男性的兩倍多。

對比二〇一七年發布的《全球青年就業趨勢》，處於既未工作，也未接受教育或培訓狀態的青年人數呈上升態勢。二〇一六年，大約有二・五九億青年被劃為此類人群；二〇一九年，這一數字上升至約二・六七億；二〇二一年，預計這一數字將進一步上升至二・七三億。從百分比的角度來看，趨勢仍然是上升的，從二〇一五年的二一・七%上升至二〇二〇年的二二・四%。這些趨勢意味著國際社會設定的目標將無法實現，即「至二〇二〇年持續降低既未工作也未接受教育或培訓的青年的比例」的目標。

「全世界太多青年正在脫離教育和勞動力市場，這將損害他們的長期前景，最終將危害這些國家的社會和經濟發展，」國際勞工組織就業政策司司長李相憲（Sangheon Lee）指出：「導致這些青年成為尼特族的原因各式各樣。面臨的挑戰是，如何在為這些年輕人提供服務所需的靈活方法，與產生影響所需的強有力的政策和行動之間取得平衡。不會有一種萬能的方法。」

---

25 李煒娜：〈四十七萬人賦在家 臺灣「尼特族」怎樣過日子？〉，《人民日報》（海外版），二〇一三年六月四日。
26 李昭安：〈四十七萬尼特族臺灣沉重的負擔〉，《聯合報》，二〇一三年五月二十七日。
27 〈不上學不工作不受訓，本地有兩萬多名「尼特族」〉，《聯合早報》，二〇一九年六月二十三日。

04 拒絕長大，立志終生當靠爸族

在日本，還有一群人，過著比尼特族更為封閉的生活。吉子的兒子十四歲那年，因在學校碰到不開心的事情，就逃學，從此住進了家裡的廚房，拒絕離開半步，也不允許任何人進來。從那時起，吉子不得不另找一個房間作為臨時廚房。廁所就挨著吉子兒子「閉關」的廚房，而他平均半年才洗一次澡。

不同於尼特族只是拒絕工作、平日可能遊手好閒的外出，在日本被視為「正在消失的人群」的「繭居族」（Hikikomori），他們從內心抗拒人群，甚至希望完全從社會蒸發。於是，繭居族親手給自己在家裡打造一間牢房。

儘管不喜歡待在家，但總比出門工作好

與吉子兒子六年蟄居比起來，山瀨賢治的經歷更為極端。他二十三歲從大學退學後，就一直蟄居在東京的寓所，三十年來幾乎足不出戶，全靠母親養。當母親已經八十多歲無力照顧他時，他告訴媒體：「在家時，我會讀書或只是睡覺，但這並不有趣。我會感到焦慮，但我討厭回到社會重新工作的想法。我想避免再經歷一次痛苦，所以儘管我不喜歡待在家裡，

但總比出門工作好[28]。」

按照日本厚生勞動省的界定，連續六個月沒有上學或工作、一直獨自宅在家、很少與自己直系親屬以外的人互動的人被定義為繭居族。在一九七八年，這種極端的蟄居現象第一次被定義為「退卻型精神官能症」。

日本繭居族也引發了國際關注。二〇一〇年繭居族作為一個外來詞被加進《牛津英語詞典》中。二〇一五年，日本政府對十五歲至三十九歲人群進行的調查顯示，大約有五十四·一萬人屬於繭居族，而二〇一八年對四十歲至六十四歲人群的調查顯示，約六十一·三萬人為繭居族，其中四十六·七%的人已經蟄居了至少七年，其中三四·一%的人是在啃老[29]。

不過，日本知名的繭居族問題專家、精神病學家齋藤環認為，政府的統計資料低估了繭居族的數量。與無家可歸的人不同，這些繭居族通常與父母生活在一起，不必擔心食物或住所。在這種情況下，隨著年齡的增長，他們當中的許多人將繼續過著隱居的生活。考慮到這一點，齋藤環相信日本的繭居族人口最終可能會超過一千萬。

---

28 Andrew Mckirdy, The prison inside: Japan's hikikomori lack relationships, not physical spaces, The Japanese Times, June 1, 2019.

29 William Kremer & Claudia Hammond, Hikikomori: Why are so many Japanese men refusing to leave their rooms?, BBC, July 5, 2013.

受到霸凌而不敢出門

作為專門研究青春期和青春期精神病學的著名學者，齋藤環早在一九九八年就出版了《繭居青春：從拒學到社會退縮的探討與治療》一書，令繭居族的問題浮現到公眾視野。齋藤環研究發現，**日本的青少年繭居族，許多是由於受到校園霸凌而不願走出家門**[30]。

校園霸凌是日本最為嚴重的社會問題之一。日本教育部在二〇一八年十一月公布的資料顯示，在截至當年三月三十一日的學年中，日本全國各公私立學校的霸凌事件多達四十一萬多件，創下二〇〇五年以來新高，小學生的暴力行為也有增長趨勢。其中四百七十四件被認為是嚴重霸凌，還有五十五名學生因嚴重霸凌，生命安全遭受危害。學年間共有兩百五十名學生自殺，有十名學生曾遭到霸凌[31]。

很多蟄居者都是由於校園霸凌或者課業壓力選擇了與校園脫鉤。青少年一旦長期進入蟄居狀態，他們就會陷入惡性循環。通常，個人、家庭和社會是聯繫在一起的，但是當人們退出社會時，他們失去了這些聯繫點，並且由於日本民族尤為濃厚的恥感文化[32]心理，他們的家庭也隨之逐漸脫離社會。隨著形勢的惡化，繭居族們僅憑自己的努力難以重返世界。

長期蟄居也給正常的家庭生活造成重創，首當其衝的是家庭暴力問題。齋藤環於二〇一九年七月，在日本外國新聞中心舉行的關於繭居族的新聞研討會上稱，約一〇%的繭居族案件中涉及家庭暴力。「長期退出社會的人們，感到自己的生活毫無意義或價值，他們變得極為悲慘。對他們來說，將自己的處境視為自己的過錯，實在是太痛苦了，因此，他們開始責怪父母沒有正確養育他們。即使沒有遭受虐待，他們也會自認為遭受了虐待，他們對家人的不滿也很容易發展成暴力[33]。」

齋藤環認為，父母必須堅決拒絕繭居族對家人的暴力行為。他們必須向孩子明確表示，他們將透過與員警聯繫，或離開家來對這種行為作出反應。如果發生暴力，他們必須在當天進行警告。離家避難之後，與霸凌者取得最低限度的聯絡，以一週為限，只有在被禁者承諾不再重演暴力之後才能返家。蟄居者中年化甚至老年化的趨勢也令人擔憂。在日本西部的島根縣，當地繭居族中大約有五三％的年齡在四十歲及以上，北部山形縣的這一比例為四四％。這種情況又帶來新的問題，即年長的蟄居者在父母去世後該如何維持生活[34]。

孤獨，是他們最後的尊嚴

日本記者池上正樹在過去二十多年，陸續採訪過一千多位繭居族。二〇一四年，池上正樹把這些採訪結集出版為《繭居族：真正尋找出門理由的人》一書，揭開了繭居族的脆弱：

30 Japan's「Hikikomori」Population Could Top 10 Million, nippon.com, September 17, 2019.
31 〈日本校園霸凌引關注 需多方聯手保護「少年的你」〉，央視網，二〇一九年十二月一日。
32 注重廉恥的文化心態。
33 Japan's「Hikikomori」Population Could Top 10 Million, nippon.com, September 17, 2019.
34 Maiko Takahashi：〈無法面對學習和工作，如何讓五十萬「蟄居族」加入日本勞動力大軍？〉，《商業週刊／中文版》，二〇一六年十二月。

他們失去了自尊心和信心，離開家會讓他們變得越來越害怕，只有將自己鎖在房間才會感到安全。書中寫到一位經歷二〇一一年日本大海嘯的繭居族倖存者說，即便面臨海嘯的死亡威脅，他也不願從房間出來。相較於遭受海嘯的死亡吞噬，他更恐懼避難所的人際關係。

一般研究認為，日本的蟄居問題之所以如此突出，與日本青少年承受了過大的壓力有關。一個重要原因在於日本泡沫經濟崩潰後，社會轉型進入多元化時代，家長和社會對青少年施加了過大的壓力、寄予了過高的期待，最終壓垮了年輕人精神上的最後一根稻草。

日本心理學家土居健郎的研究顯示，日本現代化發展中人際關係疏離、「工蜂式男人」導致父親的形象日趨矮小乃至父權失墜、社會與家庭結構發生巨變等現象加劇了青少年孤僻、內向、社交恐懼的依賴型人格的養成。在溫室中長大的部分青年因為缺乏忍耐、毅力、吃苦精神，往往以逃避來應對失敗與挫折[35]。

弘樹的案例說明了家庭氛圍對於孩童成長的重要性。據《鳳凰週刊》報導，中學時弘樹曾因遭受欺凌而輟學，三十歲時，由於被一個外國客戶辱罵而辭職在家，一待就是十七年。弘樹的父親早先會將工作壓力帶回家……談起兒子的近況，他顯得自責：「我沒有考慮到孩子的想法，在家裡也很少交流。」人際疏遠並非發生在弘樹一家。二〇一〇年，日本NHK電視臺播出了一部紀錄片《無緣社會》（影片見左頁QR Code），討論的是「現代人的孤獨老死」。高齡、少子、失業、不婚、城市化，造就了這樣一批人：他們活著，沒有人和他們聯繫，他們沒有工作、沒有配偶、沒有兒女，也不回家鄉；他們死了，沒有人知道，即使被發現，也沒有人認領他們的屍體。

「無緣」一詞，在日語中的意思是「沒有聯繫」。在無緣社會的文化背景下，繭居族社會成員因怕給別人、甚至親朋好友添麻煩，加上受恥感文化影響，許多繭居族的家庭抱著家醜不可外揚的心態，也不願意向外界尋求幫助，最終導致整個家庭也逐步從社會網絡中脫離，難以尋求外部的支持，進而導致人際關係淡漠。

此外，與崇尚個體主義的西方世界相比，日本父母覺得自己有義務要撫養孩子，這也進一步延長了孩子的蟄居期。研究發現，繭居族通常會同時伴隨發生憂鬱症等精神疾病或發育障礙，其類型和嚴重程度可能會有所不同，如果不及時治療，患者更難走出房間[36]。

正是目睹了無數繭居族自身的無助、特別是給他們家庭帶來的巨大痛苦，池上正樹一直推動日本政府關注這一人群，幫助他們重返社會。從二〇一二年開始，池上正樹在每個月的第一個星期日，組織一場關於繭居族的會議，參加者多為繭居族和他們的親屬。

◀ 無緣社會——誰管我死活。

35 土居健郎：《日本人的心理結構》，商務印書館，二〇〇六年。
36 Edd Gent, Social isolation is often blamed on technology, but could it be part of the solution?, January 29, 2019, BBC.

05 努力不一定成功，但不努力真的好舒服

May haha 曾經在知乎上記錄了她畢業兩年沒上班的日子：「畢業兩年，在家，鄉下小城市。畢業時，爸爸不想讓我出去打工，要我回家裡的工作室幫忙，給薪水。實際上，工作室就在家裡，我也沒有具體的工作內容，其實就是待在家裡而已[37]。」她還總結了這三年的九點感受：

- 交際圈變小。好朋友只剩兩個在本地，而且都已經上班，工作日累成狗，根本約不出來。朋友上班後也有了新的圈子，關係不再像以前那麼緊密，週末也有各種飯局要參加，各種私事要處理，一個月能見一次就不錯了。
- 自尊心變得很脆弱。比以前更愛面子，出門一定要光鮮亮麗，怕被人看不起。同學聚會問起工作時，各種遮遮掩掩不想多談，內心自卑而恐懼，擔心被人瞧不起。
- 承擔更多家務。雖然安排了很多計畫想要振作起來，比如學英語、看經濟學書之類的，但是在父母眼裡那都是閒事，隨時可以被打斷。
- 花錢畏首畏尾。雖然爸爸給薪，但內心覺得自己只是偶爾幫忙影印資料、端茶倒水，根本不值得那份薪水，因此想盡辦法把錢花在父母身上，主動幫家裡採買。

- 生理時鐘混亂。睡覺可以睡到自然醒，白天想睡就能睡，又由於心理壓力，所以經常熬夜看小說。聽過一句話，喚醒你的是夢想，同理可證，不想早睡早起迎接明天的原因是缺乏夢想。缺乏知識體系的建立。想要豐富生活、振奮精神，也不過是學一些不務正業的興趣愛好而已，比如舞蹈、鋼琴、羽毛球之類的，東一榔頭西一棒槌，短期難以創造經濟價值，還花錢。如果有工作的話，就會有相對明確的工作要求、提升方向，學到的東西更容易形成體系。
- 膽子越來越小。缺乏工作經驗，害怕面試被提問不知如何回答。於是不敢找工作，更缺乏工作經驗。惡性循環。除了家人外，很少與外人交流，並開始逃避接觸陌生人，不想出門，不想出遊，每次出門都要鼓起勇氣自我激勵。現在變成了死宅[38]。
- 大部分衣服延續了學生時期風格。不用工作就不用穿ＯＬ服裝，不用穿高跟鞋，平時都穿運動鞋、寬鬆運動褲、棉Ｔ。相信我，這個年紀如果去哪兒都這樣穿，感覺很邋遢。
- 心思會比較單純，對利益得失不太敏感。晚上基本不出門，很安全。如果父母不同意的話，不能養寵物。又因為接觸不到同年紀的陌生異性，所以沒有男朋友。睡眠品質很好。

37　原貼文見知乎 https://www.zhihu.com/question/28726751。
38　形容一個人宅到無可救藥。

面對網友走出家門工作的鼓勵，May haha 回答說：「在家的好處是水、電、房租都不用付。美容化妝、營養保健品和老媽用一樣的，可以用到國際品牌的東西，花自己的薪水絕對買不起。看到老同學眼角深深的魚尾紋，對用劣質產品的生活深感恐懼。我很臭美。如果需要報進修班學東西，不用擔心時間問題。正在努力提升可以SOHO（Small Office Home Office，意為居家辦公）的工作能力，比如修圖軟體、寫作、翻譯、教鋼琴、證券投資。原諒我，已死於安樂了……不知道走出去的好處有多好，已知的壞處已經嚇退我的腳步。」

一人失業全家憂鬱

據歐盟統計局的資料，在二十歲至三十四歲的歐洲人中有一六．五%屬於尼特族，調查發現**受教育程度越低，年輕人成為尼特族並因此陷入貧困和社會排斥的風險就越大**[39]。如果這批不工作青年長期保持與經濟活動脫軌的狀態，無論對其個人、家庭還是社會，都會造成深遠的消極影響。

從自身影響看，當青年不工作時，最重要的影響就是青年潛力的損失。首先，長期失業對年輕人會造成一些心理上的效應影響，邁阿密大學社會學家克莉西亞．莫薩科夫斯基（Krysia Mossakowski）經研究發現，**長期失業的年輕人會產生行為和精神上的永久性變化**，那些談論失業不會對心理造成傷害的說法是無稽之談[40]。具體包括：

- **孤獨感**。主要表現為社會關係排斥，即個人被排斥出家庭和社會關係，這種形式的排斥，很大程度上是觀念排斥在社會交往中的表現。
- **焦慮和憂鬱**。這是大學生新失業群體中常見的心理壓力，由隱性失業者到準失業者至顯性失業者，反應強度依次遞增。畢業生在失業狀態下，往往高估和誇大負面後果，對生活和事業前途擔憂、煩躁，極易造成失眠和食欲不振，終日鬱鬱寡歡、心灰意冷、情緒低落。
- **自尊降低**。大學生對失業會有一種自我存在的消失的恐懼感。原本自我期望比較高，在沒有找到發揮長處的職位時，自尊降低。畢業後離校成為必然，而找一個去處成為當務之急，幾乎所有大城市的角落成了他們的新去處。
- **偏激**。不公正現象是此類反應的主要應激源[41]。現實存在的若干不公平現象，少數用人單位錄用畢業生時講人情、講關係，使得一些畢業生產生歸因偏差[42]，把求職失敗歸因為外因，無權無勢、生不逢時，認為世界上一切都不公平。這一認知模式把失業者的視野局限在不可改變的外部因素上，忽視了自己內在的可以改變的力量。在某些事件，特別是發生不公正的社會排擠事件的刺激下，會加劇他們的反應，甚而

39 Beatriz Rios,「NEETs」: A youth group at high risk of poverty and exclusion, EURACTIV. com, March 24, 2020.
40 常保瑞、方建東：〈心理健康視角下的大學生失業群體問題研究〉，《經濟研究導刊》，二〇一三年第三十六期。
41 壓力源，指任何能夠被個體知覺並產生正面或負面壓力反應的事件或內外環境的刺激。
42 一種認知偏差，指人們在評估或試圖尋找自己和他人行為的原因時，所犯的系統性錯誤。

引發各種形式的反社會行為。

- **攻擊行為**。攻擊行為是高強度心理壓力下產生的激烈反應，是失業者在受到刺激時容易引發的一種極端心理，對生活狀況不滿的人比其他人更傾向於採取激烈手段來表達自己。假若不滿情緒缺乏正常合理的宣洩管道，失業者在人際交往過程中，會因自己的失勢，別人的得勢，在小矛盾的激化下，失去理智，將他人作為自己的發洩工具，而不管行為的結果如何。
此外，攻擊行為還表現在對他人口頭上的惡意指責、恐嚇、誹謗等，這些都嚴重影響了他人的生活、工作。特別是嚴重的暴力攻擊行為，對他人生命安全構成極大的威脅。
- **非理性的情緒宣洩**。就業挫折、焦慮、孤獨等負面的心理感受，給大學生失業者帶來巨大的心理壓力，甚至心理危機。這些大學生對於繁華與殘破的對比、驕傲與自卑的落差體驗更深刻，這形成了他們對社會主觀的看法，理想和現實的鮮明對比，使得內心的衝突和煎熬或許更激烈痛苦。網路和這一群體對網路的運用能力，也使他們很容易聚居成群體，在網路上自由表達觀點，盡情發洩情緒，有言語相侵、人身攻擊，也有揭露隱私、侵害名譽，甚至是侮辱、誹謗以及在現實生活中的侵擾，給當事人造成巨大傷害。

其次，已有大量研究文獻證明，**長期失業者在經濟和精神壓力下，身體健康狀況也會日**

漸敗壞。研究顯示，年輕失業一代的健康狀況已變得不佳，而且這種狀況有可能伴隨終生。哥倫比亞大學經濟學者蒂爾瓦・馮・威希特（Till von Wachter）等人，共同對賓州一九七〇至一九八〇年代失業者的死亡率進行過分析。他們發現，特別是四十歲至五十歲的男性在失業後，死亡率上升非常顯著。他們還發現，三十歲左右失業後男性的平均生存期限，短於五十歲至五十五歲時失業的男性，並比從未失業過的同齡人的平均壽命短一年半[43]。

此外，青年失業會導致工作經驗的缺乏，並導致未來工作收入的減少。

繭居族、啃老族，如何「脫繭而出」

對家庭來說，青年不工作，除了無法分擔家計，同時也加重了家中的經濟負擔。由於許多國家已經遭遇人口老化問題，若放任青年不累積自身人力資本，及勞動市場的就業經驗，就可能導致其於成年後就業競爭力較低，或安於無業的情況，等父母退休、無力負擔家計時，家中經濟狀況就會惡化。有研究顯示，年輕時的失業經歷會形成創傷效應，不僅導致之後薪資水準下降，並且會增加後續失業的可能性。

耶魯大學專門研究經濟衰退對年輕人收入影響的經濟學者麗莎・卡恩（Lisa Kahn）認為，在所有條件相同情形下，失業率每上升一％，新畢業生就業初期收入最多會平均減少

43 Don Peck, How a New Jobless Era Will Transform America, The Atlantic, March 2010.

七%，尤其是一九七九至一九八九年這一批的畢業生。更不幸的是這批人至今看不到彌補與前期畢業生收入差的機會。另有研究顯示，工作中薪資增長的三分之二出現在進入職場後的前十年時間。此後一旦進入家庭生活，得到升遷和變更工作性質的難度會更大[44]。

此外，在衰退期就業的畢業生幾乎終生要拴在一份工作上，難有更換工作的機會。如此才能保全工作，才有獲得升遷的機會。這會讓年輕人逐漸形成懼怕風險的性格。出現這種就業「創傷」效應的原因可能包括：早年建立的行為模式傾向於持續；在失業期間技能和積極性會被逐漸磨平；雇主可能會將失業經歷作為識別訊號，以此決定受聘者是否能夠勝任。

短期失業很容易轉化為長期失業。一九九〇年代，英國失業現象的一個顯著特點是，在失業者中長期失業者的比例很高。一九九四年，在所有失業者中，長期失業者比例達到四〇%，其總數超過了一百萬。長期失業者比例高使得失業對社會的危害性更大[45]。

對社會來說，應就業的年齡未就業即會造成社會人力資本的浪費。

每年政府皆會編列高等教育經費，大學畢業生占用了這一資源，而失業就意味著大學畢業生沒有能夠立即反哺社會，浪費了寶貴的資源。另一方面，大學培養出優秀的人才，是國家人力資源的中堅力量。不工作導致了人才資源的極大浪費。對整個社會來說，越來越大的不工作群體增加社會的壓力、家庭的壓力，同時也會導致就業市場的結構性失衡。

除此之外，由於許多社會福利措施需仰賴國家勞動人口的支持，若放任大量勞動人口處於未就業狀態，就有可能進一步影響到社保系統的平穩運行。

歐盟於二〇〇八年及二〇一一年就曾針對會員國中，十五歲至二十九歲的尼特族所造成的社會成本及經濟損失總額進行統計。社會成本包含尼特族自國家設施中所獲得的所有利益（如失業津貼、疾病津貼等）；經濟損失則包含尼特族因未工作所損失的收入、未繳納的稅賦及相關社會保險費用等。

統計結果顯示，歐盟各國尼特族平均造成的國家經濟成本，在二〇〇八年約為四十六億歐元，每位尼特族每年約造成國家一萬歐元的經濟成本[46]。考慮到成為尼特族所造成青年的身心健康問題、家庭問題或其他問題而衍生的成本，這已算是非常保守的估計，實際上尼特族所造成的經濟損失可能不止如此。

非洲開發銀行在二〇一六年發出警告：「像北非事件（阿拉伯之春）[47]所表明的那樣，缺乏就業機會可能會破壞社會的凝聚力和政治穩定。」例如，據接觸過武裝組織「博科聖地」（**Boko Haram**）的奈及利亞記者艾哈邁德・薩爾奇達（**Ahmad Salkida**）稱，該組織很容易就能招募到年輕的失業者。此前，世界銀行二〇一一年的一份調查顯示，約有四〇%的叛亂分子是由於無法找到工作才參加叛亂運動的。

---

44 Don Peck, How a New Jobless Era Will Transform America, The Atlantic, March 2010.

45 Carey Oppenheim & Lisa Harker, Poverty: The Pacts, Revised and Updated 3rd ed., CPAC Ltd., 1996.

46 Jean-Marie, NEETs Young people not in employment, education or training : Characteristics, costs and policy responses in Europe, Eurofound, 2012.

47 二〇一〇年底，突尼西亞一名小販因抗議警方取締，當街自焚，引爆革命，迫使掌權超過二十三年的獨裁總統穆巴拉克下臺。

大部分尼特族、繭居族都不會戀愛、結婚，這也會導致一些國家本已存在的低生育率和人口老化問題進一步惡化。韓國行政安全部發布的統計資料顯示，截至二〇一九年底，韓國六十五歲以上的老年人口首次突破八百萬人，占總人口比例達一四．九％，創歷史新高。根據聯合國定義，當一個國家或地區，六十五歲及以上人口數量占總人口比率超過七％，該國家或地區進入高齡化社會[48]。

中國在面臨勞動力短缺和人口老化的雙重挑戰的同時，青年勞動人口中既不就業也不就學的人數量在持續增長，它將進一步加劇高齡化社會問題和勞動力短缺現象。這些年輕人形成了一支數量龐大的既不就業也不求學的隊伍，他們或者依賴父母供養，或者靠投機取巧、坑蒙拐騙維持生計，這批年輕人既給父母家庭帶來經濟壓力，同時也成為社會的包袱。

總之，若僅是短暫脫離就業市場及教育體系，可以視為從學校到職場社會化的過渡期，但若維持尼特族的狀態過久，就可能帶來長期負面的影響。如未來的就業會出現障礙、妥協於低薪資或對青年身心造成負面的影響等，包括藥物濫用、吸毒，參與犯罪行為，致使與社會進一步脫鉤。

雖然放慢腳步找工作未必是壞事，但待業時間過長，長期遠離職場，不體會社會競爭的壓力，或有些畢業生高不成低不就，好高騖遠，家庭條件優越的，在家中享樂，時間一長，競爭意識、鬥志都會消磨殆盡。而越是脫離社會，就會越跟不上社會的步伐，會演變成「懶就業」，甚至「不就業」，從而出現一種惡性循環。

許多國際組織和一些地區與國家，已經開始重視尼特族重返工作職場的問題。

國際勞工組織二〇二〇年三月發布的《二〇二〇年全球青年就業趨勢：科技與未來工作》報告稱，由於自動化的廣泛運用，職業培訓項目領域狹窄，以及缺乏足夠的與其技能相匹配的工作，青年在勞動力市場面臨著一個不確定的未來。

「沒有為青年創造足夠多的就業機會，意味著數百萬人的潛力沒有得到適當的開發，」國際勞工組織就業政策司底下的就業和勞動力市場政策處處長蘇克蒂．達斯古塔（Sukti Dasgupta）說：「如果我們要應對科技、氣候變化、不平等和人口變化帶來的挑戰，則無法承擔這些在人才以及學習上的投資的浪費。我們需要利用政府、工人和雇主之間的對話，來設計綜合的政策框架和迅速回應的培訓體系[49]。」

48 馬菲：〈韓國老齡化問題日益嚴重〉，《人民日報》，二〇二〇年一月十四日。

49 〈被排除在工作和培訓之外的青年日益增多〉，國際勞工組織，二〇二〇年三月十日。

06 只想躺平的一代，應該怎麼站起來？

在日本，少數的幸運者最終走出了房間。

來自東京的木村直弘，在經歷十年的蟄居生活之後，在齋藤環的幫助下逐步恢復與社會接軌。

二〇一六年，他創立了繭居族的第一份報紙《繭居族新聞》，每月發行一期，創立半年內一共發行了六千多份，這份報紙的內容主要是澄清外界對於繭居族的誤解。

日本內閣府在二〇一九年公布的一項調查發現，在四十歲至六十四歲的繭居族中七五％是男性。大約二一％的人說他們已經過了三年至五年的蟄居生活[50]，於是《繭居族新聞》就推出了一期關於女性繭居族的特刊，進而引導了公眾對女性繭居族的關注[51]。

還有一些繭居族會以匪夷所思的方式回歸社會。據英國ＢＢＣ（British Broadcasting Corporation）報導，齋藤環在二〇一六年發表了一項案例報告，他的一位調查研究對象在下載任天堂的手遊《精靈寶可夢ＧＯ》（*Pokémon GO*）後，突然開始經常外出。但更多的繭居族不知何時才能走出房間。

家有啃老族，怎麼辦？

中國的父母為了把窩在家裡啃老的孩子趕去上班操碎了心。一位重慶的韓姓單親母親，為了激發她二十五歲的兒子小宇出門找工作，她承諾說只要小宇找到工作，她就給他與工作薪水相同的獎勵金，最高五千元。韓女士的方法遭到所有朋友的反對，可是她還是把自己的想法告訴了小宇。不到一週，小宇就告訴她，自己找了一份南岸區網路公司的行銷工作，月薪三千六百元。

按照當初的約定，一個月就要補貼三千六百元。雖然兒子按照自己的想法出去工作了，可是韓女士有些不開心：「這個工作一聽就覺得不可靠，薪水也不高，他就是在應付我。」她要兒子再去找其他的工作，兒子問她是不是反悔不願意，她又不敢吭聲了，怕澆滅了兒子出去工作的熱情。「不管怎麼說，他願意去工作，我總算是放下心中的大石頭。」韓女士說：「現在小宇早上七點半出門，晚上七點前回家[52]。」

在湖北武漢，一對小夫妻辭職啃老三年，公婆無奈斷水斷電。二十八歲的殷俊和黃芳結婚三年。此前，因為結婚事務煩瑣，兩人在婚前雙雙辭職。結婚後，從沒做過家務的小倆

---

50 Eiraku Maiko, Japan's'Hikikomori'are growing older, NHK, May 5, 2019.

51 關珺冉：〈拯救百萬日本蟄居族〉，《鳳凰週刊》，二〇一九年三月。

52 郝樹靜：〈母親出奇招鼓勵啃老族兒子找工作：他賺多少我給多少〉，《重慶晚報》，二〇一七年六月二十日。

口，為了讓自己生活得更舒服，從新家搬來和殷俊父母一起住。兩人都是獨生子女，常為生活中的瑣事吵鬧不休，讓兩老很頭痛。

除此之外，日常的生活負擔也讓老人家受不了。孫子出生後，經濟壓力增大。「這兩個人卻像是沒玩醒似的，每天就是吃喝拉撒睡，家事我們做，沒錢了，就向我們伸手。」殷俊父親說，老兩口認為媳婦不賢慧，看黃芳越來越不順眼。不久，小倆口再次口角，婆婆很生氣，就數落了媳婦幾句。火頭上的媳婦又跟婆婆吵起來，還動了手。殷父回家後非常生氣，斷電、停水，要小倆口馬上搬出去。兩代人的矛盾鬧到了社區[53]。

二〇一四年三月的一天，家住榮昌縣的卿鴻父母報警，稱其兒子和媳婦早年在福建打工認識，兩人結婚後卻雙雙辭職在家啃老，不願出去上班賺錢。接到求助後，警察來到了卿鴻父母家。透過詢問，警察了解到，卿鴻和妻子都是八〇後，幾年前在福建打工時相識並在一起。起初，卿鴻父母考慮到兒子和媳婦在外打工時間不長，賺不了什麼錢，老兩還經常拿錢給兒子和媳婦花。結婚後，兒子和媳婦竟雙雙辭職回家，不出去上班賺錢，還不停的向老人索取生活費。而卿鴻父母每個月就只有幾百元的退休金，由於身體不好，每個月買藥的開銷很大，遂無奈之下報警求助[54]。

還有父母實在不堪壓力，直接把啃老的孩子告上法庭。家住北京、二十九歲的徐青，大學畢業後一直閒在家裡等吃喝，還將一名女網友帶回家長期同居。面對父母勸說，他說父母有義務養自己。徐先生將兒子告上法院，要求其限期搬出去。法院審理後，令徐青在判決生效後六十日內搬出徐先生的房子。沒想到判決生效後，徐青仍拒不履行。於是，被啃老七年的徐先生和朱女士又向法院申請了強制執行。執行中，徐青百般阻撓，還對父母大吼：「你們就是想逼死我，我要讓你們斷子絕孫[55]。」

山東省甚至立法禁止成年子女啃老。二〇一四年六月，山東省人民政府法制辦公布的《山東省老年人權益保障條例（修訂草案）》（徵求意見稿）中有一條禁止成年子女啃老的條款：「有獨立生活能力的成年子女要求老年人經濟資助的，老年人有權拒絕。成年子女或者其他親屬，不得以無業或者其他理由索取老年人的財物。」

據山東省法制辦相關負責人說，此次條例的修訂是為了進一步保障老年人合法權益，發展老年事業，弘揚中華民族敬老、養老、助老的傳統美德，促進社會和諧的必然要求。

不過，這一做法也引起了爭議，北京鐵路運輸中級法院研究室趙奇認為，山東擬立法解決日益嚴重的啃老現象，引導正確的價值觀，值得肯定。也許立法禁止啃老和要求「子女常回家看看」一樣，並不能從根本上解決問題，但至少警示啃老族，父母生活不易，生活要靠自己的雙手去創造。

北京大學法學院碩士生馬啟兵認為，中國的法律對於子女十八歲之後，父母是否還有繼續贊助、扶助的義務，並沒有明確規定。條例明確老年人有權拒絕啃老，從完善法律法規

53 蔣沖、普淑瑜：〈小夫妻辭職「啃老」三年，公婆無奈斷水斷電〉，《長江商報》，二〇一三年七月二十六日。
54 譚世龍、蔣青琳：〈小夫妻婚後辭職「啃老」老人無奈報警求助〉，中國新聞網，二〇一四年三月十二日。
55 張淑玲：〈大學生啃老七年被趕出家吼父母：讓你們斷子絕孫〉，《京華時報》，二〇一四年七月三十日。

的角度來講是有必要的。從法理學上來說，法律不但具有規範作用，還具有指引、預測、評價、教育等社會作用[56]。

編按：在臺灣，民法第一千一百二十八條規定，「家長」對於「已成年」或「雖未成年而已結婚之家屬」，得令其由家分離。但以有正當理由時為限。因此，只要你是「家長」（家裡輩分與年紀最大的人），具有正當理由時，就可以把已經成年或未成年但已婚的家屬趕出家門，叫他們自力更生。

捨不得孩子吃苦，將來他會更苦

躺平的一代能否重返社會、重新工作，主要受到內外兩方面因素的影響。

北京師範大學教育研究生韓倩，和香港大學哲學博士朱志勇在二〇一六年，透過對百度「啃老族」貼吧裡的尼特族群體的訪談和調查研究，想弄清楚為何一群擁有大學文憑、有一技之長的年輕人，會自願退出就業或處於遊動就業狀態，選擇在家啃老[57]。

韓倩、朱志勇的研究顯示，在個人選擇尼特狀態的影響因素中，外部的影響主要來自大學、家庭、遊戲和同輩群體。

大學教育的不足主要包括精神教育的缺失、專業科系設置的偏差和就業教育的缺失；家庭的影響主要包括「捨不得吃苦」的家庭教養方式、「依賴父母」的家庭文化，和富裕的家庭條件；遊戲的影響主要是提供了強大的吸引力，使受訪者在自我實現的過程中找到了工作的替代品；遊戲中的同輩群體使其擺脫了現實世界中的孤獨，更加沉迷於遊戲。這些外因作用於個體產生影響：包括精神層面的怕吃苦、沒責任感和逃避；工作層面的不吃香和準備不足；遊戲層面的沉迷。

在外部影響中，大學精神教育的缺失影響了他們的精神成長，專業科系設置的偏差導致一些高學歷尼特族在工作中不吃香，缺乏就業教育，使他們沒有對工作做充足的準備，讓年青一代不知道自己想做什麼、能做什麼。由於在工作中的不適應，以及害怕受挫，從而在觀念上不想工作。一方面，依賴父母的家庭文化和家庭條件，為這一群體的尼特狀態提供了物質基礎，他們可以不用擔心生活的來源問題。另一方面，透過遊戲、視訊能夠使其實現自我價值，在精神上替代工作的需求。

針對尼特族中的三個主要群體——低文化水準的已婚育齡女性、縣域社會青年和大學生啃老族，政府需要採取不同的政策促進其就業。中國社會科學院社會學研究所，青少年與社會問題研究室主任李春玲建議，如何使青年就業者儘快的、順利的就位於職位空缺，需要社會政策制定者實施扶助政策幫助青年就業，一方面，透過職業培訓等方式提升青年勞動力的文化和技能，從而增強青年的就業能力以適應相應的就業職位；另一方面，提供相應就業服務與指導，改善勞動力市場環境，使青年更容易找到合適的工作。

56 潘俊強：〈山東立法禁「啃老」引熱議被指多此一舉〉，《人民日報》，二〇一四年六月二十五日。

57 韓倩、朱志勇：〈大學之痛與身分之殤：高學歷尼特族研究〉，《高等教育評論》，二〇一五年第二期第三卷。

具體到這三大群體可以採取針對性的措施，推動他們重返勞動力市場：針對低文化水準的已婚育齡女性，可以把生育保障措施推進到民營中小企業，並對生育子女後返回勞動力市場的女性就業者提供技術培訓，以及鼓勵中小企業提供一些彈性工作時間的就業職位，都有可能減少低文化水準女性尼特族數量；對於縣域社會青年，加大中小城市和小城鎮的投資開發，推進當地的社會經濟發展，從而為這些青年提供更多的就業職位；針對大學生啃老族，政府相關部門調整政策思路，不是簡單關注應屆畢業生的就業率，而應把政策視角放寬，關注畢業生離校直至找到合適就業職位的整個過程。一些地方已經著手把這些不工作的青年拉上岸。

上海在二〇一七年把長期失業青年首次納入就業困難人群補貼範圍。按照上海市相關文件規定，具有該市戶籍、在法定勞動年齡段內，有一定勞動能力且就業願望迫切，但因自身就業條件差而難以實現市場化就業，連續處於實際失業狀態六個月以上的「一戶多殘」家庭成員、高齡被徵地人員，以及缺乏工作經驗、經多次推薦就業職位，仍未實現就業的三十五歲以下青年，可以提出「就業困難人員」認定申請。錄用就業困難人員的用人單位，每人每年可獲政府補貼近兩萬元[58]。

同一年，西班牙政府也宣布為了促進年輕人就業，簽訂非固定期限合約，僱用失業年輕人的企業，將享有大量政策優惠。據悉，企業可以先為這些失業的年輕人，提供為期十八個月的學徒期，之後再為他們提供非固定期限的工作合約，然後就可以獲得三年的政策優惠。進入學徒期的年輕人也可以從政府那裡，每個月領取四百三十歐元的補助。西班牙勞工部部長 Fátima Báñez 表示，此舉旨在幫助年輕人找到有品質的穩定就業。但是這每個月四百三十歐元的補助並非薪資性質的補助，而是為其接受的培訓提供幫助[59]。

此前，為解決二十四歲以下的一百二十萬尼特族的就業問題，二〇一二年英國教育部和工作與養老金部宣布撥款一．二六億英鎊（約新臺幣四十九．六一億元，英鎊與新臺幣的匯率約為一比三九．三七元）的經費，給那些幫助失業青年的私人公司和慈善組織，向年輕人提供就業服務和技能培訓等機會。

慈善組織和私人企業將依照幫助年輕人的結果來獲得經費的分配，每幫助一名失業青年就業或接受技能培訓，最高能拿到兩千兩百元英鎊的款項。政府期待採用這樣「按結果付款」的計畫可以解除「三無青年」[60]的「定時炸彈」，否則這些人年輕時找不到工作，未來也很難找到工作，一輩子的收入都低於平均水準[61]。

非洲也在行動。迦納創建了全國青年服務和賦權計畫，使大學畢業生獲得必要的技能，並幫助他們找到工作；模里西斯制定了鼓勵青年參與技術和職業教育的計畫；尚比亞推出了一項全國青年政策，和一個青年企業基金來刺激創造就業機會[62]。

58 周蕊：〈上海：長期失業青年首次納入就業困難人群補貼範圍〉，新華社，二〇一七年一月六日。
59 〈僱傭失業年輕人的西班牙企業可享政策優惠〉，海外網，二〇一七年七月十四日。
60 沒有職業、沒有在學及沒有訓練的一族。
61 〈協助無業青年就業可拿獎金〉，BBC，二〇一二年二月二十一日。
62 Kingsley Ighobor：《非洲振興：二〇一七年青年專輯》，聯合國官網，二〇一七年。

第二章

生不逢時的窮忙世代

走出貧窮不像是你亮出自己的護照，然後走過邊境這麼簡單。在赤貧和安逸的生活之間有一條寬闊的爭議地帶，而且，對於每個人來說，這條通道的距離都是不同的。

——普立茲獎得主、《窮忙》作者
大衛・K・謝普勒（David K. Shipler）

01 大學一畢業，就身負重債

在美國加利福尼亞州（簡稱加州）山景城的克里山托大道（Crisanto Ave）上，路邊一輛又一輛露營車停靠在一起，成為當地一景。

這些露營車通常是白色或米色，窗戶上覆蓋著百葉窗、床單或毯子。樹葉和灰塵有時堆積在擋風玻璃雨刷上，有些車輛的後面有發電機，以獲得額外的電力。有的車身一側打開的窗戶飄出烹飪食物的氣味，但不見人影。有年輕人正從車尾卸下自行車，準備騎到對面的公園裡，那裡正放著節奏強烈的拉丁美洲音樂，人們在燒烤、跳舞、唱歌。

一個矽谷兩種世界，以車為家的白領

這裡其中一輛車就是艾倫的家。艾倫在聖荷西州立大學做全職英語講師，白天授課，晚上睡在車裡，將就著車裡的燈光備課、批改作業，在學校食堂或者教堂裡吃飯。有一次上課時，學生吐槽說：「老是看到那麼多無家可歸的人的新聞，有完沒完啊。」她回應道：「你現在看著的這個人就是無家可歸者。」頃刻間，教室鴉雀無聲[1]。

像艾倫這樣蝸居在露營車裡的白領在美國加州舊金山灣區不在少數。

二十四歲的安娜在灣區土生土長，有心理學大學文憑，在海軍服役三年後，在谷歌謀得了一份保全的差事，她最初考慮租一間小公寓，但意識到如果這樣，自己不可能存下任何錢。彭博社採訪她時，她說：「這裡一間公寓每月至少要花兩千五百美元（約新臺幣七萬零一百二十五元，美元與新臺幣的匯率約為一比二八．〇五元）。我在這賺的錢不少，但大部分錢會花在房租上，我不想這樣做。」

因此，她決定以每月八百美元的價格租下一輛露營車。她每天的生活從谷歌園區開始，在那裡匆忙的吃一頓早餐，通常是一根香蕉。總部有午餐供應，而晚餐則是在露營車裡的兩個爐子上做的，沒有烤箱。她一般把露營車停在谷歌總部附近。晚上，她在舊金山城市學院自修課程，希望成為一名消防員。她說，如果她能在一年內在舊金山找到一份消防員的工作，她將繼續留在這裡。如果不行，她計畫離開灣區，去生活成本更低的喬治亞州。

一些露營車裡生銹、油膩的汙水滲出到原本乾淨整潔的街道上，附近的居民對於這些車屋族怨聲載道。從二〇一八年年末起，山景城的警方開始注意到這些以車為家的車屋族，隨後推動一項新法令對向公共道路排放汙水的車輛開罰單，在一些街區甚至直接將之驅逐。

於是，車屋族們只得把車駛離山景城，向灣區其他市鎮「游牧」。不久，露營車已遍布矽谷。在辦公園區和輕工業地區的安靜街道上，經常會有一串這樣的汽車。但它們也可以在郊區的住宅街道上被發現，成排停放在該地區常見的牧場式住宅對面的街道上。

1 With House Prices Out of Reach, Where Will the Van Dwellers Go?, Bloomberg, May 21, 2019.

儘管舊金山灣區是全美收入最高的地區之一，地處世界高科技產業的心臟地帶，但高昂的房租直接催生了一個超過萬人的「有工作的無家可歸者」（Working Homeless）群體，他們可能就在星巴克上班、在谷歌餐廳掌勺、在公立學校當老師。甚至那些在科技公司有一份體面工作的青年，還是負擔不起市區的房租，有的覺得太不划算，最終選擇蝸居在車裡，成為矽谷的吉普賽人。美國科技媒體 Recode 在二〇一九年的一次調查中發現，超過七成受訪科技巨頭的員工表示無法承擔灣區住房。程式設計師睡在汽車裡，在這裡已經不是新聞。

美國線上房地產平臺 Trulia 的資料顯示，在矽谷核心聖荷西，一間臥室的平均租金超過兩千美元。據美國房產平臺 Zillow 二〇一九年十月的資料，舊金山的房價中位數高達一百三十五萬美元、山景城一百七十三萬美元、門洛帕克（Menlo Park）一帶兩百二十萬美元、蘋果總部所在的庫比蒂諾（Cupertino）兩百零七萬美元[2]。

據美國住房及城市發展部（Department of Housing and Urban Development，簡稱HUD）二〇一八年的資料，在對舊金山大都會區的家庭收入和住房成本綜合評估後認定，一個年收入十一．七四萬美元的四口之家將被評估為「低收入」。從全美範圍看，四口之家的家庭收入中位數為九．一萬美元，所有家庭的家庭收入中位數為五．九萬美元，這一數字相當於舊金山低收入家庭的一半。

根據全美房地產經紀人協會的加州資料，在二〇一二年到二〇一九年這七年中，有能力購買舊金山灣區中等價格房屋的家庭比例下降了五〇%以上。

高昂的房價也迫使科技巨頭們為員工的住宿操心。《華盛頓郵報》（*The Washington*

Post）二〇一九年十二月報導稱，美國蘋果公司表示，將為一項住房專案提供二十五億美元資金，以緩解舊金山灣區等地日益嚴峻的住房危機，其中包括為加州和其他實體提供的十億美元經濟適用房投資基金，以及為首次購房者抵押貸款提供的十億美元援助基金；臉書（Facebook）宣布將出資最多十億美元，用於緩解加州的住房危機。臉書表示：「臉書的使命是建立和支持社區發展，無論線上還是線下。我們承諾支出十億美元，幫助解決加州以及我們辦公室所在社區的住房危機問題。」

「如果世界上的工程師和程式設計師負擔不起不斷上漲的成本，那麼世界上其他人將如何負擔得起這裡舒適的生活呢？」總部位於灣區的勞工支援的非營利組織「美國工作夥伴」公共政策主管傑佛瑞・布坎南說，工程師們還是租得起房，但未必買得起。

美國聯邦準備理事會（即美國央行，簡稱Ｆｅｄ）指出，從二〇〇五年到二〇一四年，美國二十四歲至三十二歲的人群，房屋擁有率從四五％下降到三六％。

教室裡的青貧世代

為房租和生活費發愁的不只是矽谷青年。納吉二〇一一年從美國密西根大學工程學院畢業時，找工作多次碰壁，心灰意冷的他把一封封求職信貼在牆上。這可以讓他打起精神參加

2 詳見 https://www.car.org/en/marketdata/data/haitraditional。

面試，但不能幫他找到心儀的工作。就這樣過了兩年，納吉仍沒找到合適的工作。日常開銷大部分來自父母的資助，這讓曾經意氣風發的納吉非常鬱悶。無可奈何的他考上了密西根大學迪爾伯恩分校的工程學研究生。說起研究生畢業後的就業前景，納吉心裡沒底。

一項針對亞利桑那大學一千多名新生，由亞利桑那大學、美國全國金融教育基金會和花旗銀行聯合進行的跟蹤調查發現，畢業兩、三年後，四八．九％的畢業生仍需要父母的經濟援助，有人依靠父母的資助生活，有人偶爾需要一點錢應急[3]。除了金融危機，學生貸款也是導致這些年輕人無法實現經濟獨立的一大因素。

高等教育一直被視為最有價值的投資之一，但在全世界範圍內，教育的成本越來越高。許多國家大學生一畢業，就身負重債。

英國《衛報》（*The Guardian*）曾經刊登過美國青年米勒的故事：二〇一〇年，米勒從紐約大學畢業獲得了文學學士和碩士學位，但也欠下了近十萬美元的貸款。在這期間，她的父親從福特汽車零部件供應商偉世通的銷售部門失業，母親罹患乳腺癌但仍堅持在一家兒童合唱團工作，可謂屋漏偏逢連夜雨。畢業近十年後，米勒的工作仍然不足以償還學貸，依然需要年邁父母的支援，為了早日還清貸款，一家人精打細算，對每一筆支出都極為謹慎。這讓米勒無比痛苦，甚至想要自殺。她在文章中寫道：「我學習英語文學，是因為我想成為一名作家。我從未有過致富的期望。我不在乎錢[4]。」

美國前總統歐巴馬（Barack Obama）也曾表示，畢業後他用了二十一年時間，直到當選總統之前四年（二〇〇四年）才還清助學貸款。據紐約聯邦準備銀行發布的《家庭債務和信貸報告》，截至二〇一八年第四季度，美國大學生助學貸款總額接近一・五兆美元。承擔助學貸款的總人數超過四千四百萬人，相當於每四個美國成年人當中就有一人負債。助學貸款占消費貸比重已經超過一〇%，成為全美僅次於住房抵押貸款的第二大貸款。並且由於助學貸款利率較低，本科為五・〇五%、研究生為六・六%，低於銀行貸款利率和汽車消費貸利率，這也讓很多美國人高估了自己畢業以後的還貸能力。彭博社的全球資料顯示，超過十分之一的助學貸款借款人至少逾期九十天，目前嚴重違約率已經達到九・一%的新高，而抵押貸款和汽車貸款的違約率分別為一・一%和四%。

據美國大學理事會（Collegeboard）統計的資料，二〇一七年美國私立大學平均學費三萬五千六百七十六美元、公立學校為一萬零兩百七十美元。過去十年中，大學教育的費用和其他與學校有關的費用增加了六三%。高昂的學費讓大量美國年輕人不得不依靠聯邦助學貸款來完成自己的學業，但是畢業之後，他們卻發現自己的薪資根本不足以償還自己當年的貸款。據紐約聯儲的報告，六十歲以上還在還助學貸款的美國老年人從二〇〇五年的七十萬，已經飆漲到二〇一五年的兩百八十萬，是增速最快的年齡段，他們的平均負債金額也從一萬兩千一百美元增加至兩萬三千五百美元[5]。助學貸款對美國年輕人影響深遠。

3 張文智：《美國：半數大學畢業生「啃老」》，《青年參考》，二〇一四年六月十八日。

4 M.H.Miller：The inescapable weight of my $100,000 student debt, The Guardian, August 21, 2018.

5 根據人力銀行二〇二〇年的調查，臺灣有四成二大學生背負助學貸款，平均負擔學貸金額為新臺幣三十一・一萬元，出社會大約五・四年才能還完。

據美國《大西洋》（*The Atlantic*）報導，一份新報告顯示，隨著大學成本的飆升，數百萬美國學生面臨營養不良的風險。天普大學和威斯康辛州HOPE實驗室的研究人員，發布的一份調查結果顯示，在六十六所被調查的大學和學院中，有三六％的學生說自己吃不飽。美國堪薩斯大學資產和教育專案負責人威廉．伊里亞德，在接受美聯社採訪時表示，無限膨脹的學生貸款將拉大美國社會的貧富差距。伊里亞德舉例稱，兩個擁有相同的學歷和工作、身處同一座城市、薪水相同的大學畢業生中，背負學生貸款的那個，積累財富的速度慢得多，因為他不得不把收入的一部分用於償還貸款，而非投資。

離家即貧，被「貧窮線」追著跑好薪酸

國際勞工組織統計顯示，全球青年中每天收入不足兩美元的人數高達二．二八億。

在《二〇一九全球青年就業趨勢》報告中，國際勞工組織指出，二〇一九年全球十五歲至二十四歲年齡段青年的失業率會保持在一三．一％，歐盟則高居二〇％之上，總數逾五百五十萬。二〇一六年，大約有二．五九億青年被劃為此類人群；二〇一九年，這一數字上升至大約二．六七億；二〇二一年，預計這一數字將進一步上升至二．七三億。從百分比來看，這一趨勢也在上升，從二〇一五年的二一．七％升至二〇二〇年的二二．四％[6]。

與自然界的小動物一樣，離開父母羽翼護衛的年輕人，最易遭受經濟上的捉襟見肘。

美國皮尤研究中心對美國普查局（United States Census Bureau）資料的分析發現，截至

二〇一八年，二十二歲或以下的年輕人中，只有二四％實現了財務獨立，而一九八〇年這一比例為三二％。在美國，財務獨立的定義是，年收入至少為聯邦貧困標準的一五〇％。皮尤的分析還發現，約四五％的十八歲至二十九歲成年人表示，在過去一年中，從父母那裡獲得了很多或一些財務幫助。而五九％的父母表示，曾為成年子女提供財務幫助[7]。

皮尤的這次調查還發現，除了財務獨立性之外，在過去的幾十年中，年輕人達到成年其他指標的速度大大放慢了。年輕人待在學校裡的時間更長，結婚和買房的時間也比前幾代人晚。越來越多二十多歲甚至三十多歲的人生活在父母家中。其中一些變化與經濟能力有關，而其他變化則可能表示人生目標和優先事項的重新調整。

一九八〇年，年齡在二十五歲至二十九歲的青年，有一四％的男性和八％的女性生活在父母家中。在過去的四十年中，這一比率顯著增加。二〇一八年，這個年齡段的男性中有二七％，女性中有一七％與父母同住。沒有大學學歷的年輕人最有可能與父母同住，他們也是缺少就業機會和薪水停滯不前的群體。

在大西洋彼岸的英國，年輕人的情況也沒好到哪裡去。英國新政策研究所發布的報告稱，若以每週一百三十英鎊生活費作為貧窮線，在英國居

6 劉亮：〈報告：二〇一九年全球二·六七億青年處於「無工無學無培訓」狀態〉，中國新聞網，二〇二〇年三月十日。

7 〈皮尤研究中心：調查顯示美國僅二四％年輕人能在二十二歲前實現財務獨立〉，199it 網站，二〇一九年十月二十八日。

住的九百萬年齡在十四歲至二十四歲的年輕人中，約有兩百七十萬生活在貧困中。其中包括一百九十萬年輕人，其收入大大低於貧窮線（低於中等收入水準的五〇%）。獨立居住年輕人的貧窮率高達四三%，比那些與父母住在一起的年輕人的貧窮率高出二五%，後者不必承擔高額的房租[8]。

開發中國家青年的貧困狀況更為惡劣。埃及中央公共動員和統計總局的報告稱，二〇一五年，埃及約二六・三%的青年處於失業狀態，五一・二%的青年處於貧困狀態，其中二七・八%的青年接近貧窮線，而二四・一%的青年處於貧窮線以下[9]。

約瑟夫・朗特里基金會發布的一份報告中，發現了青年貧困人群的一些共性特徵：在幾乎所有國家／地區，遠離父母之家的生活都會帶來巨大的額外貧困風險；看著已經很窮的年輕人，如果他們離開父母的住所，擺脫貧困的機率會更低；青年離家後的第一年，陷入貧困風險特別高；與伴侶一起生活往往可以保護年輕人免於貧困，而生育孩子通常會增加貧困的風險[10]。

國際勞工組織在《窮忙族：為何工作不能擔保過上體面的生活》研究報告中指出，在全球各大洲，青年（十五歲至二十四歲）勞工普遍出現較成年（二十五歲或以上）勞工更高的「異常貧窮」情況。值得注意的是，二〇一八年全球青年勞工貧窮率接近一四%，幾乎是成年勞工貧窮率七%的兩倍，反映出青年就業素質、甚至是薪酬素質出現嚴重問題。

與更年長的雇員相比，年輕人的薪資倒退較多，這也直接影響其收入。

經濟合作暨發展組織資料顯示，開發中國家的年輕人薪資倒退幅度最高，在富裕國家的情況最為輕微，但隨著時間的推移，年輕人薪資倒退的情況卻越演越烈，年輕勞工的收入持續惡化。根據十一個經濟合作與發展組織國家資料，在一九九六年至二〇〇六年期間，九個國家的年輕人的相對薪資（Relative Wage）都出現減少，僅有兩個國家呈現漲勢[11]。

聯合國經濟和社會事務部在二〇一六年七月十五日，世界青年技能日發布的《青年公民參與世界報告》稱，儘管擁有免費和開放的互聯網、參與示威和建設和平倡議在長期會使青年個人和社區受益，但與此同時，缺乏體面工作、沒有充分的勞工權益和社會服務開支等問題，會對年輕人在其一生中參與民事生活的能力造成長期的負面影響[12]。

非政府組織代表羅斯・柏林（Ross Perlin）在這個報告的發布會上說：「在過去數十年裡，出現了一個實習經濟，這種現象還在以很快的速度全球化。這是更大範圍內的經濟和高等教育所發生的變化的反映，但不容忽視的是，這種全球化的現象助長了代際[13]的不平等，年輕人從而變成最容易失業、最貧困的人群。」

8 Theo Barry Born & Hannah Aldridge, Poverty among Young People in the UK, npi.org.uk, April 13, 2015.
9 〈埃及青年失業率為二六・三%，五一・二%青年處於貧困狀態〉，商務部官網，二〇一五年八月十八日。
10 Maria Iacovou & Arnstein Aassve, Youth Poverty in Europe, The Joseph Rowntree Foundation, October 10, 2017.
11 洪建文：〈高學歷=高失業？〉，《星洲日報》，二〇一〇年三月三十日。
12 《世界青年報告：青年經濟地位薄弱政治參與度較低》，聯合國新聞中心，二〇一六年七月十五日。
13 指兩代或多代之間的關係。

02 消失的工作與全新的工作

與他們的父母相比，今天的年輕人不僅所能選擇的職位更少，而且競爭也更激烈，他們中的很多人無法子從父業。

安貴濤曾在中國的北京西車務段門頭溝站做了三十五年轉轍工。他的工作主要是根據車站值班員的指示，正確及時的扳動道岔，確保火車能夠順利進站。這是個體力活，責任卻重於泰山。門頭溝站附近曾有八家煤礦，每天運煤的火車絡繹不絕。在安貴濤的印象中，一天最忙時需要扳動兩百多次道岔，有時連午飯也來不及吃。伴隨生產技術與工藝的革新，越來越多鐵路改用電動轉轍器，像安貴濤這樣的轉轍工日漸減少[14]。

現在的工作，未來一半會消失

與轉轍工境遇相似的，還有電話接線員、打蜂窩煤[15]、暗房沖洗等一批曾經耳熟能詳的職業。據一九九九年發布的《職業分類大典》，中國的職業分為八大類，共有一千八百三十八個[16]。近年來，隨著經濟社會發展，職業的數量和內涵都在發生著轉變。新修訂的二〇一五版《職業分類大典》，與一九九九版大典相比，取消了製版工、餐具清洗保管員、唱片工、拷貝字幕員、收購員、平爐煉鋼工、凸版和凹版製版工等八百九十四個職業，職業種類減少了近一半。

早期打電話要先撥總機號碼，透過接線員轉接後才可以通話；隨著程式控制交換機的普及，電話接線員的職業也隨之消失；蜂窩煤曾是居民的主要燃料，將煤粉碎，經過和泥、攪拌等工序，放入模具，經過打擊後定型，隨著天然氣、液化氣等清潔能源的普及，職業打蜂窩煤的人也基本消失；早期照相多採用底片相機；隨著科技的發展，膠捲已經被數位設備替代，電影也變成數位電影，掌握暗房沖洗技術的人也沒有了用武之處。

這些消失的職業，絕大多數都屬於藍領[17]職位，曾經為無數人提供了飯碗。二〇一五版《職業分類大典》中「生產製造及有關人員」相關工作減少了二十四小類，五百二十六個職業，在所有行業中總減少的職業最多。

年輕人也受到當下製造業人工智慧化、商業無人化趨勢的衝擊，在中國，工廠需要的人手越來越少。中國勞動關係學院在二〇一八年對北京六家製造企業的調查發現，大部分企業

14 葉昊鳴、齊中熙、袁慧晶：〈消失、細化、新生——四十年職業變遷背後的起伏人生〉，新華社，二〇一八年六月二十四日。

15 一種蜂窩狀的大煤塊，在蜂窩煤爐中作為燃料燃燒，曾經是東亞許多居民的主要家用燃料。

16 依照二〇一〇年第六次修訂臺灣共可分為十大類、三十九中類、一百二十五小類、三百八十個細類，https://www.stat.gov.tw/ct.asp?xItem=26132&ctNode=1310&mp=4。

17 從事勞力工作的雇員。

在進行智慧化改造、自動化升級過程中，被替代員工數量多為一百人到兩百人[18]。國有企業考慮承擔社會責任的因素，大都採取自然減員、優退、轉職、減班休息等方式，解決被替代員工的就業問題，而民營、合資和外資企業則選擇協商解除勞動契約。

這次調查研究發現，企業選擇「機器取代人」有三大原因：招募難；降低勞動強度，改善勞動條件；降低成本，提高效率，增強市場競爭力。以印刷企業為例，屬於勞動密集型，勞動強度大，工作時間長，許多職工每天工作時長超過十個小時，薪資則屬於日結制。因此，「九〇後」年輕人很少願意進入這個行業，企業長期面臨徵人困難、招募成本持續上升的壓力。為此，企業最終選擇購置數位化、自動化設備替代人工。

該課題組成員、中國勞動關係學院副教授張豔華認為，機器取代人主要衝擊的是程序性工作，對中間技能人員的替代最為嚴重，而對高技能人員及非程序性的低技能人員的需求則有所增加，強化了「就業極化現象」，一方面企業中普通勞動力不斷被智慧化、數位化、自動化的設備與機器人所替代，另一方面高級創新性技能人才青黃不接。

美國夢幻滅，中產階級逐漸消失

在美國，從海外回流的製造業職位，也不足以支撐藍領中產階級的復興。自二〇〇〇年以來，美國國民收入中，工人薪資收入（相較於投資利潤和利息）的比例已降至創紀錄的低位，這意味著出賣勞動力獲取收入變得日益艱難。

技術進步使得製造業效率大幅提升，對人力的需求則走低。

據美國《基督科學箴言報》（*The Christian Science Monitor*）報導，一九九七年至二〇一六年，美國的原生金屬生產職位已減少二十六．五萬個，減少了四二％，但在這一時期，原生金屬生產卻增加了三八％。杜克大學的艾倫．科勒德—韋克斯勒，和普林斯頓大學的讓．德洛克二〇一五年發現，美國鋼鐵業就業職位的減少，並不是因為外國競爭或者銷量下滑。這些職位消失是因為一種新技術的出現：主要由廢金屬製造鋼的超高效小鋼廠。

新世紀頭十年，美國失去了五百七十萬個製造業職位，製造業就業縮減近三分之一。此後，由於國內能源成本降低和自動化生產技術滲透，美國製造業綜合競爭力出現反彈，二〇一〇年至二〇一七年間新增近一百萬個製造業職位，汽車、金屬和機械行業尤為搶眼。但美國那些新開設的工廠，也沒能再一次讓美國藍領偉大起來。

二〇一一年，福斯汽車（Volkswagen）在田納西州查塔努加（Chattanooga）開設了一家工廠。人們稱讚該公司給美國帶來了大約兩千個新的汽車業職位，但很少有人注意到，流水線工人的起薪為每小時十四．五美元，大約是通用汽車（General Motors）和福特（Ford）以前的那些工會工人薪資的一半；加上福利，福斯公司僱用這些工人的成本是每小時二十七美元。而在德國，同級別汽車工人每小時賺六十七美元。

18 鄭莉：〈「機器換人」工程師成為未來智慧製造業的熱門崗位〉，《工人日報》，二〇一九年一月二十二日。

實際上，即使是考慮到查塔努加那些員工的未來加薪，福斯汽車仍是把生產業務，從一個高薪資國家（德國）轉移到低薪資國家（美國）。從二〇〇九年六月擺脫經濟衰退到二〇一四年，汽車業藍領工人的薪資經通膨調整後下降了一〇%。相較之下，同期整個製造業的薪資水準下降了二・四%[19]。

但如果你能夠在田納西州查塔努加福斯工廠謀一份差事，已屬幸運，這裡開出來的薪資比當地許多職位都要高，不管怎麼說，汽車行業依然可以歸入高薪藍領範疇。包括田納西州的美國絕大部分地方，許多現有服務業薪資水準比汽車行業還要低，特別是在零售行業的無人化變革推動下，找一份好工作更難了。

經過一年多的測試後，亞馬遜公司二〇一八年初，在美國西雅圖市開放了首家不設收銀臺的超市——Amazon Go，這是自條碼發明以來，超市的又一大革命。進入店內購物前，顧客先要下載相關智慧手機應用程式，並透過手機掃碼進入一個類似於地鐵站的驗票閘門。進入店內，首先映入眼簾的是可以直接食用的午餐食品，接著是肉類和餐具等雜貨。借助天花板上的大量黑色攝影機和貨架上的重量感測器，店方能探測何人取走了貨物。如果有人拿著商品走出閘門，其關聯帳號就會扣款。反之，如果消費者把商品放回貨架，商品則從虛擬購物車中刪除。顧客購物結束後直接通過閘門離店，幾分鐘後將收到亞馬遜發送的電子收據。

雖然 Amazon Go 副總裁普瑞尼（Gianna Puerini）稱，「我們只是把員工置於不同工作職位上，我們認為這增加了客戶體驗」，但依然沒能打消人們的顧慮。二〇一六年，全美有超過三百五十萬收銀員。如果亞馬遜的技術最終「擴散」，大部分收銀員可能失去工作。

研究報告顯示，美國七三%的收銀員是女性，非洲裔和拉美裔美國人在收銀員職位中占比最大，類似於Amazon Go那樣的超市，可能讓數百萬個工作職位面臨威脅。代表一百三十萬名零售、雜貨和食品加工業工人的美國食品和商業工人工會主席馬克・佩隆內表示，該組織正在致力於幫助其成員重返校園，以獲得高中同等學歷，應對技術引發的裁員風險[20]。

國際勞工組織發布的《二〇二〇年全球青年就業趨勢》報告顯示，目前處於既未工作，也未接受教育或培訓狀態的青年（尼特族）的數量在增加。青年女性成為尼特族的可能性是青年男性的兩倍多。

報告顯示，由於自動化設備的廣泛應用，即便是已經被僱用的青年（年齡在十五歲至二十四歲），也面臨著比他們年長的勞動者更大的失業風險，尤其是那些接受職業培訓的青年更易受影響，這表示培訓傳授的職業特定技能，比普通教育技能更容易過時。報告呼籲應修訂職業培訓專案內容，使其適應現代社會的情況，以滿足數位經濟不斷變化的需求[21]。

曾經準確預言科技股泡沫破滅的商業作家艾蒙・芬格爾頓堅，在其一九九九年出版的《硬體產業頌歌：為何製造業而非資訊經濟是未來經濟繁榮關鍵》（*In praise of hard industries*）中，就高度提示製造業對於一個國家的重要性。

---

19 Steven Rattner, The Myth of Industrial Rebound, New York Times, January 29, 2014.

20 張全：〈亞馬遜無人超市將碾壓傳統零售？〉，《解放日報》，二〇一八年一月二十八日。

21 〈全球二・六七億青年不就業不上學不進修「尼特族」呈上升態勢〉，中國網，二〇二〇年三月二日。

從就業方面看，與先進的服務業相比，製造業所能創造的就業職位組合要好得多，每個人都能從製造業中獲得工作，從普通的藍領工人到能力非凡的工程師，再到身上籠罩著光環的科學家，乃至足智多謀、眼光遠大的頂尖高階主管都是如此。

從收入方面看，以汽車、金屬加工為代表的製造業，在很長時間裡一直都是高度資本密集型的，這意味著每一名工人的生產力，都會由於複雜的生產機械而受到重大影響。這為雇主創造出了豐富的空間，使其可以支付較高的薪資。此外，先進的製造商還要求大量積累祕密的生產訣竅——通常是透過一代又一代人「從做中學」而獲得的知識——這使其獲得了強有力的支持，能避免自己受到來自低薪資的海外競爭對手的威脅。

《大西洋》曾刊文感嘆，製造業衰落給年輕人帶來的深遠影響：「在過去，不論在工廠還是在農場，幾乎每個人都有發展機會：聰明的和不那麼聰明的，擅長社交的和比較宅的，有孩子的和沒有孩子的。所有人都是從低技能工作做起，然後慢慢在工作中學習一些東西[22]。」而今天，一切都變了。

服務業不能承受之重

從歐美發達經濟體的經驗看，隨著經濟發展和人均收入水準的提高，勞動力存在著首先由第一產業向第二產業轉移，然後再向第三產業轉移的趨勢[23]，這一過程中間，會導致大量藍領職位流失。在中國，過去二十年裡，就業市場就經歷了三次大的轉變[24]：

第一階段為二〇〇〇年至二〇〇八年，也就是加入世界貿易組織（ＷＴＯ）之後，勞動密集型製造業創造了大量的就業職位。二〇〇四年至二〇〇八年製造業年均新增就業五百八十・一萬，製造業就業比重提高到一七・一％，而這個數字在二〇〇二年是一三・六％。以富士康（鴻海）為代表的電子設備企業，貢獻了二五％的新增城鎮單位製造業就業，紡織服裝、製鞋皮革業拉動一五％的新增城鎮單位製造業就業。

第二階段為二〇〇八年至二〇一二年，為應對美國次級房貸危機引發的全球金融風暴，中國啟動了大規模的基礎設施建設。建築業成為吸納勞動力第一大行業，年均新增就業四百五十一萬人，比上一階段年均多增加兩百四十六・二萬人，比同期製造業年均多增加八十二・六萬人。此時，製造業自二〇一二年達到占全社會就業一九・二％的峰值後一路下滑。同期，批發零售以年均新增四百二十九・三萬人就業，超過製造業成為第二大就業行業。

第三階段則是從二〇一三年開始，製造業、建築業就業出現峰值隨後下滑，成為淨流出的行業，但服務業同期年均新增一千三百零九萬人，吸納了大量製造業流出的勞動力。批發零售和住宿餐飲業，年均新增就業分別達四百七十六・二萬和一百七十四・一萬，兩者創造就業的能力，超過二〇〇四年至二〇〇八年高峰期的製造業。

22 詳見 https://finance.qq.com/a/20120412/004960_1.htm。

23 第一產業指的是直接取自於自然資源的經濟活動；第二產業是針對第一產業所提供的原料，再進行加工的過程，較偏向工業生產領域；第三產業是指除第一及第二產業以外的所有行業稱之，泛指服務業。

24 卓賢、黃金：〈製造業職位都去哪了：中國就業結構的變與辨〉，《財經》，二〇一九年五月十二日。

雖然製造業產值連創新高，但製造業在中國創造的就業職位也在逐步減少，據中國國家統計局資料，以製造業為主導的第二產業的就業人員，在二〇一二年達到二·三二億人的高點後開始減少，二〇一三年和二〇一四年較前一年均減少七十一萬人，二〇一五年較二〇一四年大幅減少四百零六萬人，二〇一六年減少三百四十三萬人，二〇一七年減少五百三十三萬人，一直呈減少的趨勢，減少的數量也在攀升[25]。

千禧世代年輕人也見證、參與了中國從世界工廠到世界市場的轉變。

二〇一三年，第三產業占中國國內生產總值比重首次超過第二產業，標誌著產業結構逐漸由以製造業拉動經濟為主，向第三產業和製造業共同拉動轉變。一九七八年至二〇一八年，服務業對GDP[26]的貢獻率提升了三一·三個百分點，達到了五九·七%。

多數已發開國家都經歷過由工業主導向服務業主導的重大轉型。美國轉型時間為一九五〇年前後，德國和日本發生在一九七〇年前後，韓國發生在一九九〇年左右。這一轉型主要表現，為第三產業增加值占GDP比重開始超過第二產業，工業增加值占國內生產總值比重見頂回落，而服務業占比保持較快上升。

補鍋匠成了文化遺產傳承人，而美甲師則成了愛美女性離不開的人，千禧世代正處在更多的轉向、更具流動性的服務業職位。

就在四十多年前的一九七八年，中國服務業就業人員占比僅為一二·二%，比第一產業、第二產業分別低五十八·三和五·一個百分點。改革開放後，在城鎮化建設帶動下，服務業就業人員連年增長。一九七九年至二〇一八年，服務業就業人員年均增長五・一%，高出第二產業二・三個百分點。二〇一八年底，服務業就業人員達到三萬五千九百三十八萬人，占就業人數的比重達到四六・三%，成為中國吸納就業最多的產業[27]。

與一九九九年版相比，二〇一五年版《職業分類大典》新增的三百四十七個職業，大部分來自服務業，比如資訊通信資訊化系統管理員、基金發行員、期貨交易員、光伏元件製造工、文化經紀人等新職業不斷湧現並迅速發展。當然，也有一些新型的製造業職位，如動車組制修師、風電機組製造工等。

對於這種經濟結構變化，《人民日報》（海外版）援引中國國際經濟交流中心專家觀點稱：第三產業能夠帶來更多就業、更低能耗[28]和汙染，其中生產性服務業對結構升級至關重要，第三產業的大發展有助於中國經濟未來更「輕盈」更親民[29]。

特別是步入互聯網時代之後，一些新出現的職位看上去如此輕盈，他們的生產力工具除了知識，就是再多加一臺連網的筆記型電腦。旅遊網站「去哪兒網」二〇〇九年第一次推出

25 邱海峰、呂倩：〈中國第二產業就業人員在二〇一二年達到高點後，連續五年減少〉，《人民日報》（海外版），二〇一八年九月二十五日。
26 Gross domestic product，國內生產毛額。
27 尹惠仙：〈國家統計局：七〇年來服務業成為中國經濟第一大產業〉，央視新聞用戶端，二〇一九年七月二十二日。
28 指傳統能源與核能。
29 周小苑：〈服務業首坐GDP頭把交椅〉，《人民日報》（海外版），二〇一四年三月三日。

酒店試睡員職位招募，收到了幾千份簡歷，被網友看作「中國最舒服的工作」。但試睡員的工作事實上仍有相當高的職業要求，首批試睡員張與墨接受媒體採訪時說：「事實上，我們的工作與大家想像中的不完全一樣。在酒店入住期間，觀察每一個細節，包括床墊軟硬、空調冷暖、網路速度快慢、下水道是否暢通、淋浴水流是否合適等，用相機或DV記錄下真實情況，並在體驗完之後四十八小時內，完成盡可能詳細的體驗報告[30]。」

比試睡員的大眾認知度更高的是網約配送員。二〇二〇年，中國就業培訓技術指導中心發布《關於擬發布新職業資訊公示的通告》中，公布的十六個新職業中，就有網約配送員。根據通告，網約配送員被定義為透過移動互聯網平臺等，從事接收、驗視客戶訂單，根據訂單需求，按照平臺智慧規畫路線，在一定時間內將訂單物品遞送至指定地點的服務人員。

網約配送員成了科技平臺伸向社區「最後一公里」的觸手，進城務工人員[31]的務工天平也開始緩緩向第三產業傾斜。

中國國家統計局發布的《二〇一九年農民工監測調查報告》顯示，二〇一九年，農民工規模繼續擴大，總量達到兩萬九千零七十七萬人，其中，從事第三產業的農民工比重為五一%，比前一年提高〇・五個百分點；從事第二產業的農民工比重為四八・六%，比前一年下降〇・五個百分點。在第三產業中，交通運輸倉儲郵政業和住宿餐飲業職位更受青睞，農民工就業占比均為六・九%，分別比前一年提高〇・三和〇・二個百分點。

人社部[32]基於一百零二個，定點監測城市公共就業機構資料匯總的「二〇一九年第四季度全國招聘求職一百個短缺職業排行」顯示，行銷人員依舊位列首位，快遞處理員、道路貨運汽車駕駛員、理貨員等職業最短缺。

但高薪行業主要集中在少數技術服務業領域，且服務業內部的收入差距仍在擴大。這也源自第三產業內部本身的分工差異，既包括金融、軟體等資金、技術密集型服務業，也包括餐飲、快遞、旅遊等勞動密集型行業。

據中國國家統計局發布的二〇一九年平均薪資資料，中國城鎮非私營單位就業人員年平均薪資為人民幣九萬零五百零一元，比前一年增加八千零八十八元，名義增長九・八%；中國城鎮私營單位就業人員年平均薪資為五萬三千六百零四元，比前一年增加四千零二十九元，名義增長八・一%[33]。

收入最高的三個行業，均來自第三產業，分別是資訊傳輸、軟體和資訊技術服務業十六萬一千三百五十二元，科學研究和技術服務業十三萬三千四百五十九元，金融業十三萬一千四百零五元[34]，分別為全國平均水準的一・七八倍、一・四七倍和一・四五倍。而

30 尹婕：〈「中國最舒服的工作」試睡員：幾個職位幾千人應聘〉，《人民日報》（海外版），二〇一一年四月二十三日。

31 從村鎮進城市打工的人。

32 中國人力資源和社會保障部的簡稱。

33 孫小婷：〈二〇一九年平均薪資出爐！高薪為何來自這些行業〉，《光明日報》，二〇二〇年五月十七日。

34 根據統計，二〇一八年臺灣每人每月總薪資平均為五萬一千九百五十七元，進一步觀察各行業，電信業以十萬零七百九十一元「薪」情最佳，緊追在後的是銀行業，平均總薪資達九萬九千三百一十一元，排名第三、四名的則為電力及燃氣供應業、航空運輸業，每人每月總薪資平均達九萬五千八百五十三元及九萬四千三百零四元。

收入最低的三個行業，其中也有兩個來自第三產業，分別是住宿和餐飲業年均收入五萬零三百四十六元，居民服務、修理和其他服務業六萬零兩百三十二元，分別僅為中國平均水準的五六％和六七％。

由此可見，高薪主要集中在具備「高門檻」、「高學歷」、「專業性」、「硬實力」（按：泛指透過學習方式、職場經驗等累積，且可以被量化表示的技能）等特點的互聯網、科研、高等教育、醫療衛生等領域，就業人員平均薪資普遍快速增長。

編按：在二〇二一年初，臺灣主計總處曾公布一份「二〇二〇年十二月暨全年工業及服務業薪資統計結果」資料，二〇二〇年全體受僱員工（包含本國籍、外國籍之全時員工及部分工時員工）每月經常性薪資平均為新臺幣四萬兩千四百九十八元（年平均為新臺幣五十萬九千九百七十六元），年增一．四七％。

若依產業區分，總薪資平均數前三名分別為：「金融及保險業」新臺幣九萬四千四百一十三元；「電力及燃氣供應業」新臺幣九萬四千三百六十三元；「出版、影音製作、傳播及資通訊服務業」新臺幣七萬四千零二十八元。

而部分工時員工較多的產業，總薪資平均數敬陪末座，包含「教育業（主要為補習班，不含各級公私立學校等）」新臺幣兩萬七千一百零四元；「住宿及餐飲業」新臺幣三萬五千零八元；「其他服務業」新臺幣三萬六千兩百九十八元，「支援服務業」新臺幣三萬七千七百三十三元。

03 與其窮忙，不如降低對物質的需求

一九九八年春，美國社會學家芭芭拉・艾倫瑞克（Barbara Ehrenreich）開啟了一次為期三個月的「窮忙族」（working poor）之旅。艾倫瑞克選了三座城市，在每個地方各工作了一個月。她尋找薪水最高的低技能工作，希望能足夠支付廉價住所下個月的房租。

一個社會學家的窮忙試驗

「我做的事幾乎任何人都做得出來：找到工作，把這些工作做好，努力量入為出，使收支平衡。事實上，這正是幾百萬名美國人每天都在做的事情，只是他們既沒有號角吹奏陪伴出征，也沒有像我一樣怕得發抖。」後來她在著名的《我在底層的生活》（*Nickel and Dimed*）一書中寫道。

她找到的第一份工作，是在離家不遠的佛羅里達州西嶼市的一家平價家庭餐廳，工作時間從下午兩點到晚上十點，薪水每小時七美元再加小費。她和同事們普遍無法支付要求季付的公寓，只能租可以週付的又貴又小的單人房，每月幾乎存不到什麼錢。後來餐館生意不景氣，艾倫瑞克又找了一份早上八點到下午兩點的兼職，但這種一天十四個小時的工作做沒幾

天，艾倫瑞克就吃不消了。

之後，她在另外兩座城市的工作也經歷了類似的遭遇。經過三個月的窮忙族臥底之旅，艾倫瑞克發現，即使是在當時美國經濟的繁榮時期，身兼兩份普通體力工作的人，薪水仍不足以支付房租，更別提再有個三病兩痛。一如艾倫瑞克在她出版的書中指出的，如今勞動市場所面臨的困境已不是失業問題，而是全球一半以上工作機會都是超時工作，讓人們必須兼職卻領著無法實現溫飽的薪酬。

二〇一九年美國成本估算網站 HowMuch.net，為了製作一張美國舒適生活所需成本分布圖，使用美國勞工統計局的薪資中位數，以及消費者年度消費支出數，將這兩者的二〇%與每個州平均薪資水準加權來定義舒適生活，結果發現，夏威夷是全美最難過上舒適生活的地方：工薪階層需要每週工作九十一個小時，即每天工作十三個小時，年薪達到九萬六千一百美元才能過上舒適生活；密西西比州以年薪四萬零四百美元和週均工作五十三個小時居南方最易過上舒適生活地區榜首[35]。

自一九九〇年代以來的經濟增長，對美國人的家庭生活起到作用了嗎？對此，《美國勞工狀況》（第十二版）一書在翔實的資料基礎上給出的結論是：毫無貢獻。這當然不是因為經濟在總體上毫無建樹，過去三十多年的經濟增長，本來可以大幅度提高廣大人民的生活水準，顯著增加所有人的財富，按照一九七〇年代中期以前，經濟增長與貧窮率降低同步的趨勢，到一九八〇年代美國本可以消滅貧困。然而，對於大多數的美國家庭而言，過去的十年（二〇〇〇年至二〇一〇年）是失去的十年。

但從總體上看，美國工薪階層距離舒適生活的距離還非常遙遠，「在美國，沒有一個州的工薪階層可以僅靠每週工作四十小時或者更少，來過上舒適的生活。顯然，絕大多數工薪階層只是勉強度日，哪怕政府在解決這些問題上已經花費了大量精力。」

高昂的房租、有限的時間、透支的身體，最終把美國窮人推向了窮忙的惡性循環。窮忙，現在向更大範圍蔓延。無獨有偶，《紐約時報》（*The New York Times*）記者、普立茲獎獲獎者大衛．K．謝普勒在《窮忙》（*The Working Poor*）一書中為窮忙族吶喊：洗車工無車可開，銀行職員的戶頭只有二．〇二美元，醫學教科書女編輯十年的收入，也趕不上一個牙醫一年的收入。謝普勒在對一系列打工者的採訪中，發現了**貧窮給人們帶來的最深重的打擊是絕望和無助**。

她在書中寫道，當窮人或者一個不富裕的人被問到，他們對貧窮的定義是什麼時，他們談到的不僅僅是錢包裡裝著多少錢，還談到了自己腦袋裡或者心裡是怎麼想的。「絕望」新罕布夏州的一個十五歲的姑娘這麼說。「不是絕望——而是無助，」洛杉磯的一名男子說：「我起床來幹什麼？沒人會用我。原因很簡單，看看我穿的是什麼，我高中都沒念完，我是個黑人、棕色人種或黃種人，或者我是在拖車式活動屋裡長大的。」「是一種心境，」華盛頓哥倫比亞特區的一名男子說：「我認為精神狀態比物質內容重要得多[36]。」

35 〈一圖告訴你：美國工薪階層活個人樣要多拚〉，騰訊新聞《財看見》欄目，二〇一九年十二月三日。
36 大衛．K．謝普勒：《窮忙》。

不斷擴大的貧富差距，也在吞噬青年的希望。

美國普查局公布的調查資料顯示，二〇一八年美國家庭收入中位數增加到六萬一千九百三十七美元，是一九六七年有記錄以來的最高水準，但同期的吉尼係數（Gini coefficient）[37]上升至〇．四八五，也創下五十年來的新高[38]。

美聯準會研究人員一項研究顯示，二〇一八年，美國最富有的一〇%家庭占有美國全部財富的七〇%，而一九八九年這一比例為六〇%。橋水基金創始人雷．達里歐（Ray Dalio）對媒體表示，資本主義已不再適用於大多數美國人，不斷擴大的貧富差距正在催生一個動盪的環境，與一九三〇年代的經濟和社會動盪有著令人不安的相似之處[39]。

從美國到日本的共同之痛

對於沒上大學的年輕人來說，低收入就像揮之不去的噩夢。

一項針對美國高等教育的最新研究顯示，由大學學歷產生的收入差距是近五十年來最明顯的，大學畢業生幾乎在各個經濟層面都強於非大學畢業生。研究發現，二十五到三十二歲、擁有學士或以上學位的年輕人，他們的平均年收入達到四．五萬美元，失業率僅為三．八%，相較之下，高中畢業生的這兩項資料分別為二．八萬美元和一二．二%。

另外，研究還發現，雖然五．八%的大學畢業生生活在貧窮線下，但對於教育程度更低的同齡人，這一數字高達二一．八%。另外，研究還比較了這兩組人群的幸福狀況，發現擁有大學學歷的年輕人更早結婚，更早同父母分居，對工作滿意程度也更高[40]。

對於貧苦的絕望感受也曾從香港大富翁口中說出。

香港播出的真人秀節目《窮富翁大作戰》，透過請來上市公司行政總裁、青年專業人士、女模特兒等度過約一星期的貧窮生活，嘗試露宿街頭、睡板間房[41]、倒垃圾、拾荒……期望借此推動部分商界人士關注貧窮問題。

香港服裝品牌 G2000 和 U2 的創辦人田北辰，曾經參加過這個節目。田北辰出身香港的紡織豪門，也是康乃爾大學和哈佛大學的高材生，篤信「如果你有鬥志，弱者也可以變成強者」。

但他在體驗了兩天當清潔工、居住在一．六平方公尺（按：約〇．四八四坪，一平方公尺約等於〇．三〇二五坪）的籠屋[42]生活之後，田北辰的觀點也發生了變化：「沒有學歷、技術的人，為了活下去，不是住籠屋，就是要工作到半夜，對於他們，最重要的事情是下一頓吃什麼，怎麼會有時間和精力去思考未來怎麼發展？來來去去都在死胡同！這個社會

37 吉尼係數是國際通用衡量分配不均程度的指標，數值從0到1，越高代表貧富差距越大。
38 〈調查顯示：二〇一八年美國收入差距加大，吉尼係數創五十年新高〉，中國新聞網，二〇一九年九月二十六日。
39 〈美國最富有的一〇%的家庭擁有全部財富的七〇%〉，新浪美股，二〇一九年五月二十五日。
40 趙小俠：〈調查顯示學歷高低拉大美國青年收入差距〉，環球網，二〇一四年二月十七日。
41 用「木板」隔出的房間。
42 一種現存的特殊居住型式，居住者住在以鐵籠包圍的床位，故稱為籠屋。

在極嚴厲的懲罰那些沒條件讀書的人。窮人一輩子都不可能變有錢人。在強弱懸殊的情況下，只有弱者越弱，越來越慘！」

弱者只能陷入窮忙。**窮忙族**一詞誕生於一九九〇年代的美國，用來**指拚命工作仍然無法擺脫最低水準生活的人群**。

二〇〇六年，日本NHK電視臺把鏡頭對準了日本的窮忙族：每天超時工作，薪水卻沒有相對增加，不僅無力買房，致富無望，甚至還要為養老金擔憂。這樣的人群當時在日本達到了近四百萬戶（約一千兩百萬人），相當於日本總人口的十分之一。

NHK紀錄片《窮忙族》拍攝的幾個底層人物，無形中戳痛了許多人的心。

三十四歲的小山良人，來東京打拚已經四年；他靠打零工為生，每天不斷付出體力勞動，生活狀況是居無定所，露宿街頭，對未來，毫無期待；六十六歲的谷藤祐二，以販賣醬菜為生。身為個體手工業者，他的工作強度大，時間長。可即便是這樣努力，正常的生活開銷也難以負擔；五十歲的山田鐵男，獨自撫養兩個孩子，同時打三份零工、幾乎不眠不休的工作強度下，他的年收入也只能勉強維持在人民幣十三萬元左右，依然滿足不了孩子們的教育規畫費用。

在非洲等開發中國家，青年的「錢景」更為暗淡。

◀ NHK 紀錄片《窮忙族》。

一名奈及利亞拉各斯省的失業大學畢業生加布里艾爾・班傑明稱，年輕的奈及利亞大學畢業生從事枯燥、不需要技術的工作是很普遍的，他們在酒店拖地板、賣手機電話卡——有的甚至在工廠當苦工。

非洲開發銀行指出，在大多數非洲國家，青年失業率是成人的兩倍以上。相較年輕男性而言，年輕女性受到更加嚴重的失業問題困擾。非洲開發銀行發現，在撒哈拉以南非洲的大多數國家和北非的所有國家，即使有相同的技能和經驗，女性要比男性更難獲得工作。

國際勞工組織注意到，不充分就業並不能解決貧窮問題，該組織在二〇一六年報告稱，高達七〇％的非洲工人是窮忙族，這一數字為全球最高。該組織補充說：「過去二十五年，青年窮忙族的人數增加了八〇％。」位於華盛頓的智囊團布魯金斯學會（Brookings Institution）報告說道：「非洲青年找到的工作薪資不高，不能幫助他們提升技能，還缺乏一定的工作保障。」

非洲開發銀行首席經濟學家穆蘇利・恩庫貝（Mthuli Ncube）表示：「這是一個令人難以接受的現實，因為非洲有如此多富有才能和創造力的青年。」尚比亞前財政部長亞歷山大・齊肯萬達在採訪中直截了當的說：「青年失業是一枚定時炸彈」，而且這枚炸彈目前似乎已在引爆的邊緣[43]。

43　《非洲振興：二〇一七年青年特輯》，〈非洲失業青年問題給經濟增長蒙上陰影〉，聯合國，二〇一七年。

拚盡全力卻看不到希望

按照社會學家曼威・柯司特（Castells Manuel）對於網路社會的預判，窮忙族的出現只是一個時間早晚的問題。

曼威・柯司特曾提出，在全球網絡社會中只存在兩種勞工階層。一是「自我程式控制勞工」（self-programmable labor），如軟體工程師、金融分析員等。他們的收入和社會地位較高，但仍因工作壓力過大、福利無保障而焦慮；他們會用網路科技自我增值，且在相當程度內化了利潤最大化的資本原則，但他們仍無法擁有自己工作所需的生產資料，仍要靠出售勞動時間取得收入，因此仍是勞工。

另一種是「原始勞工」，如清潔工、保母、餐廳小工等，也包括失業工人和待業人員。他們社會地位低，勞動福利少，甚至完全沒有福利。他們沒有值錢的文憑，而且一般不用網路媒體，所以常處於被忽視、被欺壓的悲慘境地，只能在全球資本體系的邊緣勉強度日，能糊口就算不錯了[44]。

年輕人初入職場，經驗不足、薪酬不高，很容易自我歸入窮忙族。

NHK《窮忙族》這部紀錄片在日本播出三年後，中國青年報社社會調查中心聯合騰訊新聞，在二〇〇八年展開的一項線上調查顯示，在接受調查研究的一萬一千三百五十一人中，七五%的人自認為是窮忙族，其中有八二・六%的人為在職者，九・二%的人為學生。調查顯示，六〇・九%的人認為窮忙族拚命工作卻得不到回報、看不到太多希望的主要原因，是社會壓力過大，競爭過於激烈；四八・九%的人認為原因是窮忙族缺少合理的人生和職業規畫；三九・五%的人認為是由於起點太低、機會太少；二六%的人認為是太急於求成，反而容易受挫；二四・五%的人認為是盲從、隨大流[45]造成的；一八・八%的人認為是由於耐心不夠[46]。

就像謝普勒在《窮忙》裡寫的：「走出貧窮不像是你亮出自己的護照，然後走過邊境這麼簡單。在赤貧和安逸的生活之間有一條寬闊的爭議地帶，而且，對於每個人來說，這條通道的距離都是不同的。」

艾倫瑞克和謝普勒的調查經歷，使我們理解為何從西歐到日本、美國，都出現了大批不願意工作的年輕人：**與其窮忙，不如降低對物質生活的需求，盡量不工作**，或者像三和大神那樣做最低限度的工作。

《紐約時報》華盛頓分社社長在二〇一三年撰文稱這一代美國年輕人是「無所事事的一代人」[47]。據美國勞工部統計，二〇一三年年初與二〇〇〇年相比，二十五歲至三十四歲的勞動者是平均薪資降低了的唯一年齡組。

44 邱林川：〈新型網絡社會的勞工問題〉，《開放時代》二〇〇九年第十二期。
45 跟著大多數人說話或做事。
46 杜晉華、羅慧玲：〈七五%的人自認是「窮忙族」〉，《中國青年報》，二〇〇八年五月九日。
47 David Leonhardt, The Idled Young Americans, New York Times, May 13, 2013.

年齡在二十五歲至三十四歲的美國人中二六・二%沒有工作，其中包括主動選擇不就業的群體（例如，研究所的學生，或在家照顧孩子的人），以及非主動選擇的群體（計入官方失業率的人，和處於失業狀態但不再尋找工作的人）。同一年齡段的無工作人口比例在加拿大是二〇・二%，在德國是二〇・五%，在日本是二一%，在英國是二一・六%，在法國是二二%。

歐盟統計局於二〇一八年發布的報告認為，法國有九十六・三萬名年齡在十六至二十五歲的青年屬於不就業、不進修也不參加職業培訓的尼特族。這一資料與二〇一五年的一百零二・五萬人相比略有下降。報告顯示，年輕尼特族當中三一%擁有職業教育文憑，比如獲得了「職業能力證書」（CAP）或「職業學習證書」（BEP），他們通常可以在一年內找到工作；二〇%則沒有獲得任何文憑，研究人員認為這部分人是就業的「最脆弱群體」。

總體而言，學歷較低的年輕人在尼特族當中所占比例非常高，其中近三分之二在結束中學教育之後沒有繼續進修，近三分之一僅拿到職業教育文憑，近六分之一希望攻讀高等教育文憑[48]。

在中國，一九九〇年代和二十一世紀初期，失業問題最突出的是「四〇五〇人員」（即四十歲至五十歲的人），他們大多數是國有和集團企業失業員工，而如今不就業比例最高的則是八〇後和九〇後人群。二〇一三年的抽樣調查資料顯示，八〇後青年當中二一・八%的人既不就業也不就學，九〇後青年人口當中一七・八%的人既不就業也不就學。這意味著，大約五千萬的八〇後和三千萬的九〇後是尼特族，兩者合計約八千萬[49]。

國際勞工組織發布的《二〇一三年全球青年就業趨勢報告：風險中的一代》列舉了三十四個經濟合作暨發展組織國家二〇〇〇年至二〇一〇年的十五歲至二十九歲年齡人口中的尼特族比率，其中，二〇一〇年有六個國家的尼特率超過二〇%，二十二個國家的尼特率在一〇%至二〇%，僅有六個國家的尼特率低於一〇%。這充分顯示出尼特族現象是一個全球性的現象。

九九%向一%宣戰

如果我們的社會不能為青年持續創造就業職位，任由貧困蔓延，勢必為一系列社會動盪埋下導火線。

二〇一一年秋天爆發的「占領華爾街」運動便是典型的一例。

前紐約市長麥克・彭博（Michael Rubens Bloomberg）在二〇〇一年九月十六日時還憂心忡忡的發表談話：「我們有很多孩子大學剛畢業，他們卻無法找到工作，同樣的情景發生在開羅、發生在馬德里，你肯定不希望那些形形色色的暴亂也發生在這裡。」次日，在曼哈頓下城區的祖科蒂公園（Zuccotti Park），一些失業的年輕人三三兩兩聚集起來發起抗議行

48 魯佳：〈研究機構：法國近百萬年輕人不就業、不進修、不參加職業培訓〉，海外網，二〇二〇年二月十一日。
49 李春玲：《黑龍江社會科學》，〈八〇後和九〇後的尼特與啃老現象〉，二〇一五年第一期。

動，認為華爾街的金融機構造成了社會的分配不公，他們稱自己是九九%的人，他們譴責「一%的人占據國家權力和財富」。

占領華爾街運動很快在美國蔓延，由鬆散的社會邊緣群體變為主流公眾參與，在全美各大工會表示了對其「反貪婪和社會不公」主題的支持後，全美有十幾萬人走上了街頭。十月六日，前美國總統歐巴馬在白宮記者會上發表談話認為，占領華爾街運動表示美國人對美國的金融體系有普遍的不滿。經歷半個多月後，運動蔓延至美國境內多座城市，從西海岸到東海岸，洛杉磯、舊金山、丹佛、芝加哥、華盛頓、波士頓、西雅圖等城市均出現針對金融系統，規模不等的抗議活動。當年底《時代》將「年度人物」這一稱號授予抗議者。

占領華爾街運動也很快向全球蔓延，那些找不到工作、忍受著現代經濟體制不平等苦果的青年的怒火成燎原之勢。

以色列特拉維夫的大學生也在街頭搭起帳篷，農民趕著乳牛封堵道路，醫生罷工，其中一個寫著「這裡住著一位博士畢業生，也是女招待員」。不久，這場帳篷運動，從特拉維夫蔓延到以色列的其他十多個城市[50]。

在英國倫敦，抗議者在倫敦市金融區建立「帳篷城」，發起「占領倫敦證交所」運動；新加坡公眾在網路上發起了「占領萊佛士坊」，萊佛士坊為新加坡著名的商業街；在日本東京，有多個市民團體舉行「占據東京」的集會遊行，抗議日本政府在災後重建、處理核洩漏事故，以及消除社會貧富差異方面存在的諸多問題；在韓國首爾，大約四百個公民和勞動權益組織，在首爾火車站和位於韓國金融中心汝矣島的韓國股票交易所進行示威，抗議收入分配不公[51]。在黎巴嫩，二〇一九年冬，為了抗議該國政府對使用 WhatsApp 的社交媒體用戶，每月收取六美元的費用，年輕人走向了街頭。據ＢＢＣ報導，該國公共債務占國內生產總值的比例位居世界第三，為一五〇％。根據官方資料，黎巴嫩青年失業率已經達到三七％，而整體失業率為二五％[52]。

占領華爾街運動最後以紐約警方在當年十一月十五日凌晨，對抗議者在祖科蒂公園搭建的營地實施強制清場而收場，但一場有關經濟不平等和社會流動性的全球反思已經開啟。

50 趙鵬：〈占領華爾街：青年貧困的全球蔓延〉，《羊城晚報》，二〇一一年十月十五日。
51 吳雨：〈從「占領華爾街」到「占領全球」〉，德國之聲（Deutsche Welle），二〇一一年十月十五日。
52 〈黎巴嫩抗議示威：WhatsApp 稅引發的與眾不同的群體事件〉，ＢＢＣ中文網，二〇一九年十一月十四日。

04 富二代、官二代、壟二代與貧二代

二〇一八年，哈佛大學被一家非營利機構起訴。原告大學生公平入學組織（Students For Fair Admissions，簡稱SFFA），是由一群被哈佛大學拒之門外的亞裔學生組成的，由保守派活躍分子愛德華・布魯姆（Edward Blum）領導，布魯姆反對在公共生活的各個方面考慮種族因素。

SFFA稱，哈佛大學在評估申請人時，不公平的將種族因素考慮進來，迫使亞裔美國人在爭取被哈佛錄取時，不得不面對更高的門檻。該組織指出，哈佛大學使用一個配額系統，或者說一個「種族平衡」的系統，來限制學校裡的亞裔學生人數，以此來為其他族裔保留一定的名額。這樣的操作違反聯邦法律。假如錄取時不考慮種族，只考慮學習成績的話，亞裔學生的錄取人數應該比現在多一倍，因為亞裔學生的學術表現相當好。

膚色決定成績？

這宗案件被看作一場關於招生模式的平權運動。哈佛大學表示，他們是透過一個整體（Holistic）的策略體系來評估學生的，種族只是其中一個很小的考慮因素。該大學指出，

他們學校裡的亞裔學生人數一直在上升，現在已經占學生總人數的二三%。其他常春藤聯盟的名校和美國公民自由聯盟（American Civil Liberties Union，簡稱ACLU），在這宗案件中都對哈佛大學表示支持。

不過，據《紐約時報》報導，美國司法部站在了SFFA這邊，在提交給法院的文件中稱：「哈佛未能承擔其備受需要的責任，表示其對種族因素的使用不會對亞裔美國人造成非法種族歧視。使用模糊的『個人評級』，可能會受到種族偏見的影響，損害亞裔美國申請人的入學機會；實施非法的種族平衡；在超過四十五年的時間裡，使用種族因素作出錄取決定的過程中，從未認真考慮過種族中立的其他選項[53]。」

之前，曾獲得普立茲獎的前《華爾街日報》（*The Wall Street Journal*）記者丹尼爾·高登（Golden Daniel），發表了《大學潛規則》（*The Price of Admission*），揭露了美國頂尖大學的招生腐敗問題，其中涉及各種非學術或財務因素賦予特權人士特權，從而擠出那些缺乏特殊能力但是學術能力好、勤奮的學生[54]。在一個特別令人震驚的案件中，新澤西州一個後來因政治腐敗指控，被送往聯邦監獄的富有的房地產開發商，向哈佛支付了兩百五十萬美元，以確保他完全不合格的兒子被錄取。

53 Katie Benner, Justice Dept. Backs Suit Accusing Harvard of Discriminating Against Asian- American Applicants, New York Times, August 30, 2018.

54 Ron Unz, The Myth of American Meritocracy, American Conservative, 2012.

據美聯社報導，哈佛大學每年錄取人數不到申請者的五%，二〇一七年，錄取新生的族裔比例為：亞裔二二．二%，非裔一四．六%，西裔／拉丁裔一一．六%。根據二〇一七年六月美國人口普查機構發布的報告，美國總共三．二五億人口中，亞裔為兩千一百萬，約占人口總數的六．五%。

一年後，美國地區法官愛麗森．伯勒斯宣布哈佛招生並未歧視亞裔，SFFA敗訴，在她公布的長達一百三十頁的文件中，詳細說明了為何她認為哈佛大學的錄取過程不僅公平，而且致力於吸引「在多個方面都很出色的」申請人。

伯勒斯說，哈佛的招生並不完美，但法院不會僅僅因為它還可以做得更好，就去廢止一個立意非常良好且符合憲法規定的錄取專案。

SFFA組織的創建人布魯姆則對這一裁決表示失望：「我們認為，所提供的文件、電郵、資料分析和書面證詞，有說服力的揭露了哈佛對亞裔美國申請者的系統性歧視。」

美國西北大學凱洛格商學院勞倫．里韋拉（Lauren Rivera）花費十年的研究發現，美國社會的人才選聘深受社會階層偏見影響，來自工人階級或中下層家庭背景的學生不大可能獲得精英工作，中下階層光靠努力讀書也沒用。

里韋拉在《出身：不平等的選拔與精英的自我複製》（*Pedigree: How Elite Students Get Elite Jobs*）一書中寫道：「儘管很多人相信努力工作會有經濟回報，也相信無階級社會的神話，但今天美國的經濟比許多西方工業國家更不平等，社會流動性更低。事實恰恰和我們民族信條相反，在我們國家，從收入微薄到變身大亨，或者從富裕階層跌落至窮困潦倒的機率都很小。美國經濟階梯中的上層和底層黏性很強：收入位於全國前五分之一或者後五分之一的家庭，其子女往往和父輩處於同一個階層。位於經濟頂層的家庭，其子女基本上壟斷了通往好中學、名牌大學、高收入工作的途徑[55]。」

哈佛招生歧視案件提醒了當代社會對於年輕人至為重要的兩個命題：社會不平等和階層固化。曾任歐巴馬政府經濟顧問委員會主席的經濟學家艾倫．克魯格，在回顧國際經濟流動性資料時，發現了當代美國社會現象背後所隱藏的根本性變化。他指出，不斷加劇的經濟固化和不平等現象，並非如碰巧出現在海灘上的兩塊浮木，它們往往同時出現。

不平等處於「歷史最壞水準」

對於每一個人來說，出身並不一定完全決定命運，但決定了命運的緯度。出生在挪威，你一生可望享受的教育時間為十八年；出生在尼日則為五年。聯合國編訂的人類發展指數顯示：世界各地的人們生活水準存在巨大差異，而嚴重的不平等和機會缺失是成百萬上千萬人的悲劇。

聯合國計畫開發署署長阿奇姆．史坦納（Achim Steiner），在《二〇一九年人類發展報告》序言中寫道：「各國出現的示威浪潮明確顯示，在我們進步的過程中，全球社區中出現

55 Lauren A. Rivera, Pedigree : How Elite Students Get Elite Jobs, Princeton University Press, 2016.

了一些問題。人們走上街頭的觸發點各式各樣……但其中一個互相關聯的線索，就是對不平等深刻且不斷高漲的不滿情緒。理解如何解決當下的動盪，需要著眼於『超越收入、超越平均、超越當下』。」而這份報告的本意在於揭示新一代不平等的出現。

在全球財富迅速增長的同時，一個很大的問題就是財富沒有得到公平分配，貧富差距一直居高不下。

自二〇〇八年金融危機以來，全球私人財富一直在穩定增長。事實上，二〇一八年全球私人財富總額達到了兩百零四兆美元，相較十年前增長了二六%。美國、中國、日本、英國、德國、印度、澳大利亞、加拿大、法國、義大利，是目前世界上私人財富最多的國家，加起來占全球私人財富總額的七四%。

瑞士信貸集團（Credit Suisse）一份報告稱，從全球範圍看，最富的一〇%人口占有了全球八二%的財富，而最窮的五〇%人口所擁有的財富不到一%。因此，只要擁有七千零八十七美元淨資產，便可躋身全球最富的五〇%。但想晉升為最富的一〇%，則需擁有十萬九千三百四十美元淨資產。報告顯示，其統計的全球貧富差距指標自二〇〇〇年以來，長期處於九〇附近，儘管總趨勢是平緩下降的。而中國目前為七〇．二，在報告單獨列出分析的十六個世界主要國家中，僅有日本、韓國和澳大利亞三國比中國財富分配更均衡[56]。

聯合國發布的《二〇二〇年世界社會報告》稱，世界不平等狀況正在加劇並處於歷史最壞水準，這對社會發展、經濟增長、政治穩定都造成威脅。全球超過三分之二的人口生活在不平等加劇的國家裡。一九九〇年開始，全球收入不平等現象開始加劇，二〇一六年，大部分已開發國家，和包括中國和印度在內的一些新興經濟體，都存在收入不平等現象。

同時，國家間的不平等現象相對縮小，但相較於一九九〇年，二〇一六年已開發國家和貧困國家間的人均收入差距增至兩倍。文章指出，一九八〇年至一九九〇年代末，中國的工人、農民這兩大階級和知識分子階層迅速分化，其間所有制結構調整，和分配模式的變化加劇了階層的多元性。但是不到二十年的時間，階層分化的速度趨緩，開始呈現固化趨勢。

據英國智庫決議基金會（Resolution Foundation）的統計，過去十年間，英國家庭的集體財富增長迅速，但收入停滯不前，而最富有的一〇％的人口則享受最大的收益[57]。在倫敦，自二〇〇六年至二〇〇八年以來的十年間，典型家庭的總財富增加了七八％，達到三十五萬六千四百英鎊，這主要是由於財產和養老金資產的增加。同一時期，在英格蘭東北部，擁有自己的房屋或擁有私人養老金儲蓄的人在減少，典型家庭的財富下降了一二％，降至十七萬兩千九百英鎊，而東部米德蘭茲郡的下降幅度也與此類似。

股神巴菲特（Warren Edward Buffett）在接受美國公共廣播電視公司（Public Broadcasting Service，簡稱PBS）採訪時曾自省道，他這樣的人是美國經濟癥結所在，美國真正的問題是極富人群的「成功」，真是令人難以置信。

---

56 根據瑞士信貸《二〇一六年全球財富報告》，臺灣成人人均淨財富達到十七萬兩千八百四十七美元（約新臺幣五百五十一萬元），遠高於大多數亞太地區國家，接近西歐水準。有二十五．六萬人淨財富超過一百萬美元（約新臺幣三千一百八十八萬元），人數名列全球第十三名。

57 〈英國最富有的一〇％的家庭財富增幅最大〉，《金融時報》，二〇一九年十二月六日。

「自從一九八〇年代以來，美國的有錢人越來越有錢。」德意志銀行二〇一九年發布的一份報告這樣概括美國的財富分配情況。前一〇%富裕的美國家庭，直接持有超過九三%的美國股票和共同基金。美國最富裕的一%家庭所擁有的財富總量，已經達到了有史以來的最高金額，與該國所有中產階級和窮人的財富總和相當。

德意志銀行的統計還發現，美國一度引以為傲的中產似乎在某種程度上出現了倒退：他們的財富水準回到了本世紀初期的時候。反過來再看窮人，位於底層的五〇%人群持有的財富水準倒退得更狠，直接回到了一九五〇年代，也就是二戰結束沒幾年的時候。更令人驚訝的是，位於底層的九〇%群體持有著七二．四%的全美債務。

稍早前，加州大學柏克萊分校的經濟學家伊曼紐爾．賽斯（Emmanuel Saez）和加柏列．祖克曼（Gabriel Zucman）的研究顯示，在二〇一二年，前〇．一%階層大約由十六萬戶家庭構成，他們掌握了美國二二%的財富，遠遠高於一九六三年的一〇%。而在一九八〇年至二〇一四年，位於金字塔頂端〇．〇〇一%的美國人收入暴增了六三六%，而位於底部五〇%的人群收入卻幾乎沒有增長。

根據美聯儲研究人員最近的一項研究，二〇一八年，美國最富有的一〇%家庭占據了美國全部財富的七〇%，而一九八九年這一比例為六〇%。

美聯儲的研究人員說，最富有的一〇%人群財富的增長，主要是因為他們獲得了更大程度的資產集中：自一九八九年以來，最富有的一〇%人群所持有的資產比例，從五五%升至六四%，其中最富有的一%人群所持有的資產比例增幅最大。根據美國普查局的資料，二〇一九年第一季度全美住房自有率為六四．二%，低於一九六〇年代以來六五．二%的歷史平均水準。

美國《大西洋》曾刊登文章警示美國人：「我們精英階層深諳透過犧牲別人的孩子來鞏固財富、傳遞特權的伎倆。在這個財富高度集中的時代，我們不是無辜的旁觀者，而是慢性抑制經濟發展、破壞政治穩定和侵蝕民主制度的一大幫兇。能者至上的幻覺讓我們無法意識到，我們這個新階層的出現所引發的問題以及背後的實質。我們以為我們的成功只會影響那些不屬於這一階級的人，但歷史很清楚的告訴我們，這場遊戲沒有贏家。」

福建師範大學經濟學院教授黃瑾的研究認為，美國過去三十多年的經濟增長，本來可以大幅度提高廣大人民的生活水準，但因為經濟政策在大多數情況下，是為最富有和最有權勢階級利益服務的，經濟增長的好處被有效的從普通美國家庭轉移到最富有家庭，所以普遍的繁榮不可能出現。正是政策驅動的不平等，阻礙了美國中低收入人群生活水準的改善，進一步助長了最富有階層薪資的提高，和最富有一%人口收入的膨脹[58]。

個人所得稅稅率的大幅下降為金融部門提供了冒風險的動力，也有利於最富有階層稅後收入的增長。二〇〇九年，前四百個最富有家庭一九．九%的收入用於繳納聯邦個人所得稅，而一九九五年這一比率曾達到三〇%。據計算，如果二〇〇九年聯邦個人所得稅率保持

58 黃瑾：〈從工人階級角度看美國經濟與政策〉，《毛澤東鄧小平理論研究》，二〇一三年第十二期。

在一九九五年的水準，那麼，這些家庭當年必須多繳納八十億美元的所得稅。

具體看，美國加劇貧富差距的政策措施包括：降低個人和公司所得稅率、放鬆產業監管、取消最低薪資、取消保護工人權益的集體談判權、對資產泡沫袖手旁觀等。

卡車運輸業、通信業、航空業等產業管制政策和私有化政策，也使中產階級工人的薪資面臨下行壓力；同時金融部門取消管制——政府不再提供監管、私人利益可以追逐更高風險——為在經濟領域原本就占據優勢的集團，提供了攫取更大經濟增長好處的有利機會。金融部門不斷提高的報酬，以及傾向於管理人員報酬的政策，進一步助長了最富有階層薪資的提高，和最富有一％人口收入的膨脹。個人所得稅稅率的大幅下降，為金融部門提供了冒風險的動力，也有利於最富有階層稅後收入的增長。

社會流動變緩

困擾年輕人的除了不平等，還有階層固化或叫社會流動管道窄化的煩惱。

二〇一八年上映的印度電影《人生起跑線》（*Hindi Medium*）呈現了人們的焦慮：服裝設計店老闆拉吉和太太米塔，是印度新興的中產階級，不缺錢的他們儘管衣食無憂，但依然無法進入印度的上層社會。妻子米塔把這種階層固化歸因為「英語即階級」，因為她和拉吉所接受的公立學校教育導致了他們英語說不溜。為了不讓女兒重蹈覆轍，她堅持把孩子送進最好的私立學校接受最好的教育，以便讓女兒未來上升一個階層。

為此，他們經歷了一系列魔幻現實主義般的遭遇：為了具備入學資格，他們先是花重金搬到富人區的「學區房」，假裝上流社會人士；他們接受各種培訓，和孩子一起參加面試，但最終因為服裝店老闆的職業背景，被勢利的上流社會拒之門外；由於印度政府規定每家私立名校必須拿出二五％的招生名額給貧困學生，他們又鋌而走險，假扮窮人騙取屬於窮人的少量入學名額……。

教育一般被視為通往更高社會階層的車票。中國人民對於教育的調侃——「底層放棄教育，中產過度焦慮，富人不玩高考」——也反映出人們對於階層固化的焦慮。「寒門出貴子」越來越少。一般來說，衡量社會流動水準有兩個重要維度：一個是代內流動，即個人一生在職業成就或社會地位的升降變動；另一個是代際流動，即指同一家庭中上下兩代人之間社會地位的變動。從代際角度看，子女社會地位的獲得受到父輩地位的影響越深，社會就越封閉、越缺乏流動性。

由世界經濟論壇發布的《二〇二〇年全球社會流動指數》發現，北歐和歐洲部分地區的表現優於世界其他地區。為其居民提供最平等機會的國家大都是北歐經濟體：芬蘭、挪威、瑞典、丹麥和冰島。從排名來，德國排在第十一名，法國排名第十二名位，加拿大排在第十四名，澳大利亞排名第十六名，日本排在第十五名，英國排名第二十一名，美國排名第二十七名，俄羅斯排在第三十九名，中國排在第四十五名，沙烏地阿拉伯排第五十二名，土耳其為第六十四名，墨西哥排名第五十八名，印度排在第七十六名，南非排名第七十七名。

從一些國家的發展經驗來看，在經濟高速發展時期，一般社會流動都會加快。比如，一九五〇年至一九七〇年代的歐美主要國家，普遍經歷了一個經濟較快發展的階段，社會活力充沛，社會流動加快。

中國改革開放的過程也是一個社會活力被激發、社會流動加快的過程。數以億計的人從溫飽到小康、從農民身分到市民身分、從低收入群體到中等收入群體的轉變，充分說明了改革開放以來中國社會流動程度之大。

美國更早感受到了社會流動性的下降。

美國普查局發布的數據稱，美國人搬家的頻率降到了歷史新低。在二〇一八年至二〇一九年統計年度，僅有九・八%的美國人更換了自己的住址，這也是這一數字在美國首次跌破兩位數。從最初的英國清教徒跨越大西洋來到新大陸，到後來翻越阿帕拉契山脈挺進西部，再到如今全球最受矚目的移民目標國，美國成長於遷徙，也依賴於遷徙。

遷徙本身也是社會流動性最有力的表徵。高遷徙率通常意味著變化，而變化往往代表著活力、機會以及交流。

布魯金斯學會對於普查局給出的資料，進行了進一步的分析。他們指出，一般情況下十八歲至三十四歲的年輕成年人，是一個社會中遷徙的最主要群體，因為他們面臨諸多的人生變化，如成年脫離家庭，步入婚姻殿堂，或者是更換自己的工作。然而在過去十年中，這一人群的遷徙率出現了大幅下降。

曾經，階層在美國是一個古老的詞，按照布魯金斯學會的高級研究員理查・V・里夫斯（Richard V. Reeves）的說法，那是《唐頓莊園》（*Downton Abbey*）或《王冠》（*The*

Crown）這樣的英國進口電視劇裡才能看到的奇觀……但在無階級的虛飾之下，美國的階級複製機器以無情的效率高速運轉[59]。中上階層固化的情況尤為嚴重……階級位置正在穩固的傳遞給下一代。

處於頂端二〇%的家庭中的大多數孩子會繼續留在這個位置，最多下降到前四〇%的位置……無論是分區制度、入學規則，抑或稅收改革，進步政策常常遭到中上階層的反對。自利原則是非常自然的。但是，構成美國中上階層的人不僅要保持自己的優勢，他們還堅信自己生活在一個無階級的、唯才是舉的社會，他們認為一切都是他們應得的。

經濟學家們用「代間所得彈性」（Intergenerational Income Elasticity，簡稱ＩＧＥ），來衡量一個社會的階層流動性。想像你站在社會經濟晉升的階梯上，腳踝上綁著一條橡皮筋，橡皮筋的另一頭綁在你父母所處的階級。橡皮筋的強度決定了你擺脫自己出生階級的難度。如果你的父母處於階梯的上端，當你往下掉時橡皮筋會把你拉回來；如果父母位於下端，你只要向上爬它就會把你往下拽，這種拉力的程度就可以用代間所得彈性來測量。

簡單說，高的代間所得彈性表示，父輩的財富和身分等因素，能很大程度的決定和影響子女的財富和身分，如當今社會形成的所謂「富二代」現象。同時也說明低收入家庭的子女難以透過自身努力提升其收入和地位，導致收入差距呈代際繼承性、遺傳性特徵。

59 Richard V. Reeves, Stop Pretending You're Not Rich, New York Times, June 10, 2017.

紐約城市大學經濟學教授邁爾斯．克拉克的研究顯示，在半個世紀前，美國的代間所得彈性不到〇．三，而現在約達〇．五。在美國，父母一旦確定，大半個人生也確定了。當前美國的代間所得彈性幾乎超過了其他所有已開發國家。在經濟流動性這一指標上，美國更接近智利或阿根廷，而非日本或者德國。

以代間所得彈性約為美國一半的加拿大為例，位於兩國經濟社會階梯中段的家庭，其後代收入的浮動變化都比較可觀，但區別在於兩國階梯的兩端。在美國，位於底端以及頂端九．九%的孩子，最終停留的位置都最接近他們的起點。在這片機會之地上，你的出身越好，你成功的機會越大。

隨著中國人均國內生產總值突破一萬美元，社會流動放緩的問題也開始出現。近年來網路等媒體頻繁出現的「富二代」、「官二代」、「貧二代」、「農二代」、「襲二代」[60]等流行語，也反映出社會階層代際傳承性問題突出，社會階層固化問題受到了普遍的關注。

北京大學經濟學院博士何石軍，曾選取一九八九年至二〇〇九年這二十年間黑龍江、遼寧、河南、湖北、湖南、貴州、廣西、山東和江蘇九個省區作為樣本，涵蓋農村和城市家庭的人口特徵、收入水準、教育、健康狀況、醫療保險、農業生產、個體經營、時間分配、家族關係等多方面資料分析發現，中國社會自二〇〇〇年以來，代際收入流動性總體上是在上升（即代間所得彈性係數處於下降趨勢）[61]。但與有關國家的代際彈性相比，中國仍處於一個流動性偏低的階段（代間所得彈性仍在〇．四〇以上）。

使用轉移矩陣的分析顯示，與二〇〇〇年的代際收入流動性相比，二〇〇九年流動性的降低，在一定程度上是由於高收入階層向下的流動性增加，而整體的流動性較低，則與底層收入階層向上流動較低有關。研究者認為，與已有國家的相關研究結果相比，中國的代間所得彈性仍然偏高，中國的家庭因素對子輩收入的影響仍然很大，要想改變這種狀況，需進一步深化相關改革，推進機會均等機制的形成。

中國新聞社曾援引《學習時報》刊載的文章，指出中國至今尚未形成穩定的橄欖型社會結構，中間階層總體比例較小，階層固化的趨勢明顯加速[62]。表現為社會縱向流動的通道日漸狹窄，下層社會向上流動受阻，社會結構調整速度變慢，制度變革與調整的動力減弱；大量剛剛擺脫貧困狀態的階層，面臨著難以共享發展成果的窘迫境地。

「雖然市場化、快速城市化與工業化或後工業化過程，曾經一度為各個社會階層的生存和發展創造了機遇，但中國社會分層和社會流動的模式，日益凸顯家庭背景的重要性，社會階層尤其是優勢社會階層的封閉性增加，人力資本和教育在獲得社會地位中的作用有所淡化，並影響了青年一代透過個人奮鬥實現理想。」

安徽社會科學院副研究員顧輝，針對中國社會廣受關注的「×二代現象」研究發現，伴隨著貧富差距擴大，**社會階層中的體力勞動者和非體力勞動者之間出現了鴻溝，跨越體力勞**

60 世代紮根於壟斷行業，憑藉父輩所建立的人際關係網，子輩也輕鬆進入壟斷行業拿高薪、做體面又有前途的工作。
61 何石軍、黃桂田：〈中國社會的代際收入流動性趨勢：二〇〇〇～二〇〇九〉，《金融研究》二〇一三年第二期。
62 〈中國社會階層固化趨勢加速，縱向流動通道漸狹窄〉，中國新聞社，二〇一一年六月二十七日。

動階層和非體力勞動階層的社會流動越來越少，社會流動主要集中在兩大階層內部短距離的流動[63]。

在非體力勞動階層中，上層（精英階層）的封閉性越來越強，尤其表現在國家和社會管理者階層（權力精英）和專業技術人員階層（知識精英）。體力勞動者階層內部的社會流動主要表現為從農民階層向工人階層的過渡，但是由於農民工階層的特殊性，這種看似向上的社會流動深受政策的影響還存在不確定性。

在影響社會階層流動的機制中，自致性影響雖然仍然發揮著主導作用，但是家庭背景因素的作用，越來越重要，制度安排對於個人的社會地位獲得，仍然具有根本性的影響。也就是說，廣受關注的「×二代現象」所隱含的家庭背景對個人社會地位獲得的重要影響作用，在實證研究中獲得了部分支持。

北京大學光華管理學院院長蔡洪濱，在二〇一一年的一次演講中呼籲：「中國社會在現在進入關鍵發展的階段，確實面臨著巨大的經濟轉型的課題，但我覺得更大的命題是，怎麼轉變我們的社會結構，怎麼增加社會的流動性，怎樣使社會裡的人，尤其是年輕人，都感到有機會、有積極性，只有這樣才是一個健康的社會，只有這樣才是一個能夠保證經濟長期增長的社會，這不是道德的問題，也不是哲學的問題和政治理念的問題，這是我們要擺脫中等收入陷阱的一個必然[64]。」

預防階層固化，提高社會流動性，並非無計可施。《人民日報》曾刊登文章稱：「事實上，**當一個人在社會中能靠自己努力獲得成功時，就證明這個社會是具有流動性的，機會是**

公平的。當前，中國採取的許多舉措，如鼓勵大眾創業萬眾創新、實施戶籍制度改革、推動教育均衡發展等，著眼點都是實現機會公平、促進社會流動[65]。」

63 顧輝：〈近十年來中國社會流動研究的新進展——社會流動視野下的「X二代現象」研究綜述〉，《學術論壇》二〇一四年第四期。

64 〈蔡洪濱：社會流動性是經濟長期增長核心〉，新浪財經，二〇一一年一月十六日。

65 馬峰：〈正確看待社會流動問題〉，《人民日報》，二〇一七年七月二十日。

第三章

閃辭、跳槽，成為職場常態

我看見這一代最傑出的頭腦毀於瘋狂，挨著餓、歇斯底里渾身赤裸……。

——美國詩人

艾倫・金斯堡（Irwin Allen Ginsberg）

01 體面的離職，也是一種技術活

在杭州師範大學阿里巴巴商學院舉行的二〇一三屆畢業典禮上，阿里巴巴創始人馬雲發表演講時提到了他對人生第一份工作的看法：

人生的第一份工作絕大部分不會是你的最後一份工作。第一份工作重要、第一份工作的師父重要、第一份工作的堅持比後面的堅持更為重要。我特別感謝那時的副校長黃書孟，畢業時，在校門口他對我說：「馬雲，五年內不能離開你的第一份工作，不能離開你的學校（馬雲畢業分配到了杭州電子工業學院）。」[1]

後來，馬雲在杭州電子工業學院當了七年英語老師。

半年一份工

從早年的《奮鬥》到二〇二〇年熱播的《安家》，在影視劇裡，勇於辭去工作追求夢想似乎成為年輕人敢於做自己、獨立有個性的象徵。這種率性離職「做自己」的人設，也常常出現在商業廣告中。

在二〇二〇年代，還指望大學生像馬雲，畢業後在一個職位上做七、八年已不現實。一代人有一代人的想法。中國青年報社社會調查中心聯合問卷網，在二〇一八年對兩千零三名十八歲至三十五歲的青年進行的一次調查中發現，八八．一%的人坦言自己與父母就業觀存在差異，二一．九%的人表示差異大，六六．二%的人表示有一些差異[2]。

調查顯示，和父母就業觀念出現差異的時候，四二%的人不願與父母有過多的工作交流，四〇%的人因此在找工作時感到焦慮和迷茫，三〇．九%的人因此對自己的職業發展沒有信心，二五．九%的人會重新理性思考自己的職業規畫，一九．四%的人完全按照父母的意見擇業。

萬事開頭難，但眼下，許多大學生畢業後找到的第一份工作，連半年都做不滿。教育諮詢機構麥可思研究院，在二〇一八年六月發布的《就業藍皮書：二〇一八年中國大學生就業報告》顯示，二〇一七屆大學畢業生畢業半年內的離職率高達三三%。也就是說，接近三分之一的大學畢業生，在第一份工作職位上的時間不足六個月[3]。

不同專業間千差萬別，上述報告顯示，臨床醫學、康復治療學、醫學檢驗專業的畢業生

1 張晨、孟昌：〈馬雲：五年內不要放棄第一份工作〉，杭州網，二〇一三年六月十四日。
2 〈調查顯示：八八．一%年輕人與父母就業觀不同〉，《中國青年報》，二〇一八年三月二十日。
3 麥可思研究院：《就業藍皮書：二〇一八年中國大學生就業報告》，社會科學文獻出版社，二〇一八年。

半年內離職率較低，分別為五%、五%和六%，而離職率較高的十大科系多為傳媒、藝術類專業。表演專業的畢業生半年內離職率最高，為四〇%；緊隨其後的是廣播電視新聞學和藝術設計，分別為三八%和三七%。不過，這些專業的離職率高低與就業率並不相關。

這並非二〇一八年獨有現象，應屆畢業生第一份工作的半年離職率，在過去十年基本維持在三〇%這一高水準上。九五後們對工作的耐心的確不如前輩們了。

全球最大的職場社交平臺領英，在二〇一八年發布的《第一份工作趨勢洞察》報告顯示，大學生畢業第一份工作的平均在職時間呈現出隨代際顯著遞減的趨勢。

七〇後的第一份工作平均超過四年才換，八〇後則是三年半，而九〇後驟減到十九個月，九五後更是僅僅在職七個月就選擇了辭職。第一份工作的專業對口[4]比例也呈現出隨代際遞減的趨勢，七〇後當年的專業對口比例超過四〇%，而九五後則銳減到二八．八%。

對於畢業生來說，第一份工作最看重什麼？二〇一八年十一月，中國青年報社社會調查中心聯合問卷網，對一千九百五十三名已經工作的青年進行的調查顯示，受訪職場青年在**找第一份工作時最看重的兩個因素是薪資和行業領域**，六二．三%的受訪職場青年希望透過第一份工作能學習和積累技能經驗。六六%的受訪職場青年建議，職場新人要多和有資歷的前輩共事學習，四八．六%的受訪職場青年認為，職場新人要不怕犯錯，多嘗試[5]。

不過，對於九〇／九五後的「閃辭」行為，即如此頻繁且短暫的更換第一份工作，這份報告的解讀仍較為樂觀：「一方面在於他們更加追求獨立自主，關注自身感受和自我價值的實現，一旦發現工作與期待不符則會更快做出其他選擇；又加上如今獲取職業資訊和機會的管道越來越快捷和便利，更換工作變得更加簡單和頻繁。」

閃辭有理

閃辭，是年輕人對工作採取的用腳投票[6]**的行為，並不僅僅是一時衝動。**對許多人來說，職業生涯的第一份工作往往並非最理想的工作。

從企業的因素看，為了招募到更好的人才，企業的承諾與實際情況之間有時會有落差，招募時過於誇大自身企業，向畢業生承諾，福利待遇好、成長空間大、工作環境好，但等入職後卻難以兌現，最終導致人才流失。

新華社在二〇一九年春季校園招募中注意到，江西、廣東等地的部分大學畢業生找工作面試過程中存在一些奇葩現象：「江西財經大學應屆畢業生徐震宇找好工作，並簽訂三方協議。他說，他對這份工作比較滿意，面試時說得清清楚楚是營運單位，但公司後來以『能力不足』為由把他調到了業務單位。一打聽招進去的畢業生都調了職務，因為企業招募業務單

4 指一個人所學到的相關專業知識，在現實生活中找到了相對應的工作。

5 杜園春、顧凌文：〈人生第一份工作，什麼最重要〉，《中國青年報》，二〇一八年十一月二十日。

6 指在人口流動不受限制下，居民根據各地方政府提供的條件，自由選擇那些最能滿足自己的地方居住；換句話說，就是人民用腳行動，透過遷出或遷入某地，對當地政府投票。

位難，所以在招募時用了『先引入門、再騙進坑』的手段[7]。」

入職後，許多企業不夠重視應屆畢業生職業規畫。人力資源服務供應商前程無憂，自二〇一九年三月起對一千九百五十六家雇主、七千四百八十七名應屆畢業生進行調查研究發現，超過六成的企業沒有明確為應屆生制定職業規畫的意願，其中視具體情況而定的比例為四八・八％，無職業規畫的比例為一五・五％，而僅有三五・七％的企業為應屆生制定職業規畫[8]。

上海信衍諮詢助理諮詢師、上海師範大學心理學碩士王悅蕾，對數十家企業進行的調查研究發現，一些公司一提起應屆畢業生就職就大搖其頭，覺得這些應屆生要求高、不穩定、吃不起苦等，甚至很多企業規定不用應屆畢業生，部分原因在於一些企業管理者對應屆生存在偏見：五四％的企業管理者認為，應屆生什麼都不懂，不會為企業創造價值，所以各級管理人員在態度上就帶有輕視，通常會安排一些不重要的工作、雜活和沒有技術含量的重活給應屆畢業生，這對應屆生的自尊心是一種傷害，而且這類工作價值有限，所以薪資也偏低，這是造成應屆生離職的主要原因之一。

一些本身未達到工作預期的員工離開，企業倒也樂見其成。前述新華社的調查中，也有來自企業對應屆生的吐槽：「南昌某傳媒公司負責人周毅博說，有些在面試中對答如流、侃侃而談的學生，招進公司後卻難以勝任工作；有些財會專業畢業生居然看不懂最基本的財務報表，專業問題一問三不知。想找合適的畢業生也不容易。」

英國青年網針對英國雇主所做的一項調查顯示，在接受調查的用人單位中，接近一半認為年輕的求職者們不了解工作所需的技能，而且三分之二左右的用人單位，因求職者未能清楚表述自己的能力而將其拒絕。青年網市場及公共關係部負責人奧利弗・德拉克福德指出：「如果年輕人沒有從辦公室工作中獲得大量的實踐（實習）經驗，那麼，他們必須體現出自己擁有其他可以運用到工作中的才幹，例如，為社交媒體機構寫部落格，或者從麵包店或是餐廳後廚的工作經歷中，學習到時間管理的技能[9]。」

從學生主觀感受看，到職之後，大學生最先感受到的是公司的文化氛圍。多數新人會把陌生的公司文化氛圍與熟知的大學文化氛圍進行比對，從而產生不適應的感覺，進而對公司文化失去認同，當無法忍受時就會提出離職。

何時該用腳投票？

閃辭也是一種被逼無奈。其實離職對於多數人來說始終是一項艱難選擇。領英的分析顯示：在他們三・一三億的用戶中，只有二五%是非常積極主動的求職者。六〇%的用戶都是被動的求職者，他們不會主動的去尋找新的工作，但是會認真的考慮新的機會。

7 姚子雲、鄧瑞璿：《校招頻現「奇葩」事——部分高校畢業生面試現象調查》，新華社，二〇一九年三月二十五日。

8 《二〇一九年應屆生調研報告》，前程無憂，二〇一九年四月。

9 Ronald Alsop, This is the real reason new graduates can't get hired, BBC, November 19, 2015.

組織心理學家湯瑪斯・查莫洛・普雷謬齊克（Tomas Chamorro-Premuzic）曾撰文指出，**人類的天性就是傾向於害怕和規避改變，即便我們現在的處境很明顯的讓我們感到不開心、不幸福，我們依舊不會主動追求改變**[10]。大多數人，甚至包括百萬富翁在內都認可長期工作的穩定性，但並非每個人都那麼幸運。

普雷謬齊克認為，一旦出現了下述五種現象，人們就應該理性選擇找一份更好的工作：

- **沒有學到東西**。研究顯示**成年人和年長者最幸福的時刻，就是在工作中可以不斷的學習新的東西，感覺到自己在進步**。對於那些性格中本來就好奇心強、創造力強、一直對新的事物保持有強烈的求知欲的人來說更是如此。
- **工作中表現不佳**。如果你在工作中停滯不前，就像開著無人駕駛的車一般，感覺睡著時也能把工作完成，那麼你肯定也會表現不佳。這種狀態遲早會損害你的就業能力，你的簡歷上可能很快就會有不光彩的一筆。
- **價值被低估**。即便員工們滿意自己的薪水和晉升機會，他們依然不能很好的享受他們的工作。除非他們得到了認可，尤其是他們直屬上司的認可。
- **工作只是為了賺錢**。雖然大多數時候，人們判斷一份工作值不值得做時會考慮財務因素，但是**如果一份工作僅僅是因為賺錢而做的，那它反而是最不值得做的**。而且在最壞的情況下，它還會讓人失去動力、變得消極。
- **不喜歡現在的老闆**。正如俗語說的那樣，人們因為公司而加入，因為老闆而退出。這就揭示了不喜歡自己工作的人，和不喜歡自己老闆的人其實有大部分的重疊。在關於領導力的研究中發現，七五%的職場人認為，工作中最有壓力的部分，來自他們的直屬主管或者間接主管。

有時候，數據可能比老闆更早知道你動了辭職的念頭。美國軟體發展商威睿（VMware）公司，在二〇一五年推出的一款軟體，可以預測員工何時離職。這項軟體靠分析員工活動的趨勢、最近一次升職是何時、地理因素、產業變化及其他資料來做出預測。身為估值一度超過四百億美元的公司，威睿全球人力資源資訊部門率先使用了這款軟體，結果發現有著「極高機率」正確預測哪些員工會離開公司。

但如何體面的離職也是個技術活。如哈佛商學院教授倫·施萊辛格說，「**如何開始與如何結束，是任何職業關係中最為重要的部分**」。但問題是，人們總會花很多時間準備與策劃如何給別人留下深刻的第一印象，卻很少考慮到「最後印象」。無論你為何辭職，無論是因為你深深感到不幸福，還是準備抓住新機會，都需要保持敏感，做好規畫。

「**商業世界說到底都是人際關係，**」《如何做好工作》（*Great on the Job*）一書作者裘蒂·格里克曼（Glickman Jodi）的建議是：「**即便找到了夢想中的工作，也沒必要過河拆**

10 湯瑪斯·查莫洛·普雷謬齊克：〈有這五種跡象，你就該換工作了〉，《哈佛商業評論》，二〇一八年二月二十八日。

橋，跟之前的工作一刀兩斷。」她建議，離職也須認真計畫。從何時告訴別人，到移交工作時機都有講究。離職最好**和老闆安排好後續工作交接規畫**，如果繼任者方面的安排沒做好就貿然宣布離職，有可能造成動盪。最好**當面告訴需要知道的同事**，雖然現在大家事事都習慣在 LINE 上說，但是當面告訴別人的感覺還是無可取代的，尤其是工作中關係比較密切的同事，以及團隊成員。

克制情緒，盡量不要發牢騷，如果你離職的原因並不太正面，比如你在公司裡升職節奏不夠理想，或者跟上司有衝突，離職時一定要忍住發洩或批評的衝動。給予團隊成員機會，特別是有希望在工作中承擔更大責任的同事，如果合適應該向老闆推薦。不要以為自己是無可替代的，現代公司都是高度專業分工化的，獨一無二的螺絲釘可謂鳳毛麟角，謙遜幾乎是所有人都欣賞的品格。

離職前最後一段日子，**不要消極怠工**，**影響積攢多年的聲譽**。要走也不能留下爛攤子，文件和客戶要交接得及時有條理，確保離開後手頭工作都能按時完成。

裘蒂．格里克曼特別告誡離職員工，應該**花點時間感謝多年來公司提供的機會**。即便去了別的公司，也有可能遇到前主管和前同事，尤其是在行業內跳槽時。「多個機會總是好的，」格里克曼說：「職業生涯是很長的，人們永遠不知道下一個機會從哪裡冒出來。」

02 快轉人生，讓你更快倦怠

針對年輕人的閃辭現象，中國新聞網記者在二〇一八年八月採訪了幾個畢業生，來自黑龍江的許娜就是其中之一[11]。

一九九五年出生的許娜在工作的第四天就閃辭了。二〇一七年七月在黑龍江一所大學畢業的她，因為考研究所失利無奈踏上求職路，七月初她在北京的一家保險公司入職，工作僅四天，她就辭職了。「工作很累，還沒有底薪，薪水低得可憐。」許娜說。辭職後，她一直蝸居在一家小旅館，八個人一間房，她交了一個月房租，打算工作穩定再租房。對於住處，她沒什麼要求，覺得如今的上下鋪生活和大學宿舍差不多。

高昂的生活開支、漫長的通勤時間、快節奏的步伐，工作收入卻不成正比，這讓在大城市摸爬滾打的年輕人更容易閃辭。不過，許娜依然很樂觀的憧憬，北京那麼大，肯定能找到適合自己的工作。

但經濟學家們並不這樣認為。從一九七一年開始，瑞銀集團每三年統計一次全球主要城市的生活成本和收入水準，北京和上海分別位列中國前兩名，在全球分別排第四十五名和

11 劉歡：〈九五後平均七個月就離職，職場新生代何以說走就走？〉，中國新聞網，二〇一八年八月十日。

四十八名（按：臺北排名第二十九名），雖然排名並不高，但考慮到居民購買力較低，對於在北京打拚的年輕人來說，工作的性價比正在縮水。

如果以 iPhone 為衡量指標，在北京要工作三百一十四小時、在上海要工作三百零六個小時才買得起一部 iPhone X，而香港和紐約分別是七十五・三和五十四・一個小時（按：臺北為九十二・七小時）。相較於香港、紐約的高收入和高購買力，北京和上海的居民，卻呈現出高生活成本、低購買力的特徵[12]。

今天，生活在大城市的人更容易感覺到時間的匆匆流逝。許多人其實只是剛工作沒幾年，卻常常生出半輩子的錯覺。

蝸居一代

對年輕人來說，房租可能是工作後的最大開支，居住在北上廣深[13]一線城市尤其不堪其重。

B站影片Up主「東亞悍匪阿－張」二〇二〇年初發布的《我在三平方公尺的房間住了兩年……》上線不過兩月，就獲得了超過六百五十萬的點擊（影片見下方 QR Code），溼潤了無數網友的眼眶。不過「東亞悍匪阿－張」卻很樂觀：「廁所和廚房都是有的，這個地方是一家人住的，有

◀《我在三平方公尺的房間住了兩年……》影片連結。

五個這樣的隔間，其他資訊為了保護自己的隱私不太好說，反正我的生活不會很貧困，快樂就夠了，也祝大家能找自己喜歡的工作[14]。」

這段蝸居影片引發了網友的共鳴：「我也在三平方公尺的房間住了兩年，我覺得很舒服啊……有廁所，可以洗澡就ＯＫ了，反正工作的地方包吃，一臺筆記型電腦、一個折疊桌、一個收納箱、一個行李箱，牆上黏鉤子掛衣服一排排，還特別整齊又好看。」

彈幕裡，更多的是比慘的：「我在北京八人房學生宿舍，八人房一共十六平方公尺。」「六平方公尺的隔斷房間，我住了四年，房租就花了我差不多三分之一的薪資，沒有Ｕｐ這樣的空間管理能力，衣服什麼的都是扔在床上。」「這個影片又讓我想起二〇一八年剛畢業在深圳的時候，也差不多這麼大的房間，每天節奏沒啥區別，做著一份永遠跟不上房價的工作。」

當然，影片的內容也把小鎮青年嚇了一跳：「怎麼說，看到這個影片真的深深震撼到我了，我住在一個三線城市，這裡幾百元就可以租到七十多平方公尺的房子，所以第一次知道大城市的房價原來這麼高，有種莫名緊張感，還有一百天就高考（按：類似臺灣的指考）了，我想試著再提高一點分數，希望能有一天我也可以出省去看更大的世界。」

---

12 Cost of living in cities around the world（Stories of Prices and Earnings 2018）, UBS, 2018.

13 指北京、上海、廣州、深圳，為中國大陸人口最多的四個城市。

14 嗶哩嗶哩影片，https://www.bilibili.com/video/BV1L7411K75m?from=search&seid=。8365376499171212252。

也有人反思這樣蝸居在城市裡值不值：「從看到這個影片寫下評論時，便一直在思考這個問題，到底是該繼續在大城市奮鬥，還是回老家平庸生活，直到今天，經過了很多失眠的夜晚，腦海裡不停迴盪著思考，我決定還是老老實實回家。這麼多年，嘴上說著是在大城市打拚，其實只是在一味的安慰自己，出來這麼多年，沒賺到錢、沒存到錢、工作不穩定……疫情的原因公司解散了，這麼多年了還是原地踏步，沒有一份有發展空間的工作，這座城市也沒有一個能讓我牽掛的人，獨來獨往的我回家能陪著父母，相較來說是最好不過了，畢竟父母也從未希望我能出人頭地，只求我平安幸福度過一生就好。既然不能從物質上報答父母，那就多陪陪他們作為一種補償吧。可惜了那些年少輕狂的夢想要被掩埋了，可惜不能再與各位一起在朝陽與晚霞中奮鬥了。不管各位身在何方，願各位都能得償所望。」

住房問題是年輕人從大學步入社會時面臨的第一座大山。

中國社科院財經戰略研究院編列的，大數據住房租金定基指數顯示，二〇一九年，從租金絕對水準看，北京套房房租中位數高達每月六千九百三十元，居全中國第一。深圳、上海、杭州、廣州的套房每月租金分別為六千、五千五百、四千七百及三千五百元，居樣本城市租金水準第二名至第五名，但這一房租水準均超過了應屆畢業生的起薪。

前程無憂的調查研究發現，一線城市應屆畢業生的薪資水準相對較高，北京、上海、廣州、深圳的應屆畢業生月薪中位值分別為六千一百一十六元、六千兩百八十六元、五千五百三十一元和五千八百一十元[15]。

「居不易」並非中國獨有。據BBC報導，西班牙的房租漲幅速度是薪資的十二倍[16]。

在二〇一八年的前三個月，平均月租金上漲到了一千零二十五歐元，而在巴賽隆納則漲到了一千六百零三歐元，馬德里漲到了一千五百四十九歐元。

來自西班牙國家統計局的研究人員估計，相較於高價房租，二十歲至二十四歲西班牙千禧世代的平均月薪只有九百四十三歐元，二十五歲至二十九歲為一千三百二十三歐元，三十歲至三十五歲為一千六百一十二歐元。

瓦倫西亞大學（University Of Valencia）經濟學家戈爾利希（Francisco José Goerlich）表示，儘管生活水準在過去三十年裡確實有所改善，但生活條件是否真的更好則變得有些模糊。他表示：「毫無疑問，租金的上漲，尤其是在大城市，是人們生活支出的很大部分。因此，在某種程度上，可用於其他方面的資金就相對應的減少了。」

對於絕大部分畢業生來說，要麼在市區與人合租，要麼在郊區整租[17]。

DT財經聯合鏈家發布《二〇二〇中國青年居住消費趨勢報告》發現，在城市中靠租房子解決居住問題的青年，絕大部分會選擇合租，這源於整租與合租之間存在較大的成本差[18]。以整租一居室和合租單間為例進行比較，報告資料所覆蓋的十二座主要城市，整租一居室平均月租金（三千六百二十九・八元）達到合租單間平均月租金（一千兩百零四・三元）

15 《二〇一九年應屆生調研報告》，前程無憂，二〇一九年四月。
16 Jessica Jones, Spanish millennials are reshaping their goals to afford life, BBC, November 28, 2018.
17 用租金租下整間房子或是公寓。
18 DT財經&鏈家：《二〇二〇中國青年居住消費趨勢報告》，二〇二〇年一月八日。

的三倍。

資料顯示，北京、深圳和上海的整租一居室「租房自由」月收入要求最高，分別為一·七七萬元、一·四六萬元和一·三四萬元；杭州的「整租自由」收入超過了廣州，同樣需要月入過萬。在租房的青年人口中，有八成選擇了合租。隨著年齡與資歷的增長，青年群體的整租比例也開始變高，八五後中選擇整租的比例，比〇〇後中選擇整租的比例高出了七·五個百分點；只有不到兩成的〇〇後租房週期在兩年以上，九〇後中這個比例是三成，八〇後中則達到四成。

這份報告還發現很多出人意料的事實：從合租單間的面積來看，深圳和廣州青年合租房間最侷促，但北京和上海租房青年住的比南京、武漢、天津和成都青年還更寬敞一些；從整租套房均面積來看，重慶和上海青年住得最窄，成都青年整租房面積卻是調查研究城市中最大的，平均比旁邊的重慶青年多出十八·四平方公尺，相當於多租了一個客廳。

如果想住得寬敞些，就只能搬往更遠的郊區，同時也意味著要忍受超長時間的通勤。

通勤一小時，憂鬱風險增三三%

八一四路是跨越北京城區和河北燕郊的九條主要公車線路之一，這趟公車也見證了數十萬年輕人，每天近百公里的漫長跨省通勤路。

清晨五點半，路燈已熄，天還沒亮透，八一四路早班車開始發車。張紅英的手機鬧鐘也響了……四月的清晨還有些微涼，張紅英裹在藍色防風衣裡。她已經在這裡幫女兒排了四年隊，連八一四路的公車司機都認識她，進站時隔著擋風玻璃朝她點點頭……等車隊伍最長時達到三百公尺，但十幾位老人總能站在隊伍最前端……他們在等自己的兒子、女兒、媳婦婦、女婿。為了讓兒女多睡十幾分鐘，能在上班的路上有個地方坐，這些老人提前到公車站替兒女排隊[19]。

二〇一四年，河北燕郊，在公車站幫子女排隊的老人們引起了央視、《中國青年報》等媒體的注意，燕郊「睡城」開始為人所知。但這是北京早上極為常見的一幕。每天天沒亮，就有幾百萬人從燕郊、亦莊、良鄉等遠郊四面八方湧入北京五環內，開始他們一天的工作。

支付寶發布的《數說中國人的夜生活》顯示，北京人凌晨五點就開始搭車，是中國所有城市中最早的[20]。據北京交通發展研究院統計，二〇一九年，北京六環範圍內，通勤出行約占每天全部出行量的一半，有兩千三百萬人左右，平均通勤時間五十六分鐘，平均通勤距離為十二．四公里，而家住在郊區到中心城通勤的人，平均通勤距離為二十五公里左右[21]。

19 王晶晶：〈開往北京的八一四路公交〉，《中國青年報》，二〇一四年四月三十日。
20 支付寶：《數說中國人的夜生活》，二〇一九年三月。
21 北京交通發展研究院：《北京市通勤出行特徵與典型區域分析》及《北京市居民公共交通出行特徵分析》，二〇一九年八月三十日。

北京並非特例。據聯通智慧足跡大數據的分析，從平均通勤時間來看，全國十大城市中，上海和北京位居前兩名，平均通勤時間接近一小時，其他城市均在四十分鐘左右。從極端通勤人群（通勤距離最遠的一〇％）平均時間來看，北京和上海依舊高居榜首，極端通勤平均時間超過一個半小時，其他城市在六十分鐘到八十分鐘之間[22]。長距離的通勤已經呈現出顯著的跨城特徵，例如工作在廣州，居住在環穗的人口超過五十五萬；工作在北京，居住燕郊、固安等河北市縣的人口據不完全統計也有三十六萬人。

超長通勤時間的負面影響不可小覷。

在對大量通勤文獻進行研究後，美國 Science of Us 網站總結了一系列「通勤真相」：早早的去上班是你一天中最糟糕的事，晚下班則位列第三。哈佛大學心理學家丹尼爾・吉伯特（Daniel Gilbert）認為，儘管每天都在重複相同的路，但人們永遠都不會適應通勤。不過嘗試新的通勤方式或許能改善上班族的心情。根據麥吉爾大學（McGill University）針對三千三百七十七名乘客所進行的調查，相較於開車、公車和地鐵，走路、騎車、火車這三種通勤方式會讓人感覺更加舒適。

而長時間的通勤甚至會毀了一個人的婚姻，但如果通勤方向一致，則會讓夫妻關係更親近。一項涉及兩百萬瑞典已婚人士的研究發現，車程四十五分鐘以上的長距離通勤者的離婚率，要比不需要通勤的人高四〇％。另一項調查發現，夫妻前往相同方向的工作地會令他們對彼此的關係更加滿意。人們花費在通勤上的時間，並不能用來鍛鍊或補眠。

一項跨距五年的研究顯示，平均每天花費五十分鐘通勤，會導致睡眠時間減少十一・〇三分鐘和鍛鍊時間減少一．二九分鐘。而對通勤時間超過三小時的「超級通勤族」來說，則意味著要減少四十四．七分鐘的睡眠，同時比在家辦公的人減少了六三％的鍛鍊時間[23]。

英國私人醫療保險公司「活力健康」，委託劍橋大學等機構對三．四萬餘名上班族聯合展開調查，試圖找出通勤時長、靈活安排工作時間和在家辦公，對雇員健康和工作效率的影響。結果顯示，單程通勤時間超過半小時，就會對員工健康和工作效率產生負面影響；通勤時間最長的人單程通勤在一小時以上，憂鬱機率高出平均水準三三％，產生與工作相關壓力的風險高一二％，每晚睡眠時間不足七小時的可能性高四六％。換句話說，這些人工作效率不如那些可以靈活安排工作時間的人。另外，單程通勤時間不到半小時的人，更可能獲得充足睡眠和良好精神狀態，從而工作起來更有效率[24]。

快轉人生

「一句話證明你有多閒？看劇居然不用倍速播放！」雖是網友一句戲言，卻也反映出千禧世代的快節奏。

22 〈十大城市通勤調查：平均四十分鐘左右，滬京近一小時居首〉，北京《經濟日報》，二〇一九年十月十二日。
23 陸紓文：〈美國有三百五十萬「超級通勤族」：不是在上班，就是在上班的路上〉，《文匯報》，二〇一九年三月二十八日。
24 王鑫方：〈通勤時間長容易抑鬱建議靈活安排工作時間〉，新華社，二〇一七年五月二十四日。

吳冬亮是一位會計師，他感慨工作太滿，自己想看的內容太多，但能自由支配的時間太少：「觀劇需要合理安排時間，區別對待。比如感興趣的美劇、英劇，當然要留充裕的時間來看。但我還喜歡網路小說，小說ＩＰ[25]改編成的國產劇，我既有興趣又怕踩雷，就先用兩倍速看兩集試試，上下班的地鐵上看一下就能知道是什麼水準。」倍速看劇給年輕人帶來快感，而倍速生活卻恰恰相反，以無奈與痛苦居多[26]。

中國青年報社社會調查中心聯合問卷網，在二〇一八年十月對兩千零一十一名受訪者進行的一項調查顯示，八八．七％的受訪者體驗過倍速追劇，五二．九％的受訪者認為倍速追劇是因為劇情拖延，節奏拖遝，五二．八％的受訪者認為是由於故事情節乏味，不吸引人。七三．七％的受訪者期待看到更多敘事緊湊的國產劇。

這次調查還進行了一些個案訪談，其中一位在北京從事傳媒行業的孫了，她感覺每天從睜開眼那一秒鐘開始，時間就不是自己的了。「不管是坐地鐵、走路，還是吃飯，我都得隨時保持與藝人、片方、節目方、公司管道方等各方的聯繫。一天裡，我很少有時間放空自己，有時連續幾個月都是夜裡十二點下班，地鐵都已經停止營運了。」

高房租、通勤時間長，讓都市的青年一離開校園就過上了倍速生活。

現代人生活的一大特點就是趕時間，最愛快轉、急於刷新。上班，最好擠上月臺上開來的第一班地鐵；發布資訊，希望上熱搜榜；寄快遞，希望當日送達；拍照片，也希望立可得；出行，飛機、高鐵也是越快越好；創業，也最好一夜暴富，或者短時間內用九九六式的自我犧牲，來換取更長久的一勞永逸；甚至婚姻，也可以快閃。

苟活在格子間的社畜們，每天的工作感覺就是在處理無窮無盡的電子郵件和會議，導致珍貴的時間無法用到實處。根據研究和ＩＴ顧問公司 Basex 執行長，暨《超負荷！》（*Overload!*）一書的作者喬納森・斯皮拉（Jonathan B. Spira）的調查，三分之二的職場人士感覺沒有足夠的時間來完成所有事情，九四％有時會感覺資訊多到讓人無所適從。對七千三百三十一名美國勞動者進行的網路調查顯示，超過一半的人未能享受完整的假期。最常見的原因是什麼？他們擔心度假歸來後的工作會堆積如山。

看劇快轉尚可贏得時間，凡事快轉只會讓人陷入倦怠。

二〇一九年十二月，中國青年報社社會調查中心聯合問卷網，對一千九百九十三名十八至三十五歲的青年進行的一項調查顯示，七六・五％的受訪青年稱自己過著倍速生活，其中一線城市青年比例最高，達七八・九％。八三・一％的受訪青年坦言自己每天忙碌，但收穫不如預期。關於年輕人之所以過上倍速生活，五九・七％的受訪青年歸因於資訊化的時代，四九・二％的受訪青年歸因於當代年輕人自我要求高。六三・二％的受訪青年建議年輕人找準目標去努力，不盲目追求所謂的高效[27]。

25 Intellectual Property（智慧產權）的縮寫，它可以是故事、一個形象、或一種流行文化，只要有粉絲支持，可以改編成電影、電視劇本、線上遊戲，都可以稱之為ＩＰ。

26 楊蓮潔：〈×2 快進！為什麼年輕人看劇都用倍速〉，新京報網，二〇一九年九月二十二日。

27 杜園春、徐晨：〈你的生活開啟「倍速模式」了嗎〉，《中國青年報》，二〇一九年十月十七日。

英國社會學家齊格蒙・包曼（Zygmunt Bauma）在一九九九年，曾經提出「輕盈的、流動的」現代性，以區別於工業時代的「沉重的、穩固的」現代性。在包曼看來，沉重的福特主義[28]式的資本主義是法律制定者、程式設計者和監督者的世界，它是笨重的、沉重的、龐大的。象徵穩固性和確定性的社會狀況，最具代表性的是福特主義；而「流動階段」的現代性最具代表性的是當下的資訊社會，它是流動的、漂泊不定的、輕靈的、短暫的、變動極快的，象徵著不穩定性和不確定性的社會狀況，從穩固的現代性到流動的現代性的轉變，使得速度成為現代社會的主要特徵。穩固的現代性時代是資本與勞動相互結合的時代，而流動的現代性時代則是資本與勞動相互分離的時代。

對於生活在流動世界的現代人而言，人們不再有固定不變的習俗和慣例，其生活方式趨向於快速改變、迅速流動。流動的現代性造就了現代人獨特的工作節奏——匆忙。「衝浪」一詞可以準確的表達，以不確定性為特徵的流動的現代性的本質。

「流動速度」決定勞動者能否擁有工作機會，速度成為衡量人智慧和能力大小的一個核心因素，即誰穿過一定空間所需要的時間短，誰就可能搶占更多的空間來劃定界限、控制別人。這就要求勞動者必須對自己的人力資本以倍速模式追加投資，透過不斷的學習、鍍金充實自己，以使自己在職場上游刃有餘。

這種倍速生活也是一線城市年輕人的主動選擇。包曼認為，固態的現代性需要嚴明的紀律，因此，固態的現代性世界是一個權威的世界，是領導和導師的世界。而在流動的現代性世界中，權威不再發布命令，逐漸讓位給偶像。

偶像的力量在於將命令內化為人們主動的執行，促使人們以偶像為範本努力改變自己。影視劇、動漫等現代文化產業所打造的一系列成功人士的形象，都是高效快捷的高手。今天，生活在一線城市的年輕人，之所以還可以忍受九九六工作制，可以忍受動輒兩、三個小時的通勤，也是由於他們內心相信，主動擁抱這種倍速人生，有助於他們通往成功。

快節奏也有好處

快轉生活並非一無是處。

由心理學家羅伯特・萊文（Robert Levine）和阿拉・諾倫薩揚（Ara Norenzayan）撰寫的論文發現，在節奏較快的社區生活的人，往往更有效率，主觀幸福感也更強。這是因為大城市的生活節奏在加快，社會互動頻率在加大——導致創新和財富創造的速度也在加快。

此外還有一項經常被我們忽視的重要區別。當我們想到工作中的壓力時，往往會與苦惱聯繫起來，也就是說，這種壓力會令我們痛苦。但我們經常忽視另一面，也就是所謂的「良性壓力」——這是在處理和掌控棘手任務時產生的積極而愉悅的感受，最極致的愉悅，大概就是我們在工作中產生的「心流」體驗。心流的概念源自美國心理學家米哈里・契克森米哈伊（Mihaly Csikszentmihalyi），其於一九六〇年代觀察藝術家、棋手、攀岩者及作曲家等

28 Fordism，描述一套基於工業化和標準化大量生產和大量消費的經濟和社會體系。

環境的感知。

發現，當這些人在從事他們的工作時幾乎是全神貫注的投入其中，經常忘記時間以及對周圍環境的感知。

快轉生活同時也改變了我們的日常工作模式——可能使之更具創造力，也更有意義。沒錯，自動化和機械化顛覆了行業，讓很多人丟了工作，但自動化也消除了很多單調重複或者對身體有害的任務，今天的工人下礦井時不必先把關住金絲雀的籠子放下，工作環境較一個世紀前已經有了天翻地覆的改變。

人們都喜歡抱怨生活節奏的加快，但這麼做多數都是為了炫耀——快節奏的生活表示你很忙碌、很重要、很有價值。每當面臨快與慢的選擇時，我們都會選擇更快的節奏——儘管我們總會保留發牢騷的權利。就像那些天天喊著逃離北上廣的年輕人，更多的是一種集體抒情，當他們真正回到自己的三線小城時，父母送上安慰，朋友給予鼓勵，會讓人感到無比的溫暖，但很快，現實將會讓人清醒，特別是當「靠爸」失敗後，故鄉是每一個人永久的思念，但也是永遠都回不去的地方。

03 三年換一次工作，很正常

曾幾何時，一張大學畢業證書會影響一個人四十年的職業生涯，今天這只不過是你第一份工作的入場券而已。美國勞工統計局二〇一八年的一份報告顯示，雇員的任期中位數隨年齡段而變化。例如，在二〇一八年一月，年齡二十五歲至三十四歲的員工的中位任期為二・八年，而年齡五十五歲至六十四歲的員工的中位任期為十・一年[29]。

閃辭看似不合理，但具體到每個九五後身上，很可能都是每個人自我博弈後的最優選擇——更高的薪資、更好的職位、更多樣化的學習機會，以及有機會為自己打造一個更強大的平臺。

跳槽正在成為職場常態

經過四十多年市場經濟的洗禮，中國人代際的就業觀念早已分裂出巨大鴻溝。一九五〇年至一九七〇年出生的人經歷國家成立初期的動盪與起伏，外部環境的動盪讓他們更願意追

29 Michelle Riklan, Job Hopping Do's And Don'ts（And How To Justify A Job-Hopping Past）, Forbes, March 19, 2019.

求一個穩定的狀態；八〇後這代人，相較於前幾代生活已經有了很大的改善，個人意識開始甦醒。工作對他們而言就是實現個人價值，在工作中他們更加注重個人發展與價值成長；九〇後相較於前幾代人有更加優渥的生活條件，工作更看重與自身興趣的吻合。

中國人對於跳槽的看法也經歷了巨大轉變。

一九八六年七月，中國國務院頒布了國有企業勞動制度改革的四項規定，決定改革企業用工制度，規定國有企業招募一律實行合約制。這一改革確定了企業用人的主體地位，打破了企業職工能進不能出的限制。到了一九九〇年代中期，大學畢業生就業也發生了巨大的變化，大學生們從「扎堆」[30]公營事業、國有企業，慢慢轉變，希望畢業後到經濟特區和沿海開放城市工作的大學生越來越多，年輕人中也開始有了跳槽。

人們對於跳槽的看法也逐步變得更寬容。根據人力資源組織顧問公司羅致恆富（Robert Half）的一項調查，十八歲至三十四歲的員工有七五％認為，跳槽對他們的職業生涯有幫助，而三十五歲至五十四歲，以及五十五歲以上的比例則分別降至五九％和五一％。

千禧世代的跳槽成本越來越低，頻繁跳槽成為其中一部分人快速實現短期職業目標的通道。在市場經濟條件下，勞動力市場的雙向選擇意味著，**絕大部分人一輩子不可能只在一家公司工作**。

跳槽正在成為職場常態。領英發布《中國職場人士跳槽報告》顯示，中國職場人士的平均在職時間為三十四個月，相較於美國的五十六個月，幾乎短了兩年（按：根據一零四人力銀行從數十萬筆個人履歷資料庫中的統計，臺灣工作者平均在職時間為二十四．二個月）；中國職場人士的在職時間的中位數為二十四個月，比美國短半年[31]。其中，互聯網是員工流動性最大的行業，中國互聯網從業者平均在職時間為三十一個月。

員工通常從開始留意跳槽機會，歷經篩選、面試、協定、辭職等過程需要半年，也就是說**一半以上職場人士在一家公司安心工作不到一年半，就開始了辭職跳槽的準備**。

《智聯招聘二〇一九春季跳槽報告》顯示，超過九成白領有跳槽意願，超過七成已經在行動；超過三成白領反映公司有裁員，金融業和互聯網最為嚴重。報告顯示，白領主流的跳槽頻率為一年至三年，占比三九．〇七％。資料顯示，**白領們決定跳槽的根本原因還是「錢」**，有六四．二二％的白領表示因薪資不理想而跳槽，相較於二〇一八年五五．八〇％的比例有較大增幅。

此外，企業發展前景不明、晉升受限和福利待遇也是促使白領跳槽的主要原因。相對的，在被問及跳槽最看重的因素時，有八五．七〇％的白領選擇了「薪資、福利」。報告分析稱，唯有真金白銀才能有力的吸引和留住人才，其次才是企業和個人的發展。看來求職者們也越來越務實，更加看重當下的直接利益，然後才會著眼於未來發展[32]。

中國人比美國人更愛跳槽。前文提及的領英調查報告顯示，兩國人對同一職位的穩定時

30 許多人湊在一起。
31《中國職場人士跳槽報告》，領英，二〇一五年四月。
32〈跳槽季到了？報告稱超九成白領有意換東家〉，中新經緯，二〇一九年三月二十日。

間有近兩年的差距。包括律所、會計師事務所、顧問公司在內的商業服務行業，是中國職場人士在職時間最短的行業，僅為二十九個月。但在美國，商業服務這類高壓力和高收益並存的行業卻有五十一個月的平均在職時間，比中國多了近兩年時間；在美國，流動性最大的行業是互聯網，美國人平均只會待上四十五個月就跳槽，但相較之下，中國職場人士在互聯網的三十一個月平均在職時間也比美國短了一年半。

三年換一次工作算正常

不同行業在職人士的流動性有較大差異。在中國，商業服務（如律所、會計師事務所、顧問公司）、金融保險和互聯網是在職平均時間最短、跳槽頻率最高、員工流動性最大的三個行業。工業生產製造在中美兩國均是在職時間最長的行業，但中國也僅為三十九個月，幾乎相當於美國七十一個月平均在職時間的一半。

領英前述統計稱，從事傳媒行業的雇員，換工作較其他行業更頻繁，畢業後五年內已在四家公司工作過，隨後是娛樂、政府、非營利機構和教育從業人員，五年內亦換過約三次工作；而從事金融服務業、製造業／工業及航空／汽車／運輸業的畢業生則較穩定，平均只做過約兩份工作。在這份報告中，領英分析了職場頻繁跳槽的三點原因：

第一，產業結構的快速調整，使得人才需求持續高漲。以互聯網行業為例：二〇一一年十月至二〇一四年十月這三年間，根據投資界網站披露出來的投融資資料，有一百零三家互聯網、ＩＴ企業獲得天使或者風險投資，融資額度達到兩百四十億人民幣。公開披露的企業通常僅占總體融資企業的不到一〇％。融資中很大一部分被用於吸引人才，搭建更強更大的團隊。

第二，快節奏的宏觀大環境下，很少企業能有足夠的時間和資源，去培養起有效的內部人才體系，大量人才透過外聘方式招募，引發人才跳槽潮。國際著名獵頭顧問克勞帝歐·佛南迪茲·亞勞茲（Claudio Fernández-Aráoz），在哈佛大學接觸到七〇％至八〇％的中國企業，都未建立有效的模型以評估人才潛力，多數中國企業對此甚至毫無概念。它們亟待建立完善的潛力評估體系，以吸引、激勵、培養它們最優秀的人才。而在缺少內部人才培養體系的情況下，企業習慣透過提供更高的職位和薪水來吸引外部人才。這使得中國的職場人往往沒有耐心，頻繁跳槽換工作。

第三，在求職過程中，人才與企業之間存在嚴重的資訊不對稱，就職往往是在沒有充分資訊基礎上做出的決定，也為之後的快速跳槽埋下伏筆。跳槽過程中，人才需要大量的資訊來幫忙做出決定。在美國，為了減少個人與求職企業之間的資訊不對稱，個人會積極主動透過各種社交管道、職業社交平臺來了解企業的一些隱性資訊，而如領英一類的職業社交平臺，也為這種資訊流動提供了可能。

國際民調機構蓋洛普（Gallup）將**三年更換一次工作作為正常的跳槽頻率**，因為兩年至四年被認為是在一個職位上得到成長的必要時間，這一標準同樣得到許多招募公司的認可。全球員工體驗平臺 Akumina 同樣對居住在美國、年齡在十八歲至三十六歲的千禧世代，就職場文化進行了一項調查，結果顯示，四〇%的受訪者在高中及大學畢業後，從事過四份或四份以上的工作，四分之三的美國千禧世代認為跳槽有助於自己的事業發展。

在互聯網時代，職業流動速度要比傳統行業要快得多，員工在職位上受到充分訓練的時間被壓縮至十八至三十個月。據美國勞工統計局的資料，二〇一八年美國的雇員平均任期為四・二年。平均而言，大多數人在其職業生涯中約換十二次工作。

職場社交媒體領英的統計發現，二〇〇一年至二〇〇五年大學畢業的新世代，在大學畢業後十年，即三十二歲左右時，平均換過近四份工作，而二〇〇六年至二〇一〇年的畢業生，很有可能超越這個數字[33]。

跳槽週期縮短的同時，年輕人也敢於跨行跳槽。諮詢業一直是大部分ＭＢＡ（Master of Business Administration，工商管理碩士）畢業生理想的就業行業，但來自長江商學院的「ＭＢＡ二〇〇四級學員就業報告」顯示，有七三%的畢業生轉換了行業，有六八%的畢業生轉換了工作職能，同時轉換行業和職能的畢業生占到了五四%。長江ＭＢＡ畢業生的平均年齡是三十歲，半數以上，年齡不到三十歲的畢業生，的確有機會透過選擇就讀ＭＢＡ重新規畫自己的職業道路。

醫學畢業生的轉行意願尤為居高不下。中國醫師協會曾就醫生對子女學醫的態度進行調查，結果發現，醫生不希望子女學醫的比例不斷上升：二〇〇二年為五三%，二〇〇四年為六三%，二〇一一年為七八%。

而《刺胳針》（*The Lancet*）在二〇一六年十月發表的一項研究發現發人深省：二〇〇四年到二〇一五年中國有四百七十二・八萬醫學生畢業，但新增的執業醫生只有七十五・二萬[34]。頻繁轉職的並非只有普通職員。職場人第一份工作的轉行率隨著工作年限的延長而逐漸增高，這一特點在CXO（企業執行長CEO、財務長CFO等職務的通稱）人群中表現得尤為突出。

領英統計顯示，有八四%的CXO當前從事的工作與第一份工作完全不同，他們大學期間所學專業前五名是軟體工程、財會、機械工程、電子資訊工程、市場行銷；而普遍職員的第一份工作前五名分別為工程師、業務、商務拓展、營運、IT服務。雖然八四%的人如今的工作已經轉行，但不難發現類似業務、商務拓展、營運等職位，讓CXO們在職業初期充分鍛鍊了溝通和跨部門協作能力[35]。

33 Naomi Chan：《統計：職場新常態 三十二歲以前換四份工作》，Vanna.com，二〇一六年四月十五日。
34 蘭蓮超：〈「四百萬醫學生轉行」的都市傳説，隱藏著這個行業多少焦慮？〉，好奇心日報，二〇一七年三月十六日。
35 領英：《八百五十萬畢業生走進職場，九五後首份工作平均七個月離職》，二〇一八年八月。

04 慢就業，是理性思考還是逃避人生？

三分之一的畢業生剛工作半年就辭職，而另一些畢業生則是告別「一畢業就工作」的傳統模式。

中國人力資源網前程無憂，針對二〇一九屆畢業生的一項調查研究顯示，約有二．九％的大專應屆畢業生，和五．七％的大學應屆畢業生選擇暫緩就業。訪談顯示，主動選擇暫緩就業者多進行短期支援教育、遊學、創業考察等活動；也有部分學生是因為一時找不到心儀職位，又不願意屈就不喜歡的工作，處於暫緩就業狀態[36]。

「慢就業」仍然只是一種次潮流

北京聯合大學在二〇一八年，針對北京大學大學生慢就業的一項調查研究發現，慢就業在大學生中並不普及，但是這一觀念也能夠被現代大學生的前端視覺所接受。從被調查研究的三百五十二份問卷來看，三九．八二％的人根本沒有聽說過這一觀念；四三．一五％的人雖然聽說過但是沒有遇到過；一三．六二％的人身邊的親朋好友處在這一狀態中；三．四一％的人認同慢就業這一就業觀念。針對北京大學大學生對慢就業態度的調查結果顯示，三七・二七%的學生可以接受，並已經或可能選擇這樣的就業方式；四四・三二%的學生表示可以接受，但自己不會選擇這樣的就業方式；一三・八六%的學生表示不接受這樣的就業方式，但尊重選擇這條道路的同學；四・五五%的學生認為這種就業方式並不可取[37]。

智聯招聘在二〇一七年，針對九萬多位包括大專、大學研究生（碩士及博士）等應屆畢業生的調查發現，二〇一七年應屆畢業生中七三・五%受訪者就業意向仍然以就業為主，大約只有九・八%的應屆畢業生選擇慢就業。智聯招聘分析認為，這些選擇慢就業的畢業生，對就業的選擇更加多元化，也更加青睞工作與興趣相結合[38]。

慢就業可以分為兩種：一種是積極的慢就業。和忙於投簡歷、面試的畢業生不同，這類慢就業往往是指一些畢業生不著急就業，畢業之後，他們給自己幾個月到一年不等的時間，有的選擇遊學、做義工、實習，有的準備出國考試，有的準備考公務員或者註冊會計師等職業證書，有的則慢慢考慮人生道路、為自己的未來做規畫，總之並沒有馬上步入職場。

現今九五後多為獨生子女，大都生長在較優裕的家庭，不需要為生計犯愁，畢業後的生存壓力較小，這些都成了滋長慢就業的土壤。

36《二〇一九年應屆生調研報告》，前程無憂，二〇一九年四月。

37 張陽梅、劉鑫、卿倩文、劉璐、王首冠：〈北京高校大學生「慢就業」現象調查與分析〉，《勞動保障世界》，二〇一八年第五期。

38 呂春榮：〈應屆畢業生就業調查：平均月薪四千零一十四元，三成去一線城市〉，中國新聞網，二〇一七年五月二十四日。

從全球看，九五後可能是有史以來最富庶的一代人。九五後占地球人口四分之一，在中國，九五後群體的規模已接近二．五億。據埃森哲（Accenture）調查，二〇一五年全球九五後僅零用錢總量就高達四百多億美元，已與同一年中國投資者向歐洲和北美市場的投資額相當。

而其父母投入在孩子身上的錢，則比孩子零用錢的三倍還要多，約為一千四百億美元。和其他國家的同齡人相比，中國九五後每月花費大約一千三百一十四元，要是在此基礎上加個幾百元，就能趕上二〇一五年全國人均可支配月收入水準了（一千八百三十元）[39]。

與一直和父母住在一起、不想工作的啃老族相比，輿論對於積極的慢就業現象態度寬容多了。《光明日報》評論稱：「慢並非原地不動，只是放慢步伐以便做更好的選擇或衝刺。磨刀不誤砍柴工，慢就業給了人們沉靜下來仔細觀察、學習、思考的時間，可以讓自己以更成熟的面貌面對人生，而這也將利於大眾創業、萬眾創新。希望社會能更包容慢就業，讓更多人從中受益[40]。」

《經濟參考報》援引一位教師的觀點稱：「慢就業不等同於啃老、頹廢，而是表達了現在年輕人更加理性選擇職業、渴望全面了解社會的意願。年青一代畢業生中的不少人已經不再把畢業賺錢作為自己的『終極目標』，他們的眼光更加長遠，選擇利用畢業後的幾個月到一年時間廣泛的接觸社會。他們對社會的思考和人生的規畫都更加清晰。」

該報採訪的另一位大學教授也表示，慢就業的趨勢在他的學生中正在擴大。「影響就業決策的因素中，薪資水準、發展機會、個人追求、職業規畫對於現在的畢業生來說同等重要，需要謹慎思考和判斷。社會環境能夠包容部分學生『不著急上班』的行為，是社會進步和包容度提高的表現[41]。」

新東方創始人兼董事長俞敏洪還特別寫了篇文章討論慢就業：「中國教育體系一個最大的不成熟，來自學生階段的學科教育目的就是要考高分，對孩子的思想、品格方面的培養有所欠缺。這樣的偏重會導致孩子考上大學後，變成一個大小孩。原本十六歲要懂的道理，二十歲才懂；二十歲要學會的事情，二十五歲才明白，這可以歸結為中國孩子的一種成長遲緩症。這種遲緩讓人迷茫。迷茫最直接的反映是：大學生不想找工作，不知道要找工作，不清楚自己究竟能做什麼。」

在這個中國著名的英語老師看來，對年輕人來說，慢就業至少有三點好處[42]：

- 我們至少能夠開始直接面對自己的未來：在不知道到底應該做什麼時，給自己留了一段時間進行思考。
- 有試錯的機會，比如你去遊學、去支援教育時，發現自己好像對這件事不太感興

39 許佑宏、沃純華、曹捷：《嗨！歡迎來到消費Z時代》，埃森哲中國，二〇一五年。
40 孫金行：〈「慢就業」不失為一種選擇〉，《光明日報》，二〇一六年十月二日。
41 孫琪、陳旭：〈九五後大學生「待機族」：「慢就業」的理性與無奈〉，《經濟參考報》，二〇一七年八月十一日。
42 俞敏洪：《如何看待和應對慢就業現象？》，新東方網站，二〇一七年三月十日。

趣，你也可以有其他的選擇，這一年中你至少可以做三、四件事情，來看自己到底真正的興趣愛好在什麼地方。

- 去深度了解社會；為未來自己的工作、創業、研究打基礎，可以說不無益處。

另一類則是消極的慢就業，約等於畢業後，主觀上不想上班，和父母同住，在家啃老。人們觀念的變遷往往與經濟發展和社會轉型的節奏並不同步，家庭經濟收入水準的提高也可以是一把雙刃劍，部分學生畢業後啃老，逃避就業、逃避競爭。對於這類慢就業，輿論多持批評立場。

據《北京青年報》報導，江蘇南京市民王先生是做生意的，家庭環境不錯。兒子今年三十四歲，十多年前王先生送孩子到英國留學，兒子從英國留學回來後，一直沒有找工作，整天遊手好閒，父子倆為此經常爭吵，有時兒子甚至會和他動手。在這篇報導的標題中，記者直接給這個三十四歲的啃老族貼上了「巨嬰」標籤。

慢就業背後的現實

經濟新常態下，經濟結構面臨著轉型升級的壓力，部分落後的產業和產能需要淘汰，產業升級對人才的需求提出了新的要求，給大學的教育帶來了挑戰，部分大學的科系設立不能根據時代的要求進行及時調整，這會影響大學生就業，導致一些大學生不得不被動慢就業。

傳統的教學方法不能適應新業態對大學生素質技能的新要求，外加部分大學的就業指導教育脫離實際，引導不足，這些都會造成大學生畢業後，面對嚴峻的就業市場無所適從。

前述北京聯合大學關於北京大學慢就業情況的調查顯示，在關於造成慢就業的原因方面，調查結果主要集中在三個方面：個人、家庭和社會[43]。

個人因素是產生慢就業的主要原因。具體看，選擇「薪資較低，不符合自己的期望薪資」的為五一・一四%；「想接觸更多職業，有更多的就業選擇」占五〇%；「對未來職業沒有規畫」為四八・八六%；「對社會缺乏了解」為三四・〇九%；「自身能力不足」則占三二・九五%。

家庭因素是產生慢就業的第二大原因，選擇「家庭經濟條件好」的為四八・八六%；而選擇「家長的支持」的也達到二八・四一%。

選擇社會因素的則比較少，主要體現在「就業形勢嚴峻」，為九・〇九%。針對職業規畫的調查結果顯示，選擇「對自己的職業有一定的規畫但不清晰」的占比為七〇・四五%；而選擇「不清楚，很迷茫的狀態」的占比為一一・三六%。針對自身專業技能認知的調查結果顯示，六一・三六%的人認為自己的專業技能一般，一一・三六%的人認為自己的專業技能較弱；還有三・四一%的人認為自己的專業技能很弱。

43　張陽梅、劉鑫、卿倩文、劉璐、王首冠：〈北京高校大學生「慢就業」現象調查與分析〉，《勞動保障世界》，二〇一八年第五期。

針對專業適合度的調查結果顯示，三五・四九%的學生認為自己「不適合所選科系」；選擇「不清楚是否適合所選科系」的學生則為一五・三〇%。而針對工作清晰度認知的調查結果顯示，四七・七三%的學生選擇「不太清楚」；四・五五%的學生「不清楚」自己適合什麼工作；一・一四%的學生則抱著無所謂的態度。針對就業形勢判斷的調查結果顯示，認為「形勢較嚴峻，比較困難」的占比為五三・四一%；認為「形勢嚴峻，很困難」的占比為一四・七七%。

這部分緣於他們沒有形成清晰的認識自己的專業以及未來的工作。專業能力欠缺也是導致學生慢就業的重要原因。調查結果顯示，很多學生因能力不足，並對所選科系不感興趣，對未來沒有規畫，因而選擇順其自然。大部分學生隨波逐流，選擇熱門的科系，對於所選科系沒有過多的了解，這樣直接導致對科系本身失去興趣，對未來的就業產生深遠影響，從而導致慢就業。

就業形勢的判斷也是導致慢就業現象產生的原因。從調查結果可以看出，大多數大學生雖然對就業形勢的判斷都是比較嚴峻，但在個人職業選擇上則表現出兩種截然不同的做法：一類是在求職過程中希望能夠迅速找到工作，於是拿著個人簡歷海投，不做針對性的篩選排除，往往造成職位要求達不到，或者是該職位不適合自身等尷尬處境，慢慢延誤自身的就業；還有一類是過於受到嚴峻就業形勢的影響，對困難的就業形勢抱著一種觀望的心態。思想上認為當年的就業形勢嚴峻而選擇推遲就業，避開就業困難時期。

由此可以看出，導致大學生慢就業現象的主要原因，比較顯著的是**職業規畫不明確、專**

業技能不足、對就業形勢缺乏關心、缺乏就業興趣以及有自己的獨特就業個性等。職業規畫是對個人職業生涯乃至人生進行持續、系統計畫的過程，它包括職業定位、目標設定和通道設計三個要素。但在調查中發現大多數大學生不能準確的定位自己，沒有能力去做好自身的規畫，這很大程度上是造成慢就業的直接原因。

05 別讓間隔年變了味

中國畢業生慢就業和西方年輕人流行的間隔年似曾相識。在歐美國家，人們對間隔年尤為熱衷，即支持青少年在中學畢業之後、升讀大學之前，騰出一年的時間以實踐的方式來體驗自己感興趣的工作、生活方式，例如旅行、修讀（非）學術課程、做義工服務、參與工作假期計畫（Working Holiday，臺譯打工度假），其目的是讓青少年踏入一個新的轉捩點之前，尋覓自己的興趣、目標，同時有助於青少年增加責任感和變得成熟。

任何冒險都可能有意義

一九九六年，暢銷書作者朗恩·利柏（Ron Lieber）採訪了三十三位美國學生的間隔年故事，並就此寫成了一本書《忙裡偷閒》（*Taking Time Off*），二十年後，為了弄清楚間隔年最終是對他們的人生沒有太大影響，還是真的能幫助他們成為想要成為的人，利柏對他們進行了回訪[44]。

阿奇瑪·普賴斯當年從馬里蘭大學東海岸分校休學，去內華達州的學生環境保護協會工作了一段時間。該協會最終聘用她為全職員工，後來她在環境教育和社區工作方面開創了一番事業。「現在，回頭看看我的簡歷，所有的點都連上了，」一九七二年出生、在華盛頓生活的普賴斯說：「我會對年少時的阿奇瑪說，相信這個過程會有收穫。」

蘇茜・斯蒂爾從佛蒙特大學休學了一段時間，教殘疾人滑雪，後來在科羅拉多州的基斯通科學學校，獲得了一份待遇很好的全職工作。四十四歲的斯蒂爾現在是科羅拉多州的中學生物教師。她說，如果沒有那個間隔年，她的成功之路會曲折很多。

柯瑞・梅森（Cory Mason）在間隔年擔任喬治亞州薩凡納市仁人家園的專案經理。而今他是威斯康辛州眾議員，他經常回憶起自己的那段經歷——儘管現在他很少拿起錘子幹活。「它不只是關於住房，更多的是關於貧窮，以及只能賺到微薄薪水的工薪階級，想要成為中產階級是多麼困難，」他說：「它在這方面給我上了一課，不僅是教我如何搭建房子的框架，還教我如何把木瓦放到屋頂上。」

任何冒險都可能有它的意義。特德・康諾瓦（Ted Conover）從安默斯特學院休學期間，與流浪漢一起搭乘貨運列車，冒了很多險，最後他把那些經歷寫進了《漫無目的地前進》（*Rolling Nowhere*）一書中。「你要自己確定冒險的含義，」他說：「我能掛火車嗎？我能應付員警嗎？我能保護自己嗎？我能在戶外應對十月的暴風雪或暴風雨嗎？之前我從沒

---

44 Ron Lieber, How Taking a Gap Year Can Shape Your Life, New York Times, October 20, 2016.

想過這些事，當時我覺得是時候問問自己、考驗自己了。」

透過跨越二十年的採訪，朗恩·利柏發現，當年，即使間隔年沒有讓你獲得一份工作，或找到明確的事業方向，它也可能點亮星星之火，在多年後以不同的方式燃燒成熊熊大火。

這也證明了正如此前人們認識的那樣，學生在間隔年期間，離開自己國家去旅行，也適當做一些與自己專業相關的工作，或者一些非政府組織的志願者工作，可以培養學生的國際觀和積極的人生態度，學習生存技能，增進學生的自我了解，從而讓他們找到自己真正想要的工作，或者找到更好的工作，以一種間隔當前社會生活的方式，達到更好的融入當前社會的目的。

在美國，很多大學特別是頂尖大學，都鼓勵學生利用間隔年與社會接觸。因為這只是學生高中畢業後與上大學前的一種自由學習方式，與大學本身並無太大的關係。大學所需要做的，就是安排好因不能按時來上學所造成的人員缺失，與住宿等相關事宜，其他倒未見到有具體的制度與規則。

在美國名校特別是研究型名校中，大約六〇%的人會選擇間隔年。一般醫學院的學生，大約有五〇%的學生會選擇間隔年。根據《華爾街日報》報導，九〇%選擇間隔年的學生都在一年之內進入大學。根據美國間隔年協會二〇一五年的統計，他們的相關成員在當年為選擇間隔年的同學，提供了總計約兩百八十萬美元的獎學金與助學金。

間隔年＝出國旅遊？

間隔年被知曉，不過是最近十多年的事情，而且從參與主體、間隔時間、旅行方式、旅行目的方面看，西方和東方的間隔年其實還是有一些不同。

二〇〇六年十二月一日，孫東純帶著一張僅存有兩萬多元的銀行卡，離開自己生活多年的潮州，開始自己的間隔年。這次旅途最初並沒有特定的主題和嚴密的計畫，時間上從原來計畫的三個月走到十三個月，原本只計畫去印度走一圈，最後變成一次橫跨亞洲之行，孫東純一邊旅行，一邊在公益組織做義工。

後來，孫東純把這段經歷寫成了一本書——《遲到的間隔年》，在中國掀起了對於間隔年旅行的關注，一度也為眾多中國年輕人所羨慕，可以有一整年的時間不用上學、上班。在豆瓣上，「豆瓣間隔年」小組獲得了十萬多名用戶的關注，許多人把自己的間隔年經歷都記錄在此。

但孫東純的這段間隔年經歷在中國並不常見。在中國人的間隔年中，極少部分人願意參加志願者活動或者工作。西方傳統意義上的間隔年是以學生為主，間隔時間約為一年，海外旅行、志願者活動較多，組織程度高。

但間隔年的概念在中國流行不久，便陷入沉寂。豆瓣上的幾個間隔年小組的內容也開始蛻變為結伴旅遊，間隔年的原本意味淡了許多，文章更新頻率也越來越低。間隔年也成了「待業」的一種委婉代名詞：所謂間隔年其實是為了填補離校到找到滿意工作，或考上研究所這段空檔的順勢之舉。

ＦＴ中文網曾經對於間隔年為何在中國難以大範圍流行進行了分析。一方面，過間隔年的應屆生大都家境殷實，父母對子女要求不高，願意無條件提供物質支持，並且畢業生本人並不急著追求經濟獨立。另一方面，對不少追求在大城市立足，父母並不能夠給自己提供更多物質支持的學生來說，現實的需求還是會被放在第一位[45]。

美國知名臨床心理學家梅格．潔伊（Meg Jay, phD），透過數十年臨床研究二十歲至二十九歲族群得出的嚴肅事實：二十歲至二十九歲是極簡單卻極具變化的時期之一，這十年時光決定了你的事業、愛情、幸福甚至整個世界。

潔伊在《二十世代，你的人生是不是卡住了……》（*The Defining Decade*）一書中告誡年輕人，二十歲是不可揮霍的光陰，它在我們的人生中十分重要[46]。在一項關於生命週期發展的研究報告中，波士頓大學和密西根大學的研究者發現，**在一個人的完整生命週期中，那些至關重要的、影響未來發展前景的決定，有很大一部分都是在人二十多歲時做出的。**

二十出頭，我們做的事情能夠決定我們的未來，因此，哪怕是間隔年，也應該有意識的去獲得一些身分資本，提升自己的價值，做有意義的工作，而不是在異國他鄉找一家酒吧打工這樣浪費時間。潔伊說：**「你現在的每一秒，每一個工作，都在決定你的人生。」**

中國的間隔年參與者主要是二十歲至四十歲的中青年群體，間隔年的時機大部分為工作間歇、辭職狀態或工作轉換階段。這與西方傳統意義上的間隔年，是以學生特別是高中生為主，間隔時間約為一年，海外旅行、志願者活動較多，組織程度高等特徵均具有顯著的差異。中國人的間隔年參與者更傾向於獨自旅行、遊歷和體驗不同的地區與文化，而在西方，則已經形成有序的、組織性的活動，且已經有很多專業化的網站，為青年提供間隔年服務專案。從經濟來源來看，中國學生的間隔年一般是父母投資，而西方很多學生則自己獨立打工賺錢，以支付大學學費或旅行的費用。

尋找間隔年的意義

那麼，該怎樣過間隔年更有意義？

做義工可能是最純正的選項。新東方雅思團隊建議畢業生們從事義工、支援教育等志願工作，不僅可以有一段獨特的人生經歷，還可以結識許多志同道合的朋友。並且，在你的人生履歷中，這一段義工或支援教育的經歷會為你增色不少。尤其是國外非常提倡做義工和支援教育這類的公益活動，在以後的學習深造或是應徵過程中，這一段經歷都會成為你吸引面試官的亮點，讓人覺得你既有突破束縛的勇氣，也有奉獻社會的熱情[47]。

如何設計間隔年，人力資源專家給出的一些建議可供年輕人參考。

45 沈晨：〈間隔年：中國大學生的尷尬〉，FT中文網，二〇一三年八月七日。
46 簡體版書名為《二十歲，光陰不再來》，廣西科學技術出版社，二〇一四年。
47 詳見 https://www.zhihu.com/question/22352778。

如果希望積累經驗，鍛鍊自己的領導力、人際影響力，培養自己解決複雜問題、抗壓能力等重要職業性格素養，那麼到公益組織工作，或者自己做個小專案都是很好的主意，這對年齡沒有要求。

曾有一個學生，利用假期承包了同學及父母朋友的幾個派對，組成一個三人工作小組，一人負責業務開拓和策劃，一人負責對外聯絡和邀請客人，還有一人負責費用控制和總體營運。短短一個假期，除了得到實踐鍛鍊，提高了自己的綜合能力，獲得了親朋好友的讚譽，每人還因此賺了兩千多元。

如果不知道自己畢業後想從事的工作，那麼先給自己做職業興趣測評，看看自己的職業興趣點在哪裡，在間隔年的時間裡，選擇一份你認為喜歡的實習工作，做三個月至五個月，可到自己心儀的公司實習體驗，以校準自己未來的職業目標，並從中探索自己是否喜歡，或能否勝任這方面的工作。如果實習工作正是你想要的，那麼就去爭取正式拿到這個職位。如果不是，那麼就從這份經歷中提取自己真正的答案，去尋找理想中的工作[48]。

另外，基於國情，間隔年並不是非要出國才行，它完全可以在國內進行。比如生活在內陸的人，可以選擇到海濱城市；生活在海濱城市的，可以選擇到內陸；城市的學生，可以選擇到農村特別是貧困山區走一走，看一看，或者去擔任志願者。相信這樣的經歷對於他們會有好的影響。

06 高學歷的無業遊民開始增加

社會對於畢業生閃辭、慢就業乃至間隔年的寬容，其實也緣於當下日益嚴峻的就業形勢。大學擴招之後，人力資源供給的天平開始失衡。二〇〇一年，中國大學畢業生人數僅有一百一十四萬人，而到了二〇二〇年，這一數字已達八百七十四萬人。中國人民大學中國就業研究所聯合智聯招聘發布的《二〇二〇年大學生就業力報告》，為了解當下大學生就業提供了一個窗口[49]。

總體看，公有事業就業為畢業生主要去向。其中，選擇公有事業就業的比例最高，為七五・八%；其次為自由職業和國內／外升學，所占比例分別為七・七%和七・五%；而選擇創業或其他的畢業生比例最低，僅占二・八%；另外，還有一部分學生選擇「擬考研究所」、「擬出國」及「暫不就業」等形式的慢就業，比例為六・二%。不同學歷的學生就業去向有所差異，碩士生主要選擇單位就業，這一比例接近九〇%；本科生更傾向於國內／外升學，尤其對於雙一流（按：世界一流大學和一流學科建設）院校的學生而言，選擇升學

48 Emma Qi：《畢業季，聽ＨＲ大咖深度解析「間隔年」》，《菁kids北京》，二〇一七年六月二日。

49 顧陽：《二〇二〇年大學生就業力報告：這些新變化要注意！》，《經濟日報》，二〇二〇年四月二十四日。

深造的比例更高；而大專生在自由職業、慢就業、創業或其他等就業去向的占比要高於其他群體。

從就業行業看，期望就職於ＩＴ／通信／電子／互聯網、文化／傳媒／娛樂／體育、商業服務（諮詢／財會／法律／廣告）、金融業等行業的比例相對較高，分別為二五．一％、一〇．七％、九．二％和八．一％，這些行業主要為新經濟行業，薪酬待遇優厚，科技含量較高、發展空間較大，與當下新一代求職者擇業需求相契合。畢業生期望薪酬的分布情況，主要集中在五千元至六千元和四千元至五千元這兩個區間，經測算平均期望薪酬約六千九百三十元。

最近幾年大學畢業生幾乎要占據六成以上的城鎮新增就業職位。二〇二〇年一月十四日，中國人社部在二〇一九年第四季度新聞發布會披露，二〇一九年就業形勢總體穩定，全年城鎮新增就業一千三百五十二萬人，連續七年超過一千三百萬人[50]。

受新冠肺炎疫情衝擊，二〇二〇年的就業形勢不容樂觀。三月十六日，中國國家統計局發布一月至二月中國經濟資料。其中，二月受疫情影響，企業停工停產增多，用工減少，就業人數下降，全國城鎮調查失業率為六．二％，創下二〇〇〇年以來的新高。之前，這一資料大都在四％以下。

儘管大學畢業生人數連年累增，每年的大學畢業季都被視為是「最困難的一年」，但就業率卻始終穩居高位。據協力廠商社會調查機構麥可思研究院發布《就業藍皮書：二〇一九年中國大學生就業報告》統計，二〇一八屆中國大學畢業生的就業率為九一．五％。

相較於國外的大學，中國大學的畢業季就業率可謂全球領先。據資料查找與視覺化服務平臺鏑數的資料整理，從美國二十五個頂尖MBA官方就業率來看，史丹佛大學僅為六二・八%，哈佛大學為七九・三%，最高的達特茅斯學院也才八六・八%。即便是按照美國畢業三個月內就業率來看，大部分也是低於中國國內大學平均就業率[51]。

高就業率並不等於高品質就業

由於中國大學的就業率與招生能力掛鉤，在嚴峻的就業形勢中，為了要保住現有的招生指標、生均補貼[52]和經費等，很多大學不得不想盡辦法提高就業率資料，以此來吸引學生報考。微信公眾號「知識分子」，曾撰文總結大學提高畢業生就業率的六大方法：金錢獎懲法、畢業證書扣壓法、自主創業法、提升學歷留校法、培訓就業法、隨意蓋章法[53]。

根據中國家庭金融調查中心二〇一二年所做的調查，雖然總體失業率隨著學歷提升而逐

50 李心萍：〈城鎮二〇一九年新增就業一千三百五十二萬人〉，《人民日報》，二〇二〇年一月十五日。
51 〈大學生就業率超九〇%，高校有技巧也有苦衷〉，「知識分子」微信公眾號，二〇一九年八月十四日。
52 以各大學公布的年度總支出，除以註冊學生數，計算出該所大學每年在每一位學生投入的經費，給予一定比例的金額補貼。
53 〈大學生就業率超九〇%，高校有技巧也有苦衷〉，「知識分子」微信公眾號，二〇一九年八月十四日。

漸降低，但是對於二十一歲至二十五歲的人群來說，失業率隨學歷提升反而有所升高[54]。一大原因是工作技能要求與學習內容的不匹配，結構性因素占據了主導地位。從二〇一八屆畢業生的情況來看，理學、工學、醫學類的就業狀況較好，而經管、藝術類的就業狀況較差。不過，隨著中國高齡化加深，特別是來自城鎮二元戶籍（按：指從法律意義上劃分農業戶口和非農戶口的戶籍制度。以法律形式嚴格限制農民進入城市）下，農村向城市人口移動的減少，未來全社會整體的就業壓力可能會逐步減小。

光大證券在二〇二〇年初發布的一份報告稱，就業壓力雖然較二〇一七年有所增大，但仍然處於歷史較低水準，二〇一八年十一月的就業人員，每週平均工作時間為四十六．二小時，與二〇一六年持平。估算基準情形下，二〇一九年城鎮就業市場的需求大約增加九百一十九萬，而供給大約增加六百零三萬，缺口較二〇一八年下降，但是仍然比較大，說明總體上就業狀況不會出現大幅惡化。

二〇二〇年，受新冠肺炎疫情影響，許多現場徵才會開不了，勞動力市場需求減少，給大學畢業生求職帶來困難。二〇二〇年二月，中國教育部宣布將擴大碩士研究生招生和專升本[55]規模，預計同比增加十八．九萬、三十二．二萬人，意在透過延長部分學生教育年限，推遲、分化就業高峰。甚至博士教育也加入到擴張隊伍中來，碩士擴招確定不久，中國人民大學、南開大學、東南大學、上海交通大學、中國科學院大學等，四十多所院校陸續發布招生簡章，公布博士生擴招規模，引發輿論熱議。

二十一世紀教育研究院副院長熊丙奇在《光明日報》撰文稱，今年碩士研究生擴招幅度達二〇%，超過近年來一直維持的不超過五%的增幅；但博士生擴招，主要是根據社會對博士人才的需求、基於博士教育本身發展的需要而進行的常規性擴招[56]。此前，二〇一八年，中國教育部明確提出，二〇二〇年博士生招生總規模達到十萬人。輿論仍將博士擴招與嚴峻就業形勢聯繫起來，背後潛藏的正是這樣的隱憂：如不重視培養品質，擴招只會增加博士教育泡沫，並影響博士畢業生的就業前景。

輿論擔憂並非空穴來風。一份由摩根大通支持和發起、清華大學與復旦大學聯合完成的《中國勞動力市場技能缺口研究》報告，指出中國勞動力市場所面臨的兩大挑戰：國際化管理人才和戰略設計人才的缺失；企業在轉型升級過程中所面臨的勞動力技能錯配。

這份報告特別指出，中國高等教育專業設置、招生規模與市場需求脫節。大學畢業生（含海歸人員）技能結構與市場脫節，眼高手低，工作滿意度低。有七〇%的企業認為「大學生在校期間學到的知識實用性不強[57]」。

該報告援引人社部的數據稱，技能勞動者數量目前只占全國就業人員總量的一九%左右，高技能人才則占五%。麥肯錫公司在二〇一三年的一份報告中指出，到二〇二〇年，中

54 西南財經大學中國家庭金融調查中心：《中國城鎮失業報告》，二〇一二年。
55 普通高等教育專科升本科考試，在廣東省等地或稱插班生（即插大）。
56 熊丙奇：〈博士擴招滿足的不僅是學歷需求〉，《光明日報》，二〇二〇年五月六日。
57 清華大學、復旦大學：《中國勞動力市場技能缺口研究》，二〇一六年十一月。

國用人單位將需要一．四二億受過高等教育的高技能人才，而如果勞動者的技能不能進一步得以提升，中國將面臨兩千四百萬的人才供應缺口。

大學人才培養和市場需求之間的錯配，可能還會存在一段時間。一些專業的供過於求已經十分嚴重。麥可思研究院發布《就業藍皮書：二〇一九年中國大學生就業報告》，評出了二〇一九年大學生就業「紅牌專業」（指的是失業人數較大、就業率、薪資和就業滿意度綜合較低的科系），美術、歷史學、應用心理學、音樂表演、化學、法學被列入紅牌專業，其中，歷史學、音樂表演、法學連續三屆紅牌。

為了讓專業人才的培養符合社會需求，中國教育部已明確要求，大學學科專業設置須與就業率掛鉤。近年來，中國各地教育廳也在嚴控大學科系設置，重複過多、需求不大、就業不佳均在調整之列。

二〇〇五年，上海規定，大學連續兩年就業率不足五〇%的科系，將嚴格控制招生規模；就業率連續三年不足三〇%的科系，將減少直至停止招生。二〇〇九年，江蘇省教育廳發布《關於認真做好二〇一〇年高等學校增設本科專業論證申報工作的通知》，通知要求，科系平均年招生不足六十人的大學，增設新科系需同時撤銷長線薄弱的科系；三年內（含三年）的新建本科院校，每年申報新增科系不超過六個，且不得增設項目外科系；其他大學每年申報新增科系不超四個[58]。

此前，麥可思選取了長江三角洲地區八十五所高職院校，對六．三萬名二〇〇九屆畢業生進行了分析調查，結果顯示，大學科系設立的越多，就業率越差。

高學歷低就業已成常態？

這種現象並非中國獨有，在韓國、美國也不同程度存在。

韓國央行在二〇一九年十二月發布的《不充分就業現況和特點》報告稱，約三成韓國大學生「高學歷低就業」，即每三名大學畢業生中，就有一人學歷超過他們現任工作職位需求。這種在工作中高能低就的情況被稱為「不充分就業」。二〇〇〇年，不充分就業人數占比為二二%到二三%，之後持續增長。不充分就業的增幅反映了勞動力市場供給不均衡，高學歷職位無法滿足大學畢業生就業需求。報告指出，**學歷與職位匹配失衡的罪魁禍首是過度教育**。韓國大學升學率為七〇%，在經濟合作暨發展組織中排名首位。但問題是，高學歷職位數量有限，大學生只能降低要求就業，或者乾脆放棄就業。高學歷無業遊民數量也在逐漸增加[59]。

紐約聯邦準備銀行的最新一項統計資料顯示，在過去十年，儘管六十五歲以下的大學畢業生的失業率呈下降趨勢，但應屆大學畢業生的失業率在緩慢上升，在二〇一九年五月已經超過整體失業率，應屆畢業生比美國普通上班族更有可能面臨失業。羅申美會計師事務所（RSM）首席經濟學家喬・布魯修拉斯認為，應屆畢業生失業率上升，主要是專業技能與

58 卜范龍：〈高校專業設置錯位教育部門要求與就業掛鉤〉，《科技日報》，二〇一一年一月二十一日。

59 申玉環：〈三成韓國大學生高學歷低就業「過度教育」可能是個坑！〉，人民網，二〇一九年十二月二十七日。

職位需求不匹配所致，這可能會影響到一代人。

大量大學生湧入勞動力市場，帶來的一個必然結果就是藍領階層的高學歷化。

每五個外送員中就有一個擁有大學文憑。阿里巴巴本地生活服務公司發布《二〇二〇餓了麼藍騎士調查研究報告》稱，外送員學歷逐漸走高是近年來的趨勢。大學生當外送員整體占比接近兩成。不過，這些外送員部分為大學生寒暑假兼職[60]。

此前，餓了麼[61]曾在二〇一九年暑期，組織九千八百九十六名全國各地大學生新加入餓了麼「蜂鳥即配」成為兼職騎手，他們中近五成為大二升大三的學生，另有超過三百位將在開學後開啟研究生生涯。

報告顯示，相較於「賺生活費」，「體驗生活」成為大學生選擇做外送員的最主要動因。近四成九五後、〇〇後體驗後感覺自身性格發生了改變，學會了「謙虛溝通」、「溫柔待人」。同時，還有近二〇％的大學生選擇到一個陌生城市，邊送外賣邊旅行。報告顯示，超過半數的大學生外送員還是期待按照本科所學選擇職業，但有一〇％計畫將來做騎手或從事餐飲外賣服務相關的職業[62]。

在西班牙，千禧世代要進入就業市場異常困難，特別是與前輩相比。西班牙是歐洲失業率最高的國家之一。根據西班牙國家統計局統計，儘管二〇一九年西班牙失業率創下金融危機以來的最低紀錄，社保系統的參保人數上升，恢復到二〇〇八年水準，但失業率仍高達一四．六％。

「在西班牙，人生規畫推後是非常明顯的。七八％的人在三十歲時仍與父母同住一起。

青年就業嚴重缺乏保障，在許多情況下，這種就業安全感的缺乏甚至貫穿整個人生。」拉莫斯（María Ramos）在與他人合著的《看不見的牆》（*The Invisible Wall*）一書中，探討了西班牙青少年成長為獨立成年人的障礙。她認為，千禧世代所面臨的經濟限制，正在拖慢他們跨越人生重要里程碑的進程。人生的重要轉變，如成為父母養兒育女，正變得越來越遙遠，在某些情況下甚至完全停滯不前。

隨著生活方式的改變，許多千禧世代也在重新思考著，對人生成功的傳統期望是什麼。

60 林北辰：〈餓了麼騎手報告：二成騎手為大學生，九〇後占比達四七％〉，介面新聞，二〇二〇年四月二十一日。
61 餓了麼為生活服務平臺，類似臺灣的Uber eats、Foodpanda
62 歐陽曉娟：〈餓了麼發布大學生騎手報告：這屆騎手「畫風」是這樣的〉，《新京報》，二〇一九年八月二十八日。

第四章

職場的隱形殺手

地獄，就是一群人都把大部分時間，花在完成一件他們不喜歡也不太擅長的任務上。

——人類學者

大衛·格雷伯（David Graeber）

01 八小時裡，被忽略的與被壓抑的

在經歷數十年的討論之後，工作倦怠（burn-out，又稱為職業倦怠）才被聯合國正式認定為一種「職業現象」。

二〇一九年五月二十八日，在瑞士日內瓦舉行的世界衛生大會上，《國際疾病分類手冊》第十一次修訂本將「工作倦怠」作為一種職業現象列入，但未將其列為一種醫學病症。

倦怠也是一種病

世界衛生組織對工作倦怠的標準定義是：「工作倦怠是由未能妥善控制的長期工作壓力，造成的一種綜合症。它具有以下三個特徵：感覺精力耗竭或耗盡；心理上與本人工作的距離感加深，或對本人工作感到消極或厭倦；工作效率下降。工作倦怠特指職業環境中的現象，不應用於描述生活其他領域的經歷[1]。」

不過，世界衛生組織的這一定義也引發了爭議。聯合國全球幸福理事會成員珍妮佛・莫斯就認為，該定義迴避了導致雇員工作倦怠中的雇主的責任，她認為工作倦怠的根本原因在於雇主，只有從雇主那裡採取行動，才有可能遏制倦怠蔓延的勢頭[2]。

早在一九七四年，美國臨床心理學家赫伯特・佛羅伊登伯格（Herbert Freudenberger）在自己任職的診所中，發現包含自己在內的志願者們普遍表現出了極度勞累、頭痛、失眠以及消極易怒等現象，他將這種如同精力燃盡的現象命名為「倦怠」。一九七四年，他在《社會問題雜誌》上發表了一篇名為〈人事倦怠〉的文章，採用「倦怠」一詞來描述工作中的個體所體驗到的一組負面症狀，如長期的情感耗竭、身體疲勞、工作投入程度降低、對待服務對象不人道的態度，和工作成就感的降低等[3]。

美國心理學家馬斯勒在後來的研究中，把佛羅伊登伯格提出的這種現象稱為工作倦怠，並將之定義為「在以人為服務對象的職業領域中，個體的一種情感耗竭、人格解體（玩世不恭）和個人成就感降低的症狀」[4]。

後來，馬斯勒編製鼎鼎大名的「馬氏工作倦怠量表」（Maslach Burnout Inventory），試圖從情感耗竭、人格解體和個人成就感降低等三大方面，量化分析職場人士所經受的「職業倦怠」量值，進而評估勞動者的心理疲勞狀態。具體看，情感耗竭指個體的情感資源過度消耗，疲乏不堪，精力喪失；人格解體指個體以負面的、冷淡的、過度疏遠的態度對待服務

1 《工作倦怠是一種「職業現象」：〈國際疾病分類〉》，世界衛生組織官網，二〇一九年五月二十八日。
2 Jennifer Moss, Burnout Is About Your Workplace, Not Your People, HBR, December 11, 2019.
3 H. J. Freudenberger, Staff Burnout, Journal of Social Issues, 1974.
4 C. Maslach, W. B. Schaufeli & M. P. Leiter et al., Job Burnout, Annual Review Psychology, 2001.

對象；個人成就感降低指個體的勝任感和工作成就的下降。

四十多年來，有關工作倦怠的研究迅速發展，已經成為職業健康心理學的一個重要研究領域，不過，專家們雖然普遍認同這是當代一個重要的心理健康問題，卻遲遲未將其列為疾病，直到前不久才達成共識。

工作倦怠是從個體的心理特徵中反射出來的一種社會現象。現代社會宣揚獨立與自我的價值觀，比較重視物質上的成功，重視結果而忽略過程；具體到工作上，就是強調個體所取得的物質成就，而無視個體工作中體驗到的孤獨與壓力，個體難以建立一個有效的社會支援網絡，難以釋放消極情緒，也難以關注他人感受或其他事物，所以就容易引發倦怠感。

工作倦怠已成為全球趨勢

如同病毒一樣，倦怠自由穿梭在世界各個國家、階層和工作職位之間，不需要護照，無須許可。在二十一世紀，工作倦怠的範圍，早已經超出了護士、醫生、服務員、律師、教師等馬斯勒在早年界定的，那些容易罹患上職場倦怠的職業，更是超越了白領和藍領的楚河漢界，也超越了職場中等級森嚴的不同層級，儼然成為一個世界性問題。

二〇〇四年，中國人力資源開發網主持完成了，中國的第一次針對工作倦怠的調查，最終形成《中國「工作倦怠指數」調查結果》報告對外公布，稱全世界普遍存在的工作倦怠現象正在襲擾中國。

當年的調查發現，有七〇%的被調查者，在馬氏工作倦怠量表的三項指標中的一項上出現工作倦怠，處於輕微工作倦怠；有三九．二%的受訪者在兩項指標上出現工作倦怠，處於中度工作倦怠；一三%的受訪者在三項指標上均出現工作倦怠，處於高度工作倦怠[5]。

在大洋彼岸，美國職場人的壓力也不容小覷。在二〇一五年，勤業眾信（Deloitte Touche Tohmatsu）[6]對一千名全職美國專業人員進行的外部市場調查發現，有高達七七%的受訪者表示，在當前的工作中經歷過不同程度的工作倦怠，其中一半經歷過不只一次的工作倦怠。將近七〇%的專業人員認為，其雇主沒有為防止或減輕組織內的職業倦怠做足夠的工作。二一%的受訪者表示，他們的公司未提供任何計畫或措施來防止或減輕職業倦怠[7]。

根據荷蘭中央統計局的報告，工作倦怠症是荷蘭排名第一的職業相關疾病。從二〇〇七年起，荷蘭有工作倦怠症狀的人數逐年攀升，直到二〇一四年間總計有一四%的勞工有此病症，約有五%的勞工因此在家休養，每七人中就有一位勞工過勞，因工作倦怠症請假缺席的日數高達兩百四十二天，造成約一．八兆歐元的損失。

在德國，德甲球隊沙爾克04的教練朗尼克，在二〇一一年的辭職，引起了一場關於工作倦怠的討論。德國《圖片報》報導，現年五十三歲的朗尼克是因為罹患工作倦怠症，身心疲

5 張偉、吳珊：〈工作倦怠現象正襲擾中國社會，公務員倦怠度最高〉，《中國青年報》，二〇〇四年十二月七日。
6 為一國際性專業服務網路，與普華永道、安永及畢馬威並列為四大國際會計師事務所。以年收入及員工數目計，勤業眾信是全球最大的會計師事務所。
7 Jen Fisher, Workplace Burnout Survey, Deloitte US, 2015.

憊，無法再繼續執教。朗尼克本人也坦言「需要休息一段時間」[8]。

根據職業風險評估公司 Technologia 的研究，一二%的法國職場人士（總數約為三百二十萬人）面臨精疲力竭的風險。這項研究認為，由此產生的後果不僅對個人非常危險，還會給整個國家帶來財務危機：Technologia 的研究估計，法國每年因為工作壓力產生的社會成本，在二十億至三十億歐元之間。而根據哈佛大學和史丹佛大學的最新測算，美國的職場壓力則會每年額外創造多達一千九百億美元的醫療成本。

在韓國，每十個未婚男女中有八人經歷過工作倦怠，同時有相當一部分人體會到倦怠給戀愛所帶來的諸多困惑。經歷過職場倦怠的未婚男女中，四二%的人在面臨提前下班機會時首選「回家休息」，其次是選擇「與朋友或愛人見面」（三一%），然後是「看電影等文化生活」（一七%）、「運動」（六%）、「其他」（四%）[9]。

日本國立循環器官疾病研究中心，與九州大學在二〇一四年聯合公布的一項研究顯示，日本四成中風診療醫生因長時間工作及睡眠、休息不足，染上「工作倦怠症候群」。該研究對兩千五百六十四名腦外科，以及腦神經內科醫生進行了專業測試。結果顯示，四一．一%的醫生符合工作倦怠症候群的標準。

具體而言，**每工作十個小時，得工作倦怠症候群的人數比例就會增加一二%，而每天睡眠時間增加一小時，相對的比例就會降低二〇%**。根據本次研究結果，研究人員表示，增加醫生的睡眠時間和休息天數，有望減少醫生得工作倦怠症候群的比例，從而為患者提供更好的醫療服務[10]。

鐵飯碗也倦怠

工作壓力不僅普遍存在於企業，就連被視為鐵飯碗的公務員群體也難以倖免。二〇一二年，中國社科院政治學研究所調查研究組針對價值觀、心理健康、幸福感、工作倦怠感和角色壓力等五個方面的問題，先後在山東、福建、陝西、湖北、黑龍江、安徽、湖南、浙江、山西、雲南等十個省分，對當地黨政部門中在職留職的縣處級以下（含縣處級）公務員進行問卷調查[11]。調查規模累計兩千四百八十二人次，調查發現公務員群體心理健康總體良好，在工作和生活兩個方面具有相對較高的滿意度體驗，但是他們同樣也承受著來自各個方面的壓力。

基層公務員心理健康得分呈代際遞減趨勢：五〇後為八．二六分，七〇後為八．一八分，六〇後為七．九七分，八〇後為七．五六分（十二分為滿分）。調查研究組分析認為，青年基層公務員群體，多數人從事現職工作年限不長且剛畢業不久，正在面臨來自工作（例如承擔具體工作的職位、內部職位調整、升遷）和生活（例如擇偶、購屋、養老育小）等多方面的現實壓力，這都成為影響其心理健康狀態和程度的消極因素。

8　〈德甲名教因「工作倦怠症」辭職〉，德國之聲，二〇一一年九月二十二日。
9　李小雪：《韓國婚戀調查：工作疲勞影響戀愛關係》，二〇一六年六月二十九日。
10　姚力傑：〈日本四成醫生染上「工作倦怠症候群」〉，《生命時報》，二〇一四年五月二十七日。
11　鄭建君：〈關注：中國基層公務員心理狀況的調查報告〉，《光明日報》，二〇一三年一月二十二日。

這次調查還有一個發現，七九・八九%的基層公務員或多或少存在輕度工作倦怠（個人在工作過程中所表現出來的身心疲憊、工作投入低、不良的服務態度和人際關係等狀態）的現象，而表現出重度工作倦怠的基層公務員比例為六・四〇%。調查組從「情感耗竭」、「人格解體」和「成就感低落」三個維度，對基層公務員的工作倦怠情況進行的分析研究發現，檢出率最高的因素是成就感低落（五一・七四%），人格解體因素的檢出率居中（三七・四八%），情感耗竭因素的檢出率最低（一八・八三%）。

調查報告建議，「成就感低落」因素的檢出率最高，這提示了對於公務員管理和任用進行改革的必要性，一方面要加強各類職位的輪換，另一方面也要給予基層一線人員一定的工作空間，完善進出機制和獎懲機制。透過調動基層公務員自主工作的積極性，幫助其實現個人價值與事業發展的結合，從而提升工作成就感、減少不良情緒、改善工作態度、形成良好的人際關係。

不過職業倦怠與員工所處級別也有一定關聯。智聯招聘發布的《二〇一三年中國職場心理健康調查研究報告》顯示，二〇一一年到二〇一三年，職場人主要表現出眼睛疲勞、易疲倦和記憶力下降等身體不適症狀。在心理感受方面，層級越高，心理越健康，憂鬱傾向越低，工作耗竭越低。這份報告稱，高層管理人員的心理最為健康。

02「喪班」族，一週有七天不想上班

「我一直承受著巨大的壓力。我請了一年多病假，在床上躺了三、四個月。我很難集中注意力……老記不住事情[12]。」面對ＢＢＣ記者的時候，娜塔莉．索維耶里忍不住吐槽自己的工作。

索維耶里一九九四年出生，家住瑞典第二大城市哥德堡，曾在一家小型初創企業擔任行銷經理，她的標準工作時間是「朝八晚五」，不過加班是常事，晚上還得回覆工作郵件。二〇一七年，她身心俱疲，被迫辭職。

從童話王國到世界工廠的壓力之旅

這可能讓中國的年輕人感覺有點矯情。畢竟瑞典是全球福利最好的國家之一：四百八十天的帶薪育兒假；十五個月之內最多三百六十四天的帶薪病假，病假薪資為正常薪資的八〇％；除了國定假日，瑞典公司還必須給員工放至少二十五天年假，員工在每年七月至八月

12　袁野：〈「職業倦怠」是矯情嗎？〉，《青年參考》，二〇一九年九月六日。

可以連續休四週假，去避暑別墅或陽光燦爛的南方度假。和許多國家不承認職業倦怠屬於工傷事故不同，在瑞典，被診斷患有職業倦怠的人通常可以拿到約八〇%的薪水，最高為每天七百七十四瑞典克朗（約新臺幣兩千五百七十八元，瑞典克朗與新臺幣的匯率約為一比三．三三元），即使生病也不會遭受很大的經濟損失。

但經濟補償並非萬能之藥，對於倦怠之苦，正常人難以感同身受。BBC的報導援引瑞典卡羅林斯卡醫學院精神病學家瑪麗．阿斯伯格的話稱：「倦怠症狀因人而異，但通常包括長期持續的壓力，可能表現為嚴重的疲勞、焦慮、注意力難以集中和其他認知障礙。一旦患病，你需要很長時間才能恢復。如果大腦不能正常運轉，你就很難正常工作。」

索維耶里的情況在這個外人看來無比幸福的北歐童話王國裡並非個案。根據瑞典社會保險機構的資料，「職業倦怠」是二〇一八年瑞典人失業的最常見原因，在所有年齡段的勞工社保案例中，這類疾病占二〇%以上。在瑞典，自二〇一三年以來，二十五歲至二十九歲人群的患病人數上升了一四四%。女性比男性更可能感到疲憊。

在經濟高速增長的中國，人們在職場承受著更大的壓力。在中國製造業產值超越美國升至世界第一的五年後，根據辦公空間解決方案供應商雷格斯（Regus）最新發布的調查報告，中國上班族壓力的上漲已位列全球第一[13]。

從二〇一二年四月開始，這家調查機構對全球範圍內八十個國家和地區超過一．六萬名職場人士進行調查，發現四分之三的中國上班族認為自己承受的壓力比前一年更高了，這個比例位列全球第一。位列第二的是德國人。

在中國，上海堪稱「壓力之都」，受訪的上海在職人士中有近八〇％感到壓力上升，北京的比例是六七％，香港有五五％的上班族表示所承受的壓力高於前一年。這份調查顯示，包括中國在內的亞太地區，把工作視為壓力主要來源的受訪者比例比歐洲國家、美國和拉丁美洲國家都要高。

此外，特別值得關注的是，調查顯示，小企業員工比大企業員工更容易感受到來自客戶的壓力。與上海經濟往來密切的臺灣，那裡上班族也不輕鬆。據新華社報導，臺灣人力銀行在二〇一七年七月三十日發布，針對臺灣六〇後、七〇後和八〇後上班族進行的「跨世代壓力調查」，結果顯示，有高達八六％的臺灣上班族坦言經濟壓力和工作壓力大，其中薪水低是主要原因[14]。

上述調查顯示，受訪者自評身心壓力指數平均值為六十三，有二一％的受訪者壓力指數高達八十以上。整體而言，**男性的壓力值高於女性五個百分點**。**工商業服務、媒體及出版、民生服務為壓力最大的三個行業**。

健康調查也能反映出中國上班族所承受的壓力之大。

二〇一五年，平安健康險和零點諮詢開展的為時半年、覆蓋中國十五個城市和八個行業的四百九十九位資深人力資源經理，和兩千零九十九位企業員工的調查顯示，中國企業員工

13〈調查顯示中國上班族壓力全球第一上海壓力最大〉，經濟之聲《央廣財經評論》，二〇一二年九月二十九日。
14 張鐘凱、劉剛：〈調查顯示：臺灣上班族普遍壓力大，低薪是主因〉，新華社，二〇一七年十一月一日。

健康狀況堪憂[15]。中國企業員工健康年齡指數（按：Vitality Age，透過員工的個人行為及身體狀況計算，有助於員工了解其健康情況及影響其健康的關鍵因素）平均比真實年齡老五．七歲，近六〇%的人員患有各類慢性疾病，工作壓力是健康風險首要誘因。

二〇一二年，中國科學院心理學研究所對五千六百零九人的調查顯示，身體不健康症狀明顯（中度以上）的人群占到了調查總數的三分之一，其中，身體症狀情況較差的是二十六歲至三十五歲群體，正是職場人群的中堅力量，長期的忙碌和壓力，導致個人身體方面的症狀也會比其他人群更多。

壓力如何誘發倦怠？

大量研究顯示，工作壓力已成為成年人壓力的主要來源，並且在過去的幾十年中，這種壓力正穩步上升。

美國職場心理諮詢機構卡爾默（Calmer）的研究發現，並非所有的超強壓力都會導致倦怠，倦怠不是立即發生的，而是經歷一系列壓力的疊加，往往會經歷五個階段[16]：

第一個階段可以稱之為蜜月期。往往是由於人們剛接受一項新任務，雄心勃勃的打算大幹一場，因此對主管做出了較高的承諾。

第二個階段是壓力發作期。人們發現樂觀情緒在逐步衰減，身體、心理上壓力開始增大，可能表現為情緒焦慮、躲避決策、健忘、疲勞、食欲大幅度波動、無法集中注意力、易怒、睡眠品質下降、晚上磨牙增多、缺乏社交，甚至頭痛、心律不整。

第三個階段進入慢性壓力。相較於上一個階段，症狀變得更嚴重了，包括常常有憤怒或攻擊性行為、冷漠、早晨持續疲倦、變得憤世嫉俗、性欲降低、工作拖延、遲到、專案交付一再延期、酗酒、咖啡喝得越來越多，甚至怨恨。

第四個階段進入符合醫學診斷的倦怠標準。典型表現為逃避工作、慢性頭痛、內心感到空虛、慢性腸胃問題、對工作和生活都感到非常悲觀，渴望「退出」社會、持續自我懷疑，渴望遠離同事、朋友、家人，甚至進入社交隔離狀態。

第五個階段是習慣性疲倦。這意味著倦怠已經成為你日常的一部分，此刻的問題已經超出倦怠，比如陷入慢性憂鬱症、慢性精神疲勞和身體疲勞等。

雖然各個行業各有差異，但壓力引發工作倦怠也有一些共通之處，一般可以分為兩大類：一是個體在工作中被要求大量付出，比如過大的工作量、比較惡劣的工作條件等；二是在上述情況下，企業給員工提供的工作資源匱乏，比如福利待遇、發展空間、工作參與性等不盡如人意，而工作要求又比較高時，個體就容易產生工作倦怠。

15 張文婷：〈調查顯示：工作壓力是企業員工健康風險首要誘因〉，人民網，二〇一五年七月十三日。
16 What are the 5 stages of burnout?, thisiscalmer.com, April 10, 2019.

上述兩種因素都會令人產生壓力，從而成為倦怠的重要誘因。像任何重大健康問題一樣，職場人越早認識到倦怠症候群的症狀，就越有機會康復甚至完全避免這種情況。

招募服務商前程無憂曾經在網站上分析過這樣一個案例：

小張是一名國際貿易專業的畢業生，本來可以有很多發展方向，可是最開始的擇業卻坎坎坷坷，甚至在一個月內主動放棄了兩份工作。

最開始小張透過父母的關係進了一家銀行工作，待遇相當不錯，對於一個新人來說，起碼日常生活可以衣食無憂。可是畢竟是新人，小張一開始就被安排到櫃檯熟悉業務，如此日復一日的收錢、點錢，對他來說太枯燥了。身為剛畢業的擇業人，小張更嚮往那些出入高級辦公大樓、手拎筆記型電腦的白領，於是，在銀行工作還不到半個月，小張就辭去了這個比較穩定的「金飯碗」，跳槽到一家公關公司。

但是進了公關公司，小張依然只能從一些繁雜的瑣事做起，譬如打字影印、接待、端茶送水，新工作的美麗憧憬漸漸在小張的心中破滅了，隨之而來的是像第一份工作那樣的焦慮和煩躁。終於有一天，小張又無法堅持上班了，不到兩個星期，他再次放棄工作。從公關公司辭職後，小張對自己是否能夠適應正常的工作產生懷疑。不管什麼工作都同樣枯燥乏味，不能引起他半點興趣。

人力資源專家分析，在剛畢業的大學生中，跟小張相同的例子不少，這些恐懼上班、害怕工作的現象並非個別，甚至有的人一上班就在想什麼時候要辭職，這當中也不乏在職場中摸爬滾打多年的從業人員。

據此，前程無憂專家給出的建議主要有兩點：

- **正確自我定位**。患有工作恐懼症的人總是過於重視自己的興趣愛好，他們總是想到「我想做什麼」和「我喜歡做什麼」，卻很少考慮「公司需要我做什麼」和「這份工作本身要求我做什麼」。正是這種認知上的差異，才使這些畢業生在工作中常感到無法實現自我價值，進而開始懷疑工作本身的價值，所以恐懼上班或頻繁跳槽。
- **樹立階段性目標**。畢業生要學會確定階段性目標，在平時的工作中有意識的訓練自信心，學會自我調節，提高抗挫折能力。畢業生在校期間應該參加學校的就業指導課程，在學校就開始進行「預防」。對於已經踏上工作職位的畢業生，如果碰到問題，則可以和公司的人事部進行溝通。

但知易行難，「厭班」情緒在職場人中就像感冒一樣常見。脈脈數據研究院在二〇一七年十一月發布的《職場人厭班情緒調查報告》顯示：有四〇％職場人有嚴重的上班恐懼症，這類人群被報告方稱為重度喪班；有三〇％職場人屬於中度喪班；只有二七％的職場人輕度喪班或沒有喪班症狀。看來，依然有三〇％的上班族能從工作中獲得樂趣。

喪班族的典型特徵是情緒不穩定、愛拖延、暴飲暴食和想辭職。有不到一成的職場人，常年處於重度不開心的情緒中。這份報告顯示，四成以上的上班族坦誠表示因為賺得少不想上班，三成表示原因無他，純粹不想上班，還有三成的受訪者表示，工作內容與工作夥伴讓人沒有上班的欲望[17]。

並非都是工作的錯

除了工作的剛性壓力之外，導致職業倦怠還有很多個人的主觀因素。

二〇一八年蓋洛普在全球對七千五百名勞動者的研究顯示，由個人原因引發的倦怠主要來自以下三個方面：

第一，不合理的時間壓力。對很多人來說，沒時間是造成倦怠的主要原因。美國心理學網站「拯救時間」（RescueTime）透過對五百人的調查發現，在許多公司中，人們將八〇%的時間花在開會、打電話、回覆電子郵件，和即時通訊軟體的消息上，留給員工很少的時間來完成自己必須完成的所有關鍵工作。根據多項研究，**工作中持續的溝通，實際上會降低我們的生產力**。相反的，最具創造力的團隊會在協作和隔離之間交替[18]。

第二，對工作責任和期望不明確的壓力。你是否清楚自己的優先事項和職責？如果每年你所追逐的工作目標都在變動，你就很容易變得筋疲力盡和沮喪，特別是當你遭遇一個缺乏大局觀、戰略思維、決策多變的主管時，這種工作責任和期待壓力會變得更大。不幸的是，蓋洛普在二〇一八年所做的一次「美國工作場所狀況」報告顯示，只有六〇%的工人說他們清楚的知道，老闆每天對他們的期望。

第三，缺乏和上級溝通的壓力。根據蓋洛普二〇一八年的一份報告，員工在經理的大力支持下感到疲倦的可能性降低了七〇%。另一方面，優柔寡斷、疏忽大意或積極進取的經理會使員工感到與世隔絕、沮喪和憤世嫉俗。

本節開頭提到瑞典女孩娜塔莉・索維耶里對ＢＢＣ記者說，行銷工作確實累人，但在業餘時間鍛鍊和「完成任務」的壓力，也是導致她疲憊的重要原因。「你需要健康、需要健康的飲食、需要放鬆，也需要『就位』。」她說：「我基本上沒有休息過，這讓我筋疲力盡。」一項調查顯示，瑞典人的運動量超過除芬蘭人以外的所有歐洲人，近三分之一的人每週鍛鍊五次以上。研究證實，運動能促進心理健康，但在身體極度疲憊的情況下還過量運動，可能適得其反。

疲憊不僅是對長時間工作的反應，競技遊戲或熬夜追劇、一刻不停的刷臉書、推特、抖音、微博也會導致疲憊，因為大腦無法區分工作和其他非工作任務。

看電視是否真的有利於放鬆的問題，《科學人》（*Scientific American*）雜誌在二〇〇二

17 《職場人厭班情緒調查報告》，脈脈資料研究院，二〇一七年十一月。

18 Jory Mackay, How to deal with burnout: Signs, symptoms, and strategies for getting you back on track after burning out, RescueTime blog, January 29, 2020.

年刊登的一篇文章表明，當我們坐在螢幕前，像僵屍一樣什麼都不想時，大腦中高功能水準的活動會暫停，比如，掌管分析推理的新皮質會沉寂下來。與此同時，腦部最大的皮層組織——視覺皮質會高度活躍。於是，大腦進入了某種介於休息與工作之間的奇妙狀態——神經元仍在啟動，但大腦卻什麼都不幹——它攝入了大量資訊，卻不去處理，所以大腦並未完全休息，但同時也沒有幹活[19]。

使用社交媒體也容易引發倦怠並將其帶入到工作之中。全球領先的IT研究與顧問諮詢公司顧能（Gartner），於二〇一〇年至二〇一一年，對十一個已開發與開發中國家的六千兩百九十五名，年齡在十三歲至七十四歲的社交媒體使用者的調查顯示，三一％的社交媒體熱衷者回應說已開始厭倦社群網路，二四％的受訪者說，他們對自己喜愛的社交媒體網站的使用頻率已低於註冊時，這種趨勢表示社交媒體的早期使用者已開始出現社交媒體倦怠。

03 千禧世代，更易倦怠的一代

年輕人的閃辭、慢就業，也與一個廣泛存在的職業現象——工作倦怠有關。

全球最大會計事務所勤業眾信的一份報告中提到，八四%的千禧世代表示他們在目前的工作中經歷了職業倦怠，而所有受訪者中的這一比例為七七%。近一半的千禧世代表示，他們辭職是因為他們感到筋疲力盡，而所有受訪者中這一比例為四二%，表示包括九五後在內的千禧世代的工作倦怠程度要高於平均水準[20]。

與上一代人相比，千禧世代更容易遭遇工作倦怠，壓力大也成為這一代人的普遍現象。

高學歷的背債世代

千禧世代源自西方的話語體系。西方社會普遍將二十一世紀稱為千禧年，意為耶穌再次降臨的美好時代。千禧世代，也稱為Y世代，是X世代（一九六五年至一九八〇年出生）和

19 Robert Kubey & Mihaly Csikszentmihalyi, Television Addiction is no mere metaphor, Scientific American, February 2002。

20 Jen Fisher, Workplace Burnout Survey, Deloitte US, 2015.

Z世代（一九九五年至二〇一〇年出生）之間的人口統計群體。人口統計學家和研究人員，通常使用一九八〇年代早期至一九九〇年代中期作為其出生年代。關於千禧世代的具體斷代，在美國，不同的機構、學者所給出的年代區間都不一樣，但是都遵從最原始的對於千禧世代的定義：在千禧之初（二〇〇〇年），逐漸成年的一批人。

英國《經濟學人》（*The Economist*）雜誌曾稱「千禧世代是有史以來最聰明、受教育程度最高的一代」[21]。在英國，二〇一四年，在十八歲至三十四歲的千禧世代中，有近三分之一（二九%）的人已經持有學位證書。當X世代在相當年齡時（二〇〇〇年），只有二四%的人持有學位。假設千禧世代遵循與X世代相似的軌跡（三四%的人在二〇一四年之前獲得學位），大約有四成的千禧世代將持有學位，使他們成為我們所見過的，受教育程度最高的一代人。

但受教育程度高的另一面是，長期教育的成本也可能成為一種負擔。教育變得更加昂貴，而千禧世代的學生畢業時比他們之前的幾代人負債更多。皮尤研究中心對美國政府資料的分析顯示，具有學生債務且受過大學教育的年輕成年人的家庭資產淨值中位數（八千七百美元），相當於沒有學生債務的家庭資產淨值中位數（六萬四千七百美元）的七分之一[22]。

千禧世代並不比上一代人更懶惰，但因生逢兩次全球經濟危機，就業職位外移，自動化技術大普及，因此，固然他們的工作意願並不比上一代人更弱，但他們面臨的就業競爭可能是空前的。二〇一九年初，美國科技媒體 BuzzFeed 刊發一篇長文，直呼美國千禧世代為「倦怠的一代」。由於工作時間更長、薪資停滯不前，故千禧世代比其他幾代人更容易感到倦怠。

這篇文章作者安妮．海倫．彼德森引用自身經歷痛陳這一代人的「過勞」：「要準確的描述千禧世代的過勞，就要承認我們在現實生活中角色的多重性——我們不僅僅是大學畢業生、父親、母親或知識工作者，而是所有這些社會角色的總和——同時承認現狀：我們負債累累，工作時間更長，工作更多而薪資更少且缺乏保障，我們苦苦掙扎想要達到和父母輩一樣的生活水準，在身心健康都不穩定的狀態下前行；與此同時，我們被告知，只要我們更刻苦，我們的日子會好起來。那根吊著我們胃口的胡蘿蔔，就是夢想有朝一日我們任務清單上的事情都能辦完，或者至少不會多得讓我們喘不過氣來[23]。」

工作不該只為了錢

布魯金斯學會在二〇一四年發布的一份題為《千禧世代將如何顛覆華爾街和美國的所有公司》的報告中指出，將近三分之二（六四％）的千禧世代說，他們寧願做一份自己喜歡的、年薪四萬美元的工作，也不去做他們覺得無聊的年薪十萬美元的工作。

21 Generation Uphill, Economist, January 21, 2016.
22 《千禧一代的謬論與現實——教育、工作與社會態度》，益普索（Ipsos），二〇一七年。
23 Anne Helen Petersen, How Millennials Became The Burnout Generation, BuzzFeed, January 5, 2019.

中國的千禧世代也是肩負重任的一代。

美國小夥子艾瑞克・費什（Eric Fish）曾在中國待過七年，他在清華大學念新聞學研究所，同時還擔任《經濟觀察報》的記者。他在二〇一五年出版的《中國千禧世代》一書中寫了他對中國年輕一代的觀察：

他們既有著美國人不必擔心的獨生子女贍養父母的問題，也有與已開發國家的同輩人類似的問題，比如飆升的房價和就業機會的缺失。「中國的千禧世代在他們小時候，總被灌輸這樣的觀點，只要好好學習，未來就是一片坦途。這對他們的父執輩來說，的確如此，當年的大學生都取得了不俗的成就。然而，時過境遷，現今不少大學生畢業後，依然較難找到工作，就業市場並不太樂觀。不過，儘管壓力大，但這些年輕人依然很樂觀，非常難能可貴。面對這些壓力，千禧世代正在變得越來越需要尋求精神慰藉的來源。他們往往不排斥傾訴自己的精神壓力，也樂於尋找幫助和指導[24]。」

千禧世代衰衰的，連遇經濟衰退，難翻身

相較於中國，在經濟增長遲緩的歐洲，千禧世代更感迷茫。

二〇〇八年全球遭受經濟危機的衝擊，千禧世代首當其衝，他們要承受諸如臨時合同制的低薪工作、不斷上漲的房價以及人口老齡化的壓力。在西班牙，年輕人感受到的經濟危機

所帶來的生活壓迫尤其明顯。與X世代相比，同齡的千禧世代在三十歲至三十四歲這個年齡段，實際可支配收入減少了三〇%。全球金融危機爆發的五年後，即二〇一三年，西班牙青年失業率超過了五六%。在過去的十年中，西班牙年輕人長期失業率達到了過去的五倍。因而導致七八%的人在三十歲時仍與父母同住一起。

馬德里自治大學經濟學教授暨馬德里應用經濟研究基金會研究員詹森（Marcel Jansen）表示：「在某種程度上，這可能是第一代無法保證自己能獲得比父母更好的生活的一代人。我們在二〇一四年做了一次對比研究，比較了這代年輕人和前幾十年的青年進入勞動力市場的條件，我們不得不追溯到八〇年代末才能找到和如今類似的生活狀況[25]。」

拉莫斯在她參與寫作的《看不見的牆》一書中，探討了西班牙青少年成長為獨立成年人的障礙。她認為，（西班牙）千禧世代所面臨的經濟限制，正在拖慢他們跨越人生重要里程碑的進程。人生的重要轉變，如成為父母養兒育女，正變得越來越遙遠，在某些情況下甚至完全停滯不前。二〇一八年，西班牙創下了四十年來最低的出生率，即平均每位母親生一・三名子女。一九七二年時的出生率是每位母親生二・九名子女。

勤業眾信在二〇一九年對全球四十二個國家和地區的一萬三千四百一十六名千禧世代（此處指一九八三年一月至一九九四年十二月期間出生的人群），以及十個國家和地區的

24 Eric Fish, China's Millennials: The Want Generation, Rowman & Littlefield Publishers, 2015.
25 Jessica Jones, Spanish millennials are reshaping their goals to afford life, BBC, November 28, 2018.

三千零九名Z世代展開的調查研究發現，雖然全球正處於經濟擴張時期且產生了大量機遇，但千禧世代和Z世代對自己的事業、生活乃至周遭一切都存在焦慮和悲觀情緒，他們普遍缺乏安全感和信任感[26]。一個典型的例子是，一項調查顯示，超過半數的千禧世代稱比特幣是一項積極的技術創新，超過四分之一的人認為比特幣比銀行更安全[27]。

報告分析這與千禧世代所處的經濟週期有關，千禧世代步入職場之時正值經濟危機爆發時期。布魯金斯學會的調查顯示，千禧世代的財富要少於一九八九年至二〇〇七年任何一年的同齡人。二〇〇八年至二〇〇九年的經濟危機對千禧世代的打擊尤其嚴重。二〇一六年，二十歲至三十五歲的家庭財富中位數，比二〇〇七年的同類年齡組低約二五％[28]。另一方面，大量的Z世代人生有一半的時間都在後危機時代度過，在經濟衰退時期進入職場會對後續的薪資和職業道路產生長期的消極影響。相較於前幾代人，他們在相應年齡階段所獲得的實際收入和積累的資產較少，而負債水準則較高。該等累積效應對千禧世代的財務決定產生了廣泛而深遠的影響。

勤業眾信調查研究發現，千禧世代對企業的評價持續走低，認為企業能夠對社會產生積極影響的受訪者比例在二〇一八年跌至六一％，此前四年一直保持在七〇％以上，而二〇一九年的這一比例更是下滑至五五％。新興國家千禧世代對企業的評價，對這一趨勢起到了助推作用。新興國家對企業持好評態度的受訪者比例，從二〇一六年的八五％降至二〇一八年的六一％。成熟市場在同一時期的這一比例也下降了十六個百分點，跌至五〇％。

千禧世代與嬰兒潮一代（一九四六年至一九六四年出生的人）對情緒衰竭的反應有所不

同（情緒衰竭通常是倦怠的第一階段）。當感到情緒疲憊時，千禧世代相較於嬰兒潮一代更容易感到不滿且想要離職。四九%的千禧世代表示，如果有選擇，他們將在未來兩年內辭去現職，這是勤業眾信所有相關調查研究中的最高比例。而在勤業眾信二〇一七年的報告中，這一比例為三八%。這並不是無聊的威脅：表示將在兩年內離職的受訪者中，有四分之一表示在過去二十四個月內有辭職行為。這對希望培養穩定員工隊伍的公司是一大挑戰。

隨著生活方式的改變，許多千禧世代也在重新思考著，對人生成功的傳統期望是什麼。無論是職業還是個人生活，什麼樣才算成功，可能都在被顛覆、被重新定義。

26 《二〇一九千禧世代趨勢調查》，勤業眾信，二〇一九。
27 Roula Khalaf, A bitcoin bubble made in millennial heaven, Financial Times, January 12, 2018.
28 American millennials think they will be rich, Economist, April 22, 2019.

04 永遠在線，無間歇工作的代價

身處數位時代的一大不幸，是人們太容易找到你，一部智慧型手機就可以讓你一星期七天、每天二十四小時線上，老闆、同事很容易在下班後繼續在微信、LINE、電子郵件上找你處理工作，這進一步加劇了職業倦怠。

與手機同枕共眠

蘋果無疑是最早一批「二十四小時待命」的推手。

從一系列產品的設計就可以看出來，賈伯斯並不想讓他的客戶關閉電子設備。他在iPod上第一次消滅了電源鍵，Macbook Air的電源鍵也設定成休眠功能，iMac的電源鍵藏在機器後面和底殼渾然一體。

華特．艾薩克森（Walter Isaacson）著的《賈伯斯傳》（*Steve Jobs*）裡提到了賈伯斯的一個偏好，他覺得完全沒有必要特別設定「按下去——等待關機——再見」這樣一個流程，電子產品就應該隨用隨開。雖然賈伯斯從產品的極簡設計和出色用戶體驗的角度，消滅了用戶使用手機時的關機習慣，但同時也助長另一種災難性文化的到來。iPhone 4上市一年後，就在美國官網推出 AppleCare（7×24）客戶服務，以應對人們全天候的使用手機的新形勢。

在蘋果推出 AppleCare 這年，哈佛大學商學院教授萊絲莉．普羅（Leslie A. Perlow）也意識到了智慧手機對辦公文化的革命性顛覆：職場精英們開始習慣凌晨發電子郵件給同事，同時期待在凌晨三點收到回覆。為了防止錯過公司的重要郵件，不少人開始把智慧手機放在床頭，與手機同枕共眠。於是她寫了一本書《與智慧手機共眠》（*Sleeping with Your Smartphone*），呼籲人們改掉二十四小時線上的壞習慣。

普羅在書中還提到了這麼個例子，美國芝加哥公關機構 Empower Public Relations 的 CEO 薩姆．查普曼（Sam Chapman）表示，他過去曾出現幻聽，總感覺手機在震動，而且會經常在半夜查看自己的黑莓手機，收發郵件。他的睡眠品質很差，早上起床總會感到精神萎靡不振，他認為自己「手機成癮」了。

他表示：「我希望確保我的員工們不會重蹈我的覆轍。」為此，查普曼制定了一個所謂的「黑莓管制政策」。工作日時，他和手下二十名員工們從下午六點開始將手機關閉，直至第二天早上六點；到週末時，他們會將所有與工作有關的設備全部關閉，鮮有例外。查普曼稱：「休息得好，工作才會好。」他在旅行中也會繼續遵守該政策，並表示，這個政策提高了公司的生產力。

但像 Empower Public Relations 這樣的機構畢竟是少數。如今，永遠開機、永遠線上的智慧電腦也上市了。

在二〇一九德國柏林IFA[29]大展上，聯想集團推出了一款可以永遠線上的筆記型電腦，並提出了一個目標：一〇%以上的電腦提供AOAC（Always ON & Always Connected，永遠開機，永遠連線）的功能，並配備自然語言交互的人機互動模式。

根據報導，在AOAC狀態下，如同智慧手機一樣，電腦系統將以超低功耗運行，並仍與網路連接，從而實現滿足用戶持續接收檔案、下載資料等需求[30]。電腦上智慧攝影鏡頭可以僅透過用戶的一個眼神或一個轉頭動作，就將選定的內容從一臺顯示裝置移動到另一臺顯示裝置上。

聯想集團使用者和客戶體驗業務副總裁迪利普．巴蒂亞（Dilip Bhatia）表示：「下一代職場人士由互聯網伴隨而成長起來，他們要求更加靈活的工作方式。他們透過推動技術在商業環境中更快的普及，從而模糊消費產品和商用產品之間的界限，利用科技實現工作與生活的高效融合。」

從蘋果到聯想向消費者發出的永遠連線的訊號可以看出，他們一定是洞察到當下商業的新常態。如同聯想的高階主管所說，我們身處一個大融合的時代，消費設備和工作設備、工作和生活的邊界都在迅速模糊，從智慧手機到電腦，二十四小時不下線正在成為新常態。

下班並不意味著工作的結束。國際招聘顧問公司米高蒲志（PageGroup）調查一千三百二十八名新加坡本地專業人士在上班時的快樂和專注程度，結果發現，下班時間也回覆工作電話和電子郵件的受訪者當中，八四%表示自己有責任和公司保持聯繫[31]。

錯誤的新「職場政治學」

鼓勵超時工作正在成為一種新的「職場政治學」。

人力資源顧問公司 Future Workplace 的研究主任丹・蕭伯爾（Dan Schawbel）認為，企業總是獎勵工作時間更長的員工，並取代那些沒有承擔更多工作量的員工，這是造成職業倦怠的系統性問題。諮詢公司 Family Business Institute 的總裁韋恩・瑞沃斯（Wayne Rivers）表示，許多企業「看重那些能在凌晨一點接電話的員工」。在多數情況下，是否「有必要按照規定以避免過勞和倦怠」由員工自己決定。

超時工作的情況比想像的嚴重。根據國際勞工組織最新統計，全球有超過四億員工每週工作四十九小時及以上，在全球近十八億就業人口當中，此比例不小。即使是企業家伊隆・馬斯克（Elon Musk），在接受《紐約時報》採訪的時候，談到自己四十七歲生日只能在工廠裡熬通宵，也頗為感慨：「生日那天我整整二十四小時都在工作，整夜都是，沒有朋友陪伴，什麼都沒有。」這樣的生活讓他心力交瘁，他說：「我只有兩個選擇，失眠或者吃安眠藥。」

---

29 Internationale Funkausstellung Berlin，柏林國際廣播展。是德國最大的工業博覽會之一，也是德國當前最具規模的電子產品博覽會之一。

30 〈聯想研究顯示，科技對提升職場工作效率發揮重要作用〉，中華網，二〇一九年十月三十一日。

31 〈調查：七成受訪者下班仍回工作電郵〉，《聯合早報》，二〇一九年七月十二日。

零工經濟更是永遠連線的重災區。牛津互聯網研究所的伍德（Alex J. Wood）負責的一項研究顯示，那些為科技公司寫程式、編輯部落格、架設網站，或是管理社交媒體的外包年輕人，受困於激勵員工超時工作的系統，直接導致了持續的過度疲勞。一位被調查研究者告訴伍德：「我這麼窮，有人要給我錢，那為什麼一天不花個十八個小時幹活呢？」零工經濟的很多領域似乎都出現了這種過勞模式。

美國有報導稱，一些網約車（按：網路預約出租汽車）公司的司機為了充分利用車費上漲的機會，每天駕駛時間達到二十小時。在英國，在議會調查後，優步（Uber）將司機持續使用網路預約出租車服務的時間限制為十小時。對於絕大多數弱勢的自由職業者，關鍵問題在於，他們沒機會跳出長時工作導致效率減弱的惡性循環。正如伍德所言，潛在問題是「客戶能影響打零工者未來的收入」，而這些人卻沒有討價還價的本錢。

而矽谷把隨時在線的文化推向巔峰。據美國科技媒體BuzzFeed採訪的一位優步雇員稱，在公司快速增長期，優步員工必須隨叫隨到，甚至有時晚上會被打攪上百次。即使是已經做好在新創公司打拚準備的員工，也會被這種隨叫隨到的模式弄崩潰。「有時我週末也能收到訊息，電子郵件更是會在晚上十一點不期而至。如果你不在三十分內做出回覆，可能會斷了整個團隊的思路，因為至少有二十人是在同一個鏈條上的。」

優步的永遠線上，也緣於資本的急功近利、市場競爭的腥風血雨。二〇一五年五月，一位二十四小時值班的工程師，沒能及時處理主要資料庫的問題，隨後優步在全球的營運團隊都受到了影響，駕駛員無法登錄優步平臺，營運人員也無法回應乘客的求助。

當時，優步剛拿到五百億美元的新投資，一次全球營運大混亂絕對是大事故，優步席技術長范順（Thuan Pham，音譯）直接在公司群組發了郵件，要員工警惕起來別再犯錯誤。「值班的工程師收到了三次提醒居然都沒反應，這絕對不可接受。」范在郵件中憤怒的寫道，「我們正在做調查，看看這位工程師到底為什麼會錯過警報。」據悉，看到這封郵件的員工超過三千五百人。即使兩年後，這封郵件依然讓許多員工記憶猶新，一位前員工將其稱為「恐怖文化」。

在中國，下班後回不回工作微信、釘釘[32]也引發爭議。據《工人日報》報導，二〇一七年七月，王小姐進入寧波某飲品店工作，擔任店長職務[33]。二〇一八年七月二日二十二時二十三分，王小姐所在單位負責人在工作微信群組中，要求在十分鐘內提供當月營業額，不提供就辭退。王小姐因懷孕較早入睡未及時回覆，十分後，單位負責人在微信工作群組上通知王小姐已被辭退。第二天在王小姐去店裡上班時，單位告知其已被辭退，並拒絕支付王小姐上月的薪資。儘管在寧波市總工會的幫助下，王小姐成功拿到了應得的賠償金，但這一事件所引發的網路熱議卻未降溫：下班後，面對這種「緊急工作微信」回還是不回？員工能否拒絕？下班時間回覆微信算不算加班？

《工人日報》援引上海市律師協會副主任唐毅觀點稱，理論上員工有權拒絕用人單位在

32 DingTalk，阿里巴巴集團推出的企業版即時通訊行動應用程式軟體。
33 鄒倜然、程文雅、鬱詩怡：〈下班後，「工作微信」該不該回？〉，二〇一八年九月十八日。

下班時間發布的工作指令。至於是否算加班，根據法律規定：「勞動者主張加班費的，應當就加班事實的存在承擔舉證責任。」現在很多單位實行加班審核制，只有經過公司核准的延時工作才屬於加班。但如果公司在員工下班後分配工作，且明確要求員工在明天上班之前完成，這種要求，顯然需要員工利用下班時間完成，應屬於加班。

從加班到零工經濟，無間歇工作的代價

永遠線上的工作模式未必高效。貝恩諮詢公司的高階主管艾瑞克・加頓指出：「當員工的生產力不盡如人意之時，罪魁禍首通常是企業，而非員工。」貝恩公司觀察了一些倦怠率偏高的企業，發現有三個常見的弊端存在：**過度合作**、**時間管理不夠規範**、**能者過勞的傾向**。這些問題不僅占用了員工原本用於完成複雜任務或者想法的時間，還大量消耗了員工用於恢復精力的休息時間。這對健康的危害不言自明。

二〇一〇年發布的《中國城市白領健康白皮書》顯示，有七六%的白領是處於亞健康狀態[34]。另有統計顯示，在三十歲至五十歲英年早逝的人群中，九五・七%死於因過度疲勞引起的致命疾病。資料顯示，日本每年有上千人因過勞死亡，美國每年也有上千白領罹患壓力恐慌症。美國哈佛大學一項研究顯示，與每週工作二十一至四十小時的女性相比，每週工時超過四十小時的女性，所需要的懷孕時間要長二〇%；超時工作造成的心理包袱還會給家人帶來影響：沒空陪孩子、夫妻交流少、父母沒空理等，甚至導致家庭糾紛。

倫敦大學基維馬基博士的一項研究顯示，每週工作長達四十八小時，比工作三十五小時至四十小時中風的風險增加了一〇%，工作五十四小時，增加二五%，如果超過五十五小時，就會增加三三%。在每週工作三十小時至四十小時的組群中，每一千人中只有不到五人中風。在工作五十五小時或更長時間的組群中，每一千人裡中風人數增加到六人[35]。這一研究成果刊登在權威的醫學雜誌《刺胳針》上，提示人們遵循「朝九晚五」的慣例，否則中風的機率就會增加。

優步的這種「隨叫隨到」與準時上下班是兩碼事，我們的身體對這兩種情況的反應截然不同。二〇一六年一項研究發現，早晨隨叫隨到者的皮質醇（按：又譯為可體松，人體應付壓力的激素，因此也稱為壓力荷爾蒙）水平，比不需隨叫隨到的員工升得更快，即使他們可能一直到晚上都沒工作可做。這種**壓力荷爾蒙一般在人們剛睡醒時達到峰值，然後慢慢減少**[36]。

但科學家認為，日常壓力會以各種方式讓週期紊亂。比如你預計今天會很緊張，那激素就會上升（研究人員覺得打零工就是這樣），如果你長期壓力都很大，這個激素就會一直偏高；如果在長期壓力後你開始經歷「倦怠症候群」，那這個激素就升不上去了。結果是，

34〈超長工作傷己傷家人，學會休息是關鍵〉，《生命時報》，二〇一五年八月二十五日。

35 董樂：〈研究：超長時間工作增加中風危險〉，BBC中文網，二〇一五年八月二十日。

36 José Luis Peñarredonda, What happens when we work non-stop, BBC, August 24, 2018.

隨叫隨到的人發現越來越難「從心理上區分工作和非工作」，很難做自己真正想做的事——研究人員稱之為「控制能力」。換句話說，員工並不覺得隨叫隨到的時間真的是自己的，他們的壓力也會相應上升。因此，研究人員得出結論，要求隨叫隨到的日子「不能視作閒暇時間，因為休息的重要功能——休養生息——在這種情況下十分有限」。

反思與反抗

哪裡有壓迫，哪裡就有反抗。

法國心理學者法比恩・馬西發現，自己一年內在工作時用來閱讀、書寫和歸類電子郵件的時間至少達到六百小時。換算下來，相當於六、七、八三個月分每天花八個小時處理電子郵件。發現這件事情後，他感到十分震驚，所以決定在工作與個人生活之間構建一道屏障，他放棄了智慧手機，拒絕在下班後登入工作郵件帳號。

以工作環境優越見長的法國嚴格遵守每週工作三十五小時的限制，但現今人手一機，不少人下班後，或在週末仍用手機及電腦處理公務，也無法好好休息。法國研究組織 Eleas 於二〇一六年十月公布的一項調查顯示，超過三分之一的法國員工，在上班時間以外仍使用智慧手機或電腦工作，有六成員工希望政府能立法保障他們的權益。

最終，法國決定從二〇一七年一月一日開始實施新法，該法律要求僱用員工五十人或以上的企業，必須與員工協商制定新的「郵件準則」，確保員工休息時間。如果這樣的準則無法達成，企業必須制定出員工在晚間和週末無須處理郵件的具體時段。前法國勞動部長米里亞姆·艾爾·荷姆里（Myriam El Khomri）表示：「我們需要提前預測一些風險，其中最大的風險就是，在如今這種永久聯網狀態下，人們要如何平衡私人生活和工作時間。」

不過，根據二〇一五年的資料，全法國共有四八·六%的企業員工在小型企業裡工作。也就是說，即使是從法律層面來講，也有將近一半的法國員工無法享受到「斷網權」政策的庇護。

從二〇一四年開始，德國職場對於現代通訊工具給日常工作造成的心理混亂開始重視起來，如福斯汽車規定，員工下班以後就不能發工作郵件，大眾發言人向媒體表示，公司尊重員工的自由時間，只有在非常緊急的情況下，雇主才能打斷員工的休閒時間。

在中國，人們也意識到隨時線上的巨大負面影響。廣東省珠海市香洲區在二〇一九年五月，印發了《香洲區解決形式主義突出問題為基層減負工作措施》，要求各單位要根據實際工作需要建微信工作群組，原則上一個單位只建一個工作群組，群組成員發言須有實質性內容，不得洗版按讚和發梗圖；原則上非工作時間不發布工作資訊，因專案工作組建的微信群組，在結束工作後應及時解散。同時，這份文件還規定各單位根據工作需要開設新媒體帳號，原則上一個單位在同一平臺只開設一個帳號；不得利用新媒體（含微信群、公眾號）變相搞新聞報導，大幅報導單位主管日常政務工作[37]。

37 張炳劍：〈微信工作群的指尖之苦，實是形式主義之累〉，《錢江晚報》，二〇一九年五月十三日。

05 從倦怠、憂鬱到自殺

倦怠和憂鬱症有許多相同的症狀。「倦怠理論之父」馬斯勒還做過工作倦怠與憂鬱症之間的關聯分析，結果發現，雖然憂鬱質（melancholic temperament）高的人更易發生工作倦怠，但這仍是兩個不同的概念。

與憂鬱相比，工作倦怠更具工作相關性和情境特殊性。馬斯勒進一步指出了工作倦怠與憂鬱症之間的五個重要不同點：工作倦怠有明顯的煩躁不安症狀，比如精神或情緒的衰竭、疲勞等；**重要的是精神和行為方面的症狀而非生理上的症狀；這些症狀是與工作相關的；這些症狀發生在正常人身上，而非接受過心理治療的人身上；效率和工作績效的降低是由於消極的態度和行為**。

英失業青年三分之一曾有自殺念頭

在千禧世代中，許多人在職場中感到經濟壓力和孤獨倦怠，憂鬱和絕望而死的人數正在上升。

美國科技網站商業內幕報導稱，千禧世代也覺得他們的工作嚴重影響了他們的整體心理健康，報導援引藍十字藍盾健康指數的數據稱，自二〇一三年以來，千禧世代的重大憂鬱症診斷人數增加了四七%。在十八歲至三十四歲的人群中，總發生率從三%增加到四・四%。由於工作時間過長和薪資停滯不前，千禧世代倦怠率比其他幾代更高。他們中的許多人甚至因為精神健康問題辭職[38]。

而根據艾希特大學對兩萬八千四百三十八份員工心理健康報告的回顧，**非朝九晚五「辦公室一族」的千禧世代特別容易罹患憂鬱症，而工作不穩定和上夜班的人，比普通人罹患精神疾病的可能性高出三三%**。

英國慈善機構「王子信託基金」（The Prince's Trust）進行的調查顯示，英國青年失業族群的精神和心理健康問題嚴重，十六歲至二十五歲的失業青年中，七五%坦承覺得生命一片空白，無事可做。在長期失業青年當中，有三分之一表示曾想到自殺，四分之一有自殘經驗。調查發現，長期失業的年輕人獲得抗憂鬱藥物處方的比例比同齡人高出一倍。王子基金會總裁瑪蒂娜・米爾本（Martina Milburn）表示，**失業已經被證明在青年當中造成了毀滅性的、長期的心理健康問題**[39]。如果任其發展，倦怠很快就會發展成憂鬱症，甚至為死亡陰影所籠罩。

38 Hillary Hoffower & Allana Akhtar, Lonely, burned out, and depressed: The state of millennials' mental health in 2019, October 10, 2019.

39 〈調查：英失業青年三分之一曾有自殺念頭〉，ＢＢＣ，二〇一四年一月二日。

乏味的流水線人生

二〇一〇年五月，在第十一名員工跳樓死亡後，富士康母公司的大老闆郭台銘，罕見的親自陪同記者進入深圳富士康園區，參觀該公司的「良好」工作環境、運動娛樂設施和心理關懷中心。公司還架起各種防自殺的設施。但後續仍有第十二名員工跳樓死亡，隨後第十三名員工割腕自殺未遂。BBC的報導稱，在富士康，勞動和睡覺幾乎成了大多數工人生活的全部，午餐從排隊到吃完只允許半個小時。由於在流水線上不停工作，工人之間也很少溝通[40]。

《新京報》記者尹聰記錄了二〇一九年十一月富士康太原工廠裡的一次普通夜班：「太原富士康的夜班，從前一天晚上的八點到次日早上的八點。噴碼線上完成一個『收料』動作用不了四秒。收料者還要盯著料裡是否有不良品。這些『料』以手機和電子書的鎂、鋁合金板或者金屬框架為主。它們在生產線上被擺成一條線，間隔不超過十公分。緊接著，一隻只戴著白手套的手在生產線上來回翻飛。難熬的夜班開始了……機械般且高度緊張的做著一個又一個的動作。休息對工人而言，就成了期盼。

除了晚上十一點到十二點之間一個小時的吃飯時間外，晚上十點和凌晨三點各有十分鐘的休息時間……挺過下半夜，是一段漫長且飽受煎熬的歷程。往往凌晨三、四點，『料』來得最『澎湃』，睡意不可遏制的襲來，初冬的寒風也穿過門縫鑽到車間來……一個個看去，每個工人的臉上都寫滿倦意——他們剛上班時，還聊得熱火朝天。此刻，車間裡安靜極了，只剩下流水線轉動和收放料的聲音。早上七點左右，終於下班了。走出車間，像個大病未癒的人『飄』在路上，腳踩著棉花一樣[41]。」

不久，來自北京大學、清華大學等大學和中國社科院、北京社科院的社會學者聯合發布一份標題為〈解決新生代農民工問題，杜絕富士康悲劇重演〉的呼籲書，稱要「在個體心理層面之上去思考『世界工廠』及新生代農民工的前途問題」。這份呼籲書中寫道：「我們以『農民工』的身分為藉口，以平均低於第三世界的薪資水準來支付他們的勞動報酬，使他們無法在城市中安家生活，漂泊徘徊於城市與農村之間，過著無根無助、家庭分離、父母無人照顧、孩子缺乏關愛的沒有尊嚴的生活。」

當年十月，由北京大學等二十所學校六十多名師生共同完成的《「兩岸三地」高校富士康調研總報告》發布，報告重點揭露了富士康的違法違規行為：違反《勞動法》，強制加班、超時加班；違反《勞動法》，苛扣加班費；違反《實習見習條例》，濫用學生工；違反《勞動法》、《職業病防治法》，漠視職業安全隱患；違反《工傷保險條例》，「私了」工傷事故等。報告稱，富士康的勞動體制是一套複雜的工廠管理制度，包括了生產和工人的再生產、對工人的規訓，同時國家和跨國資本的力量也深深的滲入其中。整套管理制度達到了財富創造的最大化，但卻是以犧牲工人的尊嚴、健康乃至生命為代價的，其本質是對工人的

40　《分析：富士康深圳員工自殺和生命尊嚴》，BBC中文網，二〇一〇年五月二十七日。
41　尹聰：〈富士康員工自述：幹久了變行屍走肉像磨盤前的驢〉，《新京報》，二〇一二年十一月二十九日。

異化、剝削與剝奪[42]。

以富士康為代表的流水線這一生產形式的全面普及，體現了它在提高企業效益方面的良好經濟功效。然而，流水線生產的操作高度分化，技能要求簡單，生產節律自動控制，導致長期在流水線上操作的工人產生工作壓力，不能很好的分離生活和工作，產生無法整合過去和當前經驗的狀態，甚至呈現自我認識混亂和自我矛盾的現象，導致自我失諧，嚴重影響流水線工人的心理健康水準。

二〇一一年，湖南師範大學教育科學學院，對湖南和廣東兩省的兩百七十四名流水線工人，和一百四十八名非流水線工人的調查研究發現，目前中國的流水線多數是手工生產線，工人長期重複從事一種簡單勞動。流水線作業作為典型的單調靜力作業，主要依靠肌肉的等長性收縮以施力或維持一定體位，很容易產生隔離感、疲勞感，如頭痛、肌肉痠痛等，當工人感受到極大工作壓力時，機體[43]處於較低的生理健康水準，兩者交互作用導致工人自我靈活性降低，自我刻板性增強，引發工人對自我現狀的不滿，偏執和軀體化[44]極易產生[45]。

憂鬱症不管你藍領白領

容易罹患心理疾病的不僅僅是流水線上的青年藍領，醫生、律師等白領的情況也不樂觀。據世界衛生組織，由四十二個國家職業醫學協會組成的，國際職業醫學協會合作組織二〇一九年完成的一項調查，徵求了三十個國家衛生專業人員對工作倦怠的看法，結果發現，自報倦怠的醫生百分比從一七・二%（日本）到三二%（加拿大）不等。奧地利和愛爾蘭的百分比與加拿大相似[46]。

二〇一九年一月十六日，美國知名醫學網站 Medscape 針對超過二十九個專業的一・五萬名醫生調查了關於醫生職業倦怠、憂鬱，及醫生如何處理這些問題和自殺傾向的情況。這次調查的結果令人震驚：四四%的醫生感到倦怠；一一%的醫生有通俗上講的憂鬱；四%已有臨床診斷的憂鬱。在美國，平均每天有一名醫生自殺，是所有職業中自殺率最高的。研究顯示，醫生自殺率為每十萬人中有二十八至四十人，是普通人群的兩倍多[47]。美國精神病協會在二〇一四年披露的一份報告稱，七%的美國成年人稱在過去一年經歷過較嚴重的憂鬱期，**一六%的美國成年人一生中至少有一次被診斷為患有憂鬱症**。

二〇一七年以來，法國員警自殺人數再創高峰。員警工會指出，職業倦怠、工作條件惡劣與不受重視等是導致員警自殺的關鍵因素。僅二〇一七年前十一個月，據內政部和法國媒

---

42 《〈高校富士康調查研究總報告〉全文公布》，新浪科技，二〇一〇年十月九日。
43 具有生命機能的個體的統稱。
44 一個人本來有情緒問題或者心理障礙，但卻沒有以心理症狀表現出來，而轉換為各種軀體症狀表現出來。
45 廖珂、劉芳、白曉玉、周莎莎、鍾毅平、丁道群：〈民營企業流水線工人心理健康影響因素探究〉，《社會心理科學雜誌》，二〇一一年。
46 Lynn Eaton：《衛生人員工作倦怠問題》，世界衛生組織官網，二〇一九年九月。
47 Leslie Kane, Medscape National Physician Burnout & Suicide Report 2020: The Generational Divide, January 15, 2020.

體的數字，總共有四十七名員警和十六名憲兵自殺身亡。二〇一四年，法國曾出現員警和憲兵自殺高峰，全年總共有五十五名員警（年平均數為四十名）和三十名憲兵自殺身亡。

法國全國警察局長工會祕書長賽琳娜．貝爾通指出：「兩年來，員警和憲兵為了保護他人安全而頻頻出動，這可能導致他們不太關心自己，也可能因此而引起倦怠。」某員警工會指出：「員警每天面對人的苦難、暴力以及最惡劣的情況，他們不能再忍受不受重視，這是他們尋短見的因素。」工會還指責員警系統的領導管理極糟，欠缺對員警的重視、工作條件惡劣、職業倦怠、指標政策等[48]。

美國健康與福利信託基金的一份報告稱，雖然這些死亡人數在過去十年中各個年齡層都有所增加，但在美國年輕人中增加最多。據報導，僅在二〇一七年，就有約三．六萬名美國千禧世代死亡。**藥物過量是最常見的死亡原因**。在「絕望死」上升的背後，是千禧世代巨大的財務壓力：學生貸款債務、醫療健康、兒童保育和昂貴的住房。

自殺始終是人類文明的一個巨大傷口。《自殺論》（*Le suicide*）作者埃米爾．涂爾幹（Emile Durkheim）曾提出一個理論，即城市化、現代化和社會經濟進步，導致社會疏離感加劇和自殺率上升。

該理論已得到部分已開發國家資料的驗證。據統計，自二〇〇八年以來，全世界每十萬人自殺數的平均值從十一．六例增長到了十四例。韓國和日本擁有更高的自殺率——在二〇一二年，韓國的資料是每十萬人中有二十八．一例，日本也超過了二十一例（按：根據統計，臺灣二〇一八年每十萬人中有十二．五例）。其中，韓國不僅是經濟合作暨發展組織中自殺率最高的國家，也是自殺率上升最快的國家。據韓國保健社會研究院的統計，二〇〇〇年至二〇一〇年，韓國的自殺率上升了一〇一．八%[49]。

成功了還是不快樂

當精英走上職業生涯巔峰，可能意味著會變得更脆弱。一路高飛的成功人士有重蹈伊卡洛斯覆轍的危險[50]。蘇黎世保險的財務長，皮耶沃蒂耶（Pierre Wauthier）和執行長沈文天（Martin Senn）先後均以自殺的方式結束生命。哈佛大學二〇一三年的一個調查研究發現，在機構和企業高階領導者中，九六%的人可能存在倦怠情況[51]。

英國《金融時報》的報導稱，沃蒂耶的遺孀回憶道，「他通常只睡七個小時，其餘時間都是一手拿著黑莓手機，一手拿著筆記型電腦」，他承受著巨大的壓力[52]。這種狀況對他這樣的職位而言並非罕見，對那些收費高昂因此對客戶有求必應的專業人士而言也很常見。沈

48 周文儀：〈工作條件惡劣、職業倦怠：法國再現員警自殺潮〉，《歐洲時報》，二〇一七年十一月十四日。
49 塗恬：〈韓國自殺率二十年間增兩倍，二〇%因經濟困難自殺〉，中國日報網，二〇一四年三月六日。
50 希臘神話中代達羅斯的兒子，與代達羅斯使用蠟造的翼逃離克里特島時，因初次飛行所帶來的喜悅感受，他越飛越高，因太接近太陽而使蠟翼融化，最終導致墜海身亡。
51 Leslie Kwoh, When the CEO Burns Out, WJS, May 7, 2013.
52 約翰．加普：〈精英更應警惕患上憂鬱症〉，《金融時報》，二〇一六年六月十二日。

文天則是被迫離職後，一直難以適應卸任這家瑞士跨國公司掌門人後的生活而自殺。

這篇文章作者約翰・加普援引英國政治家以諾・鮑爾（Enoch Powell）說，所有政治生涯的結局都是失敗。商業生涯也同樣如此：多數到達職業金字塔頂端的執行長都不會在這一位置待很久。

更多普通上班者則被職場壓力所打垮。

哈佛大學一個研究團隊曾建立了一個模型，來評估「美國的工作場所壓力源與死亡率和健康成本之間的關係」，結果發現，美國雇員因工作倦怠、憂鬱等由工作壓力誘發的醫療支出為一千兩百五十億至一千九百億美元，並且工作倦怠、憂鬱被認為是第二型糖尿病、冠心病、胃腸道問題、高膽固醇甚至是四十五歲以下人群死亡的主要原因。更嚴酷的是，還直接、間接導致了十五萬人的死亡[53]。根據世界衛生組織的估算，包括工作倦怠、憂鬱症和焦慮症在內的工作場所的精神健康問題，每年給全球經濟造成一兆美元的損失[54]。

員工倦怠最終也會損害上級雇主、公司機構的利益。

美國壓力研究院（American Institute of Stress）對三百多家公司的八十萬工人的調查顯示，從一九九六年到二〇〇〇年，因壓力而生病的員工人數增加了兩倍。估計每天有一百萬工人因壓力而缺席。美國國家職業安全衛生研究所（NIOSH）報告說，在美國，每年因缺勤而損失的五・五億個工作日中，有一半以上與壓力有關，而最後一刻沒有出現的五分之一是由於工作壓力造成的。如果這種情況發生在關鍵員工身上，可能會產生多米諾骨牌（又稱西洋骨牌）效應，這種效應會擴散到整個生產線上，從而破壞計畫內的營運[55]。

員工由於工作倦怠，其缺勤率、離職率、事故率、人際衝突增加，難以相互合作，工作積極性和創造力下降，工作效率和業績下降，客戶服務品質降低，人力資源管理成本上升。企業管理層的心理問題更可能導致決策失誤的嚴重後果，特殊行業員工的心理問題甚至還可能給社會和環境造成災難，從而給企業帶來嚴重的形象損失和經濟責任。有的員工心理問題可能讓企業擔負法律責任。

員工心理問題已成為企業管理中面臨的重要問題，能否正確解決這一問題，關係到企業經營的好壞、效益的升降、管理的成敗、形象的優劣等。員工個人的心理問題具有擴散性，會傳染給其他員工，影響團隊士氣。而企業領導層的心理問題，則更容易傳遞到整個員工群體中。

53 Joel Goh, Jeffrey Pfeffer & Stefanos A. Zenios, How workplace stress affects health costs and mortality in the United States, hbs.edu, February 2016.
54 《工作場所的精神衛生》，世界衛生組織官網，二〇一九年五月。
55 The American Institute of Stress: Workplace Stress Survey, 2006.

06 沒有熱情了，換份工作會更好？

倦怠並非終身監禁。如何從工作倦怠中恢復正常，目前並沒有公認標準的解決方案，但從自身出發，心理學研究也給出了一些建議。

首先，**了解自己的長處，保持樂觀情緒**。如果你的工作和你的技能不匹配，你遲早都會丟掉工作。而據前述蓋洛普的調查，真正高效率的員工每天在做自己擅長事情上的時間，是花在做自己不擅長事情上時間的四倍。以樂觀心態面對自我，在工作中，要學會寬恕自己、善待自己。不可以把工作看成人生唯一的追求。遇到挫折時，要善於多角度思考，避免過度的否定自己，自我摧毀自信心的後果是很可怕的。

其次，**認清自己的短處，保持終身學習**。職業倦怠的另一種常見情形是「知識性倦怠」，又叫「本領恐慌」，這是現代社會知識和資訊呈加速度發展的必然結果。因此，要防治這類職業倦怠，必須不斷的為自己充電，透過參加更多的專業培訓來獲得新的知識和資訊，以主動適應社會環境的要求。

再次，**挖掘工作中有意義的方面，培養自己對工作的興趣**。如果能在看似重複、枯燥的工作中挖掘「創新」的可能性，通常會讓人覺得鬥志昂揚、精力充沛，比如在大家都周而復始的走同樣的流程時，你就可以想想有沒有可能透過簡化某個環節，既達到同樣的效果又能加快效率，這個想法一旦被採用就會有美妙的成就感。做自己喜歡的工作，就會願意投入更多的時間和精力而不會感到辛苦和倦怠。而一個人若是積極主動充滿激情的去工作，也總能超額、超水準發揮，這是一個良性循環。

又次，**在工作中找到合適的合作夥伴，和朋友保持聯繫，維持良好的社交關係**。《人事心理學期刊》在二〇一五年刊登的一篇文章，對保險公司員工的研究中，研究者發現，業務經理的職場朋友圈人數，與他的工作績效評級呈正相關。在職場中有好朋友的一大好處是，你不但能夠獲得多方面的資訊，同時還能夠較為輕鬆的獲得決策建議[56]。

當工作中遇到超出能力範圍的任務，感到壓力過重時，不妨做做運動、聽聽音樂、陪家人逛街，和朋友聊天，也不妨與家人或親友同事一起討論目前壓力的情境，把自己心理的癥結點說出來，不要悶在心中，關心你的親友會給你一個懇切的建議。你可以在他們的幫助下確立更現實的目標，以及對壓力的情境進行重新的審視。

最後，**工作不是人生的全部，放棄過多的職業期待**。我們要承認一個人並不能控制和改變工作中的所有事情，有些工作能夠完全勝任，但也有些是自己做不好的。而且，職場因素有些是不可避免，或難以在短時間內排除的，如激烈的競爭、失業等。當你對工作產生倦怠

---

56 Jessica R. Methot, Jeffery A. Lepine, Nathan P. Podsakoff、Jessica Siegel Christian, Are Workplace Friendships a Mixed Blessing? Exploring Tradeoffs of Multiplex Relationships and their Associations with Job Performance, *Personnel Psychology*, April 8, 2016.

時，建議重新審視自己的職業需求，摒棄那些不切實際的想法。如果你確信不是你個人內在的原因，而是單位領導的管理理念和你不能合拍，或者是同事有意傷害你，你最好換一份工作。無論如何你應該記住：**為別人的錯誤買單是世界上最不合算的買賣**。

休假或跳槽有助於解決職業倦怠？

在化解工作倦怠上，還存在一些誤區。最典型的是，以為休個長假就可以解決了。

美國心理學協會的一項最新研究發現，對很多美國人來說，假期有減輕壓力、增加生活動力以及提高快樂指數的作用[57]。美國心理學協會的負責人大衛・貝拉德（David Ballard）博士說：「**適量的休息能讓人們從壓力中恢復過來，並且可以防止職業倦怠**。」在接受調查的一千五百名全職員工中，六八％的人表示休假後會以一個更好的情緒回到工作職位，五七％的員工表示休假回來時壓力水準將下降，六六％的員工表示假期可以讓他們重新煥發活力。

但是，調查結果又顯示，假期所帶來的這些積極作用，通常在員工回到工作職位三天後就會消退。美國心理學協會宣導公司應該採取措施來減輕員工的倦怠感和過度壓力，而非寄望休假解決所有問題。

該協會的科學家們表示，態度就像細菌繁殖一樣可以傳播，不分好壞。在一個工作環境中，一旦某一個員工開始厭倦工作，這種消極的態度也將會影響到其他人。工作壓力不僅會影響員工在工作中的表現，還會損害他們的心理健康。約翰．霍普金斯大學表示，積極的心態還對人的身體有好處，會降低三分之一罹患心臟病的風險。

貝拉德說：「企業的支援性文化、充足的帶薪休假時間、高效的工作制度，以及營造信任和公平競爭等氛圍，都對員工起著重要作用。雖然這些東西大部分是公司高層制定的，但支持休假的文化體現在工作的各方面。管理層不應該依賴偶爾的假期來抵消工作帶給員工的巨大壓力，除非他們能夠解決造成壓力的根本因素，並在幫助員工減少壓力方面做出持續的努力，否則休假的好處可能會稍縱即逝。當員工重新工作後不久，壓力必定再次上升，這對員工和企業都不利。」

另一個常見誤區是，換份工作也許會好些。

新的職位、新的工作氛圍、新的工作環境和新的老闆，能夠激發你的工作熱情，發揮你積累的知識經驗特長，讓你在這裡有一番成績，得到認可、獲得晉升，走向人生巔峰也未可知。中國人力資源開發網針對一百萬人的調查發現，有超過三分之一的在職人士因為職業倦怠而選擇跳槽，尤其在新入職者中較為多見；也許是跳槽成了習慣，有些人一看到升職或加薪無望或人際關係不佳，就選擇跳槽，到另一家企業尋找機會、試試運氣。然而跳槽未必能解決問題。

57 《美心理學協會：休假並非緩解工作壓力的神丹妙藥》，環球網，二〇一八年七月二日。

工作與生活平衡，可能嗎？

在一些國家，防止倦怠已經上升為政策，這方面，荷蘭走在世界前列。

根據國際知名精神病研究機構荷蘭特里明斯研究所（Trimbos Institute）的統計，約四三%的荷蘭勞工因為心理健康問題而長期請假，這也促使荷蘭政府提供健全的心理諮詢治療。一方面為了讓勞工早日恢復健康回到職場；另一方面也基於公共安全考量，希望降低因工作倦怠症產生心理壓力，或是憂鬱症而導致工作上失誤的機率。

二〇一四年起荷蘭政府撥款補助家庭醫生參與心理治療訓練，此後家庭醫生也可就近協助有輕微心理問題的病人。症狀輕者可由家庭醫生和心理諮詢師直接協助，重症者則須轉介到更專門的診所。如果病人希望匿名也可以進行線上諮詢。

歐盟所頒布的《工作與生活平衡的新指令》也於二〇一九年八月一日生效，該指令規定了一些新的和更嚴格的育兒假、陪產假和家庭照護規則，以及更為彈性的工作條件，從而使人們可以更好的平衡職場工作和家庭生活。

歐盟執行委員會第一副主席蒂默曼斯（Frans Timmermans）稱新規將加強性別平等、改善工作和家庭生活。主管就業、社會事務、技能和勞動力流動的委員蒂森，稱新規既體現了社會正義，也是可以產生經濟效益的智慧之舉，是邁向更加「可持續發展的歐洲」的一大步，是協調經濟和社會發展的典範。主管司法、性別平等和消費者事務的委員喬霍瓦（Vera Jourova）同樣認為，這些新規對歐盟的社會和經濟發展都有好處。歐盟成員國將在三年時間內將該指令轉變為各自的法律。

但更重要的是需要改變永遠線上的辦公文化。貝恩諮詢公司高階主管艾瑞克・加頓給企業管理者提出了三個建議：

第一，減少會議，簡化流程。大量的會議、複雜的決策流程讓員工不勝其煩。企業要解決過度合作的問題，首先需調整企業的結構和常規工作，簡化決策流程，慎重評估會議的必要性、頻率、時間長短以及參與人員，以避免浪費企業和員工的時間和精力。

第二，利用職場分析工具進行時間管理。超負荷工作在某些企業甚至是一種備受讚賞的行為，而個人往往又無力抵抗組織。

瑞恩・富勒（Ryan Fuller，VoloMetrix 職場分析工具公司的創始人）指出，高階主管很多時候根本不知道員工到底花了多少時間用於提高生產力，花了多少時間浪費在低效率的活動上，他建議企業可以使用職場分析工具估算員工的各項時間管理，透過數據訊息，CEO可以針對特定團隊和職能進行變革，從而提高生產力，減少員工職業倦怠。

第三，重新設計工作流程。優秀的員工因為自己的突出能力而被企業需要，也因此他們在很多時候成了過度合作最大的受害者，企業的僱傭情況與增長情況並不匹配，導致員工的工作量增加，出現「能者過勞」。企業可以借助職場分析工具讓老闆重新設計工作流程，只有將時間還給員工，讓他們利用這些時間做真正促進公司發展的工作，才能提高效率和業績，減少職業倦怠的發生。

畢竟，商業的成功有賴於員工和管理者的雙贏，依靠打疲勞戰這種「傷敵一千，自損八百」的方式早已被證明是徒勞的。

第五章

反抗與陷阱，
青年社畜大逃亡

社會猶如一條船，每個人都要有掌舵的準備。

——現代戲劇之父
易卜生（Henrik Johan Ibsen）

01 工作九九六，生病ＩＣＵ

二〇一九年三月二十日，技術創意網站Ｖ２ＥＸ網友「@nulun」，註冊了功能變數名稱為「996.icu」的網站，內容口號為「工作九九六，生病ＩＣＵ[1]」。六天後，在微軟旗下的著名開放原始碼平臺 GitHub 上，一位 996icu 的新註冊用戶創建了名為「996.ICU」的代碼庫（codebase）。在 996.ICU 的代碼庫血紅的專案頁面上，呈現的是一段慘白的文字，寓意中國的程式設計師在被迫用生命加班。

「九九六」工作制，即每天早上九點上班，一直工作到晚上九點，每週工作六天。九九六工作制的週工作時間為最低七十二（12×6）小時。

中國標準工時現況：一天工作時間為八小時，平均每週工時不超過四十小時，加班上限為一天三小時及一個月三十六小時[2]，逾時工作薪水不低於平日薪水的一五〇％，而一週最高工時則為四十八小時，平均每月計薪天數為二十一．七五天。

按照中國《勞動法》規定，九九六工作制下只有拿到當前薪資的二．二七五倍，在經濟帳上才不會吃虧。

什麼是 996.ICU？工作九九六，生病ＩＣＵ。

Developers' lives matter.[3]

不久，這一專案被用戶自發翻譯成多國語言版本，號召全球程式設計師加入。該代碼庫在創建後兩天（三月二十八日）即獲得五萬個標星，三月三十日凌晨前突破十萬個標星，並因快速獲得大量標星而躍居 GitHub 的週度和月度趨勢榜第一。

程式設計師的反抗

這一專案的最初目的，是標記已開始實行九九六工作制的公司，中國數家科技巨頭都在該專案的「黑名單」之列。隨後美國伊利諾大學法學博士顧紫翬（按：音同輝），在其程式設計師丈夫的影響下起草了「反九九六許可證」，研究如何將許可證和勞動法相結合，後來以該項目為核心產生了多個派生項目，如相關的法律知識匯總、另一個有關實行正常工作時長的互聯網公司列表的代碼庫 955.WLB，以及周邊文化產品等。

1 Intensive Care Unit，加護病房。

2 臺灣勞基法規定：勞工正常工作時間，每日不得超過八小時，每週不得超過四十小時。另雇主徵得勞工同意得延長工作時間，其連同正常工時每日不得超過十二小時，每月延長工作時間總時數不得超過四十六小時，但如遇天災、事變或突發事件有例外規定。

3 內容引用自 996.ICU 代碼庫。最後英文句子意為「程式設計師的命也是命」。

996.ICU 事件很快在知乎、微博上引發大範圍討論，同時，從《紐約時報》、《金融時報》、BBC、彭博新聞社、《富比士》（*Forbes*）雜誌到《連線》（*Wired*）雜誌、The Verge 等一大批西方主流媒體都跟進報導。

程式設計語言 Python 之父吉多・范羅蘇姆（Guido van Rossum）則對此表達了自己的同情，他在推特上稱，九九六工作時間表是不人道的。二〇一九年「圖靈獎」（Turing Award）得主約書亞・班吉歐（Yoshua Bengio）在推特上批評九九六是「現代奴隸制」。

BBC報導稱，「996.ICU」走紅後，很多用戶發現，一些中國公司的瀏覽器對該專案的網址進行了封鎖，其間甚至連推特也一度短暫封鎖 996.icu[4]。

《紐約時報》稱：「多年來，中國科技行業員工的工作時間，讓矽谷的工作狂們看起來像是受了嬌慣。現在，他們正在點名批評那些要求他們加班到深夜的雇主……就在不久前，九九六曾是中國科技企業家們無所不能的象徵。他們的國家有巨大的市場。而且，國內的工程學人才越來越多。據說讓中國企業比矽谷企業更突出的祕訣是忙碌……但是，在一個下行市場裡要求工人忙碌就有些難度了。」

對於九九六，中國媒體也多持批評態度，畢竟這與中國一系列與勞動者相關的法規相抵觸。中國一九九五年正式實施的《勞動法》規定，國家實行勞動者每日工作時間不超過八小時、平均每週工作時間不超過四十四小時的工時制度。如果按九九六來計算工作時間，除卻午休每天工作十一小時，那麼一週就是六十六小時，比法律規定多了二十二小時。

《勞動法》還規定，延長勞動者工作時間企業應當支付報酬，工作日延長的是一五

○%，休息日工作又不能補休的是二○○%。這樣算來，在九九六制度下，員工拿到的加班薪資應該比基本薪資還多。

《人民日報》刊發評論：「崇尚奮鬥、崇尚勞動不等於強制加班。苦幹是奮鬥，巧幹也是奮鬥；延長工時是奮鬥，提高效率也是奮鬥。因此，不能給反對九九六的員工貼上『混日子』、『不奮鬥』的道德標籤，而應該正視他們的真實訴求……隨著中國逐步從高速增長轉向高品質發展，隨著互聯網行業逐步進入更加注重產品品質的下半場，企業治理也更需要樹立結果導向、效率導向，進行更加文明、高效和人性化的時間安排。事實上，更加彈性的工作機制，比強制的九九六更能激發員工自發的工作熱情，從而也能讓企業挖掘更好的人力資源潛能[5]。」

「社畜」的矛盾心態

儘管九九六在中國科技公司早已司空見慣，但司空見慣並不代表著合理，同樣也不代表人們的真實想法。中國知名科技媒體、同時也是世界第二大的證券交易所那斯達克上市公司的36氪，派出記者採訪了近六十位新經濟公司的從業者，包含了創業公司的創始人、大公

4 汪宜青：〈中國程式設計師抗議「九九六」加班走紅網路〉，BBC中文網，二○一九年四月五日。
5 李拯：〈崇尚奮鬥，不等於強制九九六〉，《人民日報》，二○一九年四月十四日。

司的新員工、中高層管理者，詢問他們對於九九六的看法[6]。一位來自小米的營運員工說：「我很理解某些公司九九六的決定，有時候產品在關鍵時刻，就是要比別人快，才有可能活下來。」一位前ofo（小黃車）實習生說：「員工能接受九九六的前提是信任公司，願意付出代價和公司一起成長。」

反對者也大有人在。一位騰訊的產品經理說：「九九六是低成本的違法行為，和殺人無異。」另一位匿名的電商企業員工說：「九九六企業可以是員工的一種選擇，但不能是『不得不選擇』。」而一位遊戲開發工程師說：「不支持九九六。請按法律法規給加班費，給錢就加爆。」

滴滴[7]發布《二〇一六年度加班最「狠」公司排行榜》顯示，在工作日平均下班時間最晚IT公司中，京東下班最晚，平均下班時間為二十三時十六分。排名二至十二的騰訊（銀科）、58趕集、騰訊（西格瑪）、奇虎360、滴滴出行、優酷土豆、搜狐、愛奇藝、新美大、新浪和百度，都在二十時之後。在每月加班天數最多的公司中，京東以二十天居榜首。滴滴出行、58趕集、新美大員工同樣苦不堪言，每月加班七天以上。

高德大數據得出了二〇一六年加班最多的城市，及加班最晚的科技公司。其中，從城市維度看，北上廣深位居前四，其餘六座城市分別是成都市、杭州市、重慶市、蘇州市、武漢市和東莞市。其中，北京、深圳、上海在加班城市第一梯隊，占比超過六〇%。

從公司維度看，以十八時開始計算加班時長，華為是平均下班時間最晚的公司，直到二十一時五十七分，而新浪二〇一六年加班時間同比下降二四．一%。而且，BAT（百度、阿里、騰訊）均在加班最多公司之列[8]。

不僅是科技公司，幾乎近半的中國公司都有加班文化。中國青年報社社會調查中心聯合問卷網，在二〇一八年對一千九百八十名上班族進行的一項調查顯示，五〇·七%的受訪者稱所在企業有加班文化。五三·〇%的受訪者認為過度加班會損害員工身心健康，不利於企業長遠發展，四四·一%的受訪者認為過度加班會降低工作效率，讓員工罹患「拖延症」。五八·八%的受訪者建議企業進行科學工作統籌、人員分工和流程規畫，四四·六%的受訪者建議企業建立健全工時協商機制[9]。

中國國家統計局北京調查總隊發布的《二〇一八年北京市居民時間利用調查報告》，透過連續記錄北京民眾一天二十四小時的活動發現，對於北京市居民中參與就業的人群來說，平均工作時間為八小時三十四分鐘，比十年前多了近一個小時。其中，十五歲至三十九歲的青年平均工作時間為十小時，折合一週五十個小時[10]。作為對比，經濟合作與發展組織中工

6 張信宇：〈九九六激怒了全球程式設計師？但這六十人這麼說〉，36氪，二〇一九年四月七日。
7 移動出行平臺，提供計程車服務。
8 相欣：《高德地圖二〇一六年度交通報告：一線城市擁堵緩解，華為加班最狠》，騰訊科技，二〇一七年一月十日。
9 王品芝、吳淑斌：〈調查：五成受訪者稱所在企業有「加班文化」〉，《中國青年報》，二〇一八年三月二十九日。
10 沙璐：〈北京人的時間去哪兒了？上班族工作時間十年增加五十六分鐘〉，《新京報》，二〇一九年四月九日。

時最長的墨西哥，週均工作時長也只是略多於四十三個小時，而中國《勞動法》的法定週平均工時則是四十四小時。

也有觀點認為九九六並非一種強制，而是市場供需博弈後達成的平衡。

騰訊新聞穀雨工作室和鏑數聯合進行的一項關於「為錢加班意願」的調查顯示，八成職場人每週都有加班，且一半都屬於無償加班。

調查中，**一般員工普遍表示「只要有錢一切好說」（占比五一．一一%）。職位越高，願意為錢加班的比例則越低。**全國總工會開展的第八次全國職工隊伍狀況調查顯示，僅有四四%的職工表示自己拿到了符合《勞動法》規定的加班費，或者被安排了補休。剩下的五六%當然就屬於「無償為公司奉獻」了。沒有加班費，只有「心靈雞湯」的加班，年輕人當然無法接受[11]。

知名科技評論人士曹政曾梳理科技公司員工加班的四個歷史階段：宅男蹭網階段、為夢想奮鬥階段、不拚就會死的階段、最不缺的就是肯加班的程式設計師階段。他在一篇文章中寫道：「我希望程式設計師都懂一點邏輯，你恨九九六，這是政治正確，但你要能理解，那些知名企業敢強推九九六，底氣在於，你不愛來沒關係，後面有的是排隊來的……九九六是個市場選擇，不是某個企業家、某個企業可以隻手遮天的，沒有誰有這個本事，給他們底氣的，是那些排隊等 offer 的應徵者[12]。」

拚命工作的文化，正在從流水線工廠擴散到科技公司的辦公大樓，這也是從美國到中國，科技公司興起的一個重要背景。

加班是因為老闆和同事都還沒走

格子襯衫、黑色雙肩電腦包和不斷後退的髮際線，一直是外界對於程式設計師的印象。知名的程式設計領域問答社區 Stack Over ow，透過對全球一百七十九個國家和地區、接近九萬名軟體開發者的統計，為我們提供了一個更為精準的程式設計師畫像：二十歲至三十五歲的開發者仍然是全球軟體行業的中堅力量，占比接近七〇%；有超過五〇%的開發者每週的工作時間為四十小時至四十四小時，而每週工作超過七十小時的人數僅為二%，九九六並非這一群體的工作常態[13]。

此前，中國招聘網站BOSS直聘聯合微博職場共同發起「二〇一九職場人加班現狀調查」，一週內收到兩千兩百六十八位職場人回饋，經過調查研究分析發現，只有一〇・六%的職場人基本不加班，近九成的人都難逃加班的命運。其中四五・五%的職場人每週加班兩天到三天，更有二四・七%的人幾乎每天都在加班。

在接受調查研究的人群中，九〇後和九五後面臨的加班情況最為嚴重。其中在每天都加班的職場人中，年齡越小的群體比例越高，九五後所占比例高居榜首，有三一・二八%的

11 《壓傷年輕人的不是九九六，而是加班不給錢》，穀雨數據，二〇一九年七月十三日。

12 caoz的夢囈：〈關於程式設計師的九九六，我們談談歷史和邏輯〉，虎嗅網，二〇一九年三月三十一日。

13 完整版報告詳見https://insights.stackoverflow.com/survey/2019。

九五後在此之列。有四四％的職場人有過加班超過零點的經歷，其中有九・三％的人回家時間在凌晨兩點到四點之間，此外，還有四・五％的職場人曾經通宵在公司加班，留宿公司後第二天繼續上班。

休息權是勞動者的法定權利，但受訪者中僅有三六・二％的職場人擁有週休二日，而「礙於面子」成加班現狀罪魁禍首。在選擇加班的人群中，有四一・六％是因為工作沒完成，還有一〇・五％的人是因為喜歡工作，主動自願加班。其餘近半數的職場人選擇加班並非因為工作，其中四二・七％的人因老闆未走，或因同事未走而選擇留下。很多人對如此加班的性價比打上了一個問號[14]。

著迷，賭上所有投入工作

在矽谷，「工作至死」的文化有著巨大市場，工作狂也被標榜為一種理想的生活方式。臉書會舉辦通宵達旦的程式設計馬拉松活動，谷歌也有週末鐳射槍對戰賽。而創業公司對於加班更是有著格外的偏執。

許多矽谷高階主管本人就是工作狂。太空探索技術公司（Space X）和特斯拉創始人伊隆・馬斯克，在二〇一八年接受《紐約時報》採訪時透露，他從二〇〇一年開始，就再也沒有休過超過一週的假期，為了提升 Model 3 產能，曾每週工作超過一百二十小時，他說：「有時候我連續三、四天都沒有離開工廠，這背後的代價就是沒辦法看孩子及見朋友。」

亞馬遜創始人傑佛瑞・貝佐斯就不喜歡工作和生活平衡的說法，他建議新員工不要把生活和工作看作取捨關係，而應視為一種「和諧」、不需要被平衡的關係；貝佐斯對工作的狂熱、對數據的迷戀，也締造了今日亞馬遜的巨大成功——一切資訊盡在數據掌控之中。

對外，顧客的一切喜好都能得以發現和挖掘；對內，員工的表現也逃不過亞馬遜的眼睛，在亞馬遜的倉庫中，工人們受到複雜的電子系統監控，手腕上戴著計步器，亞馬遜因此能準確跟蹤到員工分揀商品和包裝商品的速度。這套系統對員工的休息時間和工作量做出嚴格限制，如果沒有達成工作量和休息時間過長，員工就會收到警告。

亞馬遜貝佐斯所宣導的「工作即生活」也得到了不少員工的支持，一位亞馬遜前高級產品經理在問答社區 Quora 上的「貝佐斯是個工作狂」問題下回答說：「工作的意思對於巨星貝佐斯和我們這些社畜來說，完全是兩碼事。他沒有老闆需要去彙報。他回覆一封郵件只需要一個問號就夠了。工作對他來說就像玩耍似的。貝佐斯比辦公室裡的所有員工都要聰明，除了沃納・威格爾（Werner Vogels）等少數專家，但這些專家也只是在自己狹小的專業領域裡比貝佐斯懂得略多而已……如果你也和貝佐斯一樣找到自己的夢想，工作就是一種莫大的樂趣[15]。」

14　《二〇一九職場人加班現狀調查報告》，BOSS直聘、微博，二〇一九年四月。
15　詳細內容可以參見 https://www.quora.com/Is-Jeff-Bezos-a-workaholic。

雅虎執行長瑪麗莎・梅爾（Marissa Mayer），提到自己生下孩子兩週就回到工作崗位上，在此之前她在谷歌時每週的工作時長竟然達到了一百三十小時。著名投資人馬克・庫班（Mark Cuban）在其部落格中寫道，他在創辦第一家公司時，一心一意想要取得生意上的成功，以至於連續七年沒有休息。蘋果CEO庫克每天凌晨三點四十五分起床鍛鍊和查看郵件。

推特CEO傑克・多西（Jack Dorsey）以工作日每天只吃一頓飯而聞名，這使他受到不少爭議。二〇一九年，多西向美國CNBC新聞網道出了他這麼吃的原因：「這可以幫助我更有效的工作，讓我能夠把注意力集中到工作上。」

員工認股權，是最有效的一種長期激勵手段

從中國的九九六到矽谷的工作即生活，這背後隱藏著一套老闆對員工灌輸的奮鬥烏托邦邏輯：如果你在幾年裡不舍晝夜的高強度工作，你將獲得豐厚的薪水、員工福利（比如免費三餐、專車等）和巨大的員工認股權收益，強者都在九九六，只有弱者才會「朝九晚五」。這種承諾和對賭背後，正是推動包括程式設計師在內的互聯網民工奮鬥的原動力。

這套烏托邦邏輯背後最核心的部分在於股權文化。對員工而言，股權比現金更好，因為它提供的致富機會不僅遠遠大於薪資，還可能使自己成為百萬富翁，因此股權激發了員工創造力、工作熱情，以及提高了員工對公司效力的忠誠度。從某種意義上說，員工認股權已成

為高技術行業的一個通用的激勵模式。

據美國科技媒體 BuzzFeed 報導，層出不窮的緊急狀況、恐懼管理、工作與生活的不平衡，和高階主管們的公開羞辱，也成了優步成功的四大法寶。即使精神力超級強悍的員工，在優步的高壓工作環境下也會被逼到接近崩潰，但沒人願意離開，因為他們手裡都握有公司的股權。

一位優步前員工在接受採訪時說道：「優步簡直就是一個金錢至上的邪教，人們願意忍受長期的身體和精神侮辱，就是因為怕被開除而喪失成為大富翁的機會……大家都把手裡的股票看成了自己的未來，這是他們退休後的保障，也是許多工程師來美國的原因。」

那斯達克就是創業者的聖殿，在那裡，他們曾經聽到的承諾會得以兌現。一九七一年，全美證券商協會創建了那斯達克，它利用了當時最先進的電子計算機技術，把五百多個做市商[16]的買賣終端和位於康乃狄克州的資料中心銜接起來，構成一個資料交流網絡，確立了「為尚不具備條件在紐約證券交易所上市的中小企業股票，提供場外交易服務的市場」的定位，並打上了深深的科技烙印。那斯達克見證了從賈伯斯到祖克柏等一批互聯網巨富的誕生。但只有極少數幸運的企業熬到了上市。

16 market maker，為促進流動性而買賣大量特定資產的個人或機構。

不加班、減少工時，效率反而更高

當疲憊變成一種榮譽勳章時，這對員工和企業來說都是拉響了警報。二〇一五年醫學期刊《刺胳針》，發布的一項基於六十萬份個人資料的研究顯示，與每週工作三十五小時至四十小時的人士相比，每週工作超過五十五個小時的人士罹患中風和冠心病的風險更高；二〇一〇年，芬蘭、英國的研究人員在《歐洲心臟》（*European Heart Journal*）雜誌上，發表了一項長達十一年的研究成果：**每天加班超過三小時，將導致憂鬱、焦慮或失眠，罹患心臟病的機率高出六〇%**；澳大利亞墨爾本大學的一項研究顯示，**當我們超過四十歲，大腦在生理上和心理上就不再適合每週五天「朝九晚五」的壓力與重複，一週超過二十五小時的工作，就可能對智力造成損傷**[17]。

長時間加班的效率也令人懷疑。

八小時工作制是一項對勞動時間的宣導，主張勞動者每日工作時間不該超過八小時。這一制度最早由英國空想社會主義者羅伯特．歐文（Robert Owen）於一八一七年八月提出。其後由於歐美資本家對勞工的剝削不斷加劇，最終北美的工人率先實行並走上街頭抗議，宣導實行八小時工作制。一八八六年五月一日美國芝加哥爆發了歷史上最大的罷工，也正是以宣導八小時工作制為目標進行的。

事實上，八小時工作制也符合人們一天勞動時間的合理上限。早在二十世紀初期，福特汽車用大量的實驗揭示了**獲得**工人**最大工作效率的最佳工作時長**。他們發現這「最佳擊球點」**是每週工作四十小時**——而且，雖然每週多增加二十小時的工作能少量的提高工作效率，但這種提高只會持續三週至四週，接著就會轉為負增長[18]。在由世界經濟論壇評選的全球前十名最有競爭力的國家中，有六個（瑞典、芬蘭、德國、荷蘭、丹麥和英國）是立法禁止每週工作超過四十八小時的。

微軟在二〇一九年夏天，在日本引進了一個名為「工作生活選擇挑戰」的專案，八月的每個週五都會關閉辦公室，讓所有員工每週都能多放一天假。除了縮短工作時間外，經理還敦促員工減少開會和回覆電郵的時間。經理建議，會議時間不要超過三十分鐘，並鼓勵員工使用（微軟的）線上系統，減少開會次數。

微軟日本總裁暨執行長平野拓哉，在公司的官網聲明中表示：「我希望員工思考並體驗，如何在減少二〇%工作時間的情況下實現同樣的結果。」每週工作四天在試行一個月後，微軟發布聲明稱，在上述試驗期間，九二%的微軟日本公司員工表示，他們更喜歡這種一週只工作四天的工作制，這些員工在工作期間的休息時間減少了二五%，每週少工作一天讓辦公室的用電量減少了二三%，員工使用的列印紙張減少了五九%，但公司銷售額卻大幅增加，比前一年同期增加了三九．九%，將近四成[19]。

17 〈九九六工作制刷屏，中國為什麼是「加班大國」？〉，《中國新聞週刊》，二〇一九年一月二十九日。
18 Geoffrey James, Stop Working More Than 40 Hours a Week, INC, April 24, 2012.
19 蔡鼎：〈微軟日本公司發現這讓公司的會議更有效率、員工們更快樂、工作效率大幅提高了四〇%〉，《每日經濟新聞》，二〇一九年十一月六日。

新冠肺炎疫情衝擊之下，蘋果、谷歌、臉書、領英和優步推出了新的在家工作政策，也促成了對於工作和生活再平衡的反思。谷歌在危機期間延長了一項特殊的帶薪休假計畫，給予員工長達十四週的帶薪休假（或二十八週的半休假），以幫助其十萬多名員工照顧親人。矽谷的工作至死的文化也在悄然轉變。

02 零工經濟，新型僱傭關係的坍場

程式設計師們在抗議九九六高壓工作的同時，全球還有數千萬年輕人無法找到一份穩定工作，而不得不打零工。

二十一世紀常見的工作都是正式的全職工作，而且都很長久。最近幾年，與其他類型的工作有關的詞語越來越多。現在的工作可以是臨時的、定期的、季節性的、以專案為基礎的、兼職的、簽訂臨時合約的、非正式的、代理的、自由職業的、週邊的、偶然的、外部的、非典型的、以平臺為基礎的、外包的、分包的、非正式的、未申報的、無保障的、邊緣的或不穩定的。

「零工」（Gig），這個詞原本是英語中的一個俚語，意思是「特定時間的工作」，常用於音樂表演或舞臺表演。在一般的產業中，零工經濟的例子包括自由職業者、獨立承包商、派遣工以及臨時或兼職的企業雇員，一般強調工作性質的臨時性和項目性。以互聯網為界，零工經濟（Gig Economy）也可以分為舊零工經濟和新零工經濟，快遞員、外送員、網約車司機，構成了新零工經濟的主力人群。

如果參考美國的統計數據所採用的標準，零工者包含的範圍也比較廣泛，只要是在過去十二個月內從事過補充性、臨時性、基於專案或合約工作的十八歲以上成年人，都算是零工者。這當中既有將零工作為主要收入來源的，比如自由撰稿人、全職的優步司機，也有只是利用業餘時間打零工賺外快的，比如兼職的優步司機。

根據私人調查研究機構 Upwork 和自由職業者聯盟（Freelancers Union）發布的報告《自由職業中的美國：二〇一八》，二〇一八年美國有五千六百七十萬人打過零工，比二〇一四年的五千三百萬增長了三百七十萬人，五年時間裡增長了七%，在所有就業人口中的占比達到了三五%。麥肯錫全球研究所在二〇一六年所做的一項關於零工經濟的調查顯示，美國工作人口中有八・六%至一二・九%的人工作以零工為主；美國勞工部二〇一八年也曾發布過一組資料，各類「替代」工人，包括獨立承包商、臨時工，占全美二〇一七年勞動力的一〇・一%。這一比例實際上低於二〇〇五年的一〇・七%[20]。

新零工經濟崛起

優步、愛彼迎（Airbnb）等互聯網公司的興起，是零工經濟崛起的推動者和見證者。美國考夫曼基金會（Ewing Marion Kauffman Foundation）資深研究員黛安・穆卡伊（Diane Mulcahy），是美國知名的零工經濟的鼓吹者，她所開設的ＭＢＡ課程「創業與零工經濟」，被《富比士》網站評為「全美十大創新性商學院課程」。

她在《零工經濟來了》（*The Gig Economy*）一書中，描述了一種新型僱傭關係的冉冉升起：高科技公司創建數位平臺，將自身視作「調度員」，一旦出現可接的工作，就運用相應的手機應用軟體分發給零工們。零工經濟的勞動者與過去所熟知的個體戶打零工的根本區別是，他們依賴互聯網技術的資訊分發和流程組織。在經濟學家的語境中，零工經濟是數位經濟參與者，平臺將替代企業，成為用工的主要連接體。

臺灣《快樂工作人》雜誌曾經記錄一個創業者如何開優步打零工的案例：

三十五歲的廖孟秋，是典型的零工經濟從業者。他原本是電子業銷售業務員，兩年前決定自行開業，經營電子零件貿易。一年過後，他發現公司營收不如預期，卻又不願放棄創業夢，於是開始利用業務經驗，替人推銷各類商品，同時積極物色業外收入，希望撐過眼前難關。他想過擺攤賣小吃，也曾考慮當大夜服務生，但最後認定優步司機門檻較低，且能兼顧事業。

為了加入優步，必須租車，車行又介紹他透過共享平臺接案，兼營機場接送。目前他每天的理想行程是清晨跑一趟機場接送，上班時間開車跑客戶、接訂單，當天業務結束了，再打開優步系統載客。這樣的安排，讓他有三種所得來源；其中光是開車，每月最少就有新臺幣五萬元進帳。

當了半年兼職駕駛，廖孟秋發現，一臺價值新臺幣一百萬元的新車，若分五年貸款，每月車貸還不到新臺幣兩萬元，就算加上車行規費，依舊遠低於車資收入，所以他毅然決定購

20 詳細資料可參看：https://www.bls.gov/news.release/conemp.nr0.htm。

入百萬新車。「只要開車收入能抵掉車貸，五年後，我名下就有一輛值新臺幣幾十萬的中古車，是很好的投資，」他說：「網路派單接案很有效率，所以我能利用閒置時間賺錢，就算以後公司穩定獲利，我也會繼續開車載客。一份可以自由安排時間又不影響本業的收入，為什麼要放棄？[21]」

不過根據優步官方資料，只有二%的司機每月收入在一千五百美元以上。大部分司機只是在業餘時間臨時性的打打零工，賺點零用錢。

廖孟秋的故事不過是零工經濟樣板間裡最為光鮮的個案，相較之下，真實的打零工者的生活要艱辛得多。影視行業屬於最為典型的傳統零工經濟，在浙江橫店，這個中國最大的古裝影視拍攝基地，臨時演員「橫漂」的生活堪稱大多數零工者生活的真實寫照。

他們是一群掙扎在溫飽線上的臨時工。二〇一七年剛來橫店時，陝西青年趙嘉幾乎天天有戲拍，還常拍夜戲，平均每天能賺到一百元。到了二〇一八年夏天，趙嘉接到的戲越來越少，往往要等四、五天才能盼來一次做臨演的機會。交完三百元房租，只夠糊口。最苦的時候，他一餐吃一包泡麵，再用麵湯泡饅頭，每餐不超過四元。一週之後，他終於做了一天臨時演員，才買了碗蘭州拉麵犒賞自己。

沒戲可演，他找餐廳做兼職，每天端八小時至十小時盤子，常累得只想躺下歇會兒。接不到戲，部分臨演開始撤離橫店。趙嘉所在的微信群裡，臨演們開始頻繁發布轉手鍋碗瓢盆、桌椅板凳的訊息。一些朋友結伴前往蘇州一家工廠做流水線工人。流水線的枯燥是趙嘉無法忍受的，他試圖在橫店堅持。相較於物質的窘迫，精神上的孤獨與無力感，成為壓垮他的最後一根稻草。在一部戰爭劇拍攝中，幾名臨演在拍攝中笑場。隨後，這幾名臨演挨了劇組的巴掌，被攆出片場，一毛錢都沒拿到[22]。

如果說「橫漂」還不夠「新經濟」，那麼看看中國的網約車司機人群的生活，也能一窺零工者的另一面。

三十七歲的任東是陝西渭南人，到西安打工近二十年，妻子和兩個孩子在老家，每個月都等著他賺錢貼補家用。除了會開車，任東沒有別的手藝，二〇一五年，他成為一名網約車司機。「四年來，生活就被綁在了車上。」任東說，在最開始的日子裡，他每月的收入都超過了一萬元。「每天都有接不完的單。」跑車第二年開始，任東便有些鬆懈了：「市場飽和了，好日子結束了。」他舉了個例子，空車四公里去接乘客，而後行程三公里，乘客付費十元，扣除二〇%平臺費、保險費等，司機到手不到八元。按每公里油耗〇·八元，七公里共計五·六元。加上電話費和車輛磨損，到司機帳上幾乎沒了[23]。

互聯網已經成為中國零工經濟集散地，並且已經下沉到縣級區域。清華大學社會科學學院縣域治理研究中心，與58同城[24]在二〇一九年發布的《二〇一九中國縣域零工經濟調查

21 鄭閔聲：〈零工經濟來了！開創多職人生的新時代〉，《快樂工作人》雜誌，二〇一八年一月。
22 蒲曉旭：〈橫店的冬天：從橫漂到試藥人，從拍戲到做防水工〉，《北京青年報》，二〇一八年十二月二十五日。
23 宋雨：〈網約車司機生存狀態調查，身體裡好像裝了一個鬧鐘〉，《三秦都市報》，二〇一九年十二月二十一日。
24 一家位於中國北京市的生活服務及分類信息網站。

報告》顯示，在中國縣域零工者中，三十一歲至四十歲的青年占比為三八．五七％，六四．八三％的人零工收入在兩千元以下，四五．九六％的人認為收益不穩定，還有四二．四四％的人表示缺乏勞動保障、福利待遇不足。縣域用戶對零工市場的不滿，主要緣於收入外的「隱性福利」不夠健全，這也是縣域零工經濟亟待解決的痛點。在縣域用戶偏好的零工職位中，互聯網兼職、網路開店、司機排名前三。

穩定的工作，哪怕是九九六，常常會與一種安全感相聯繫。而打零工則需要強大的心理承受能力。愛迪生研究院在二〇一九年調查了美國人對個人財務和經濟狀況的感覺，並用經濟焦慮指數來衡量人們的壓力。只有二四％的全職工作者經濟焦慮指數超過五十，而依靠零工經濟的人中有四五％超過五十[25]。

靈活就業的軟肋

零工經濟持續走熱，但零工者的處境並不妙。MBO Partners 連續九年發布的《美國獨立工作者市場狀況報告》顯示，包括零工在內的美國獨立工作者，二〇一九年達到四千一百一十萬人，他們二〇一八年創造的收入價值一．二八兆美元，相當於美國當年GDP的六．二％，等於西班牙GDP的總值。但他們也許值得得到更好的報酬和待遇。

美國獨立研究機構「公共宗教研究所」（Public Religion Research Institute，簡稱PRRI）[26]針對加州三千三百一十八名，年齡在十八歲以上的居民進行抽樣調查，儘管加州有美國科技創新者和經濟引擎的美譽，但該州約一半零工經濟參與者正與貧困做鬥爭。PRRI將零工經濟定義為包括優步和來福車（Lyft）[27]等叫車平臺的工作，及提供購物、送貨或協助照顧孩子等服務。PRRI的調查還發現，在加州，五六％處於貧困狀態的工人拿不出四百美元現金，支付急診所需的費用。調查還顯示，這類人員中有四二％推遲就醫。

二〇一九年十一月六日一大早，一群美食外送平臺 Foodora 送餐司機，趕到加拿大安大略省勞工關係局門口，舉行早餐集會，那裡正準備在二〇二〇年初舉行一系列關於他們加入加拿大郵政工人工會（CUPW）的聆訊。一個身穿紅色外套的 Foodora 送餐司機告訴城市新聞（*City News*）電視記者，他就業不足，不得不打五份零工，他受夠了。他說：「情況越來越糟，現在是到了我們站出來抗爭的時候了。」（按：二〇二〇年四月該平臺退出加拿大市場。同年八月法院判該平臺賠三百四十六萬加幣〔約新臺幣七千七百一十五萬元〕給送餐司機。）

曾經一度因為科技創新而崛起的零工經濟，現在因為勞工問題面臨一系列質疑，如休息時間無薪酬，沒有醫療保險和產假。根據加拿大統計局的資料，在過去二十年，臨時勞工的

25 The Gig Economy, the Marketplace-Edison Research Poll, December 2018.

26 為美國非營利性、無政治派別的研究教育組織，該組織專門研究與宗教價值相關的政治問題，並對各種不同的主題進行民意調查。

27 為一家交通網路公司，總部位於美國加州舊金山，以開發行動應用程式連結乘客和司機，提供載客車輛租賃及媒合共乘的分享型經濟服務。

增長快於正式全職員工。在二〇一八年，一三・三%的勞動力是臨時工，比一九九八年增長一一・八%。加拿大中央銀行估計零工經濟代表大約七十萬全職職位者三・五%的勞動力。透過零工經濟來節約勞動力成本的企業，眼下在商業模式上正面臨嚴重威脅。

二〇一九年，美國加州參議院通過了一項具有重大意義的法律《眾議院第五號法案》（*Assembly Bill5*，簡稱AB5），禁止零工經濟公司（比如網約車、外送、自由快遞員等行業）將靈活提供服務的人員作為外包工。

據報導，加州參議院的這一新法律，源自二〇一八年加州最高法院的一項裁決。當時法庭裁決稱，如果員工的勞動由公司雇主控制，則應該被視為全職員工，而不是獨立外包工。在過去多年時間裡，以網約車司機為代表，一些從業者認為自己的薪資太低，沒有什麼福利，希望互聯網公司能夠提高薪資，承擔自己車輛的一些營運費用。優步和來福車的網約車司機也舉行了一些抗議活動。

優步是全球規模最大的零工經濟企業之一，獨立外包工正是零工經濟所派生的新型僱傭關係，該公司過去幾年也遭遇過多起關於合約工身分的訴訟，但都得以全身而退。雖然支付了和解費用，但其商業模式均未受損。不過，《眾議院第五號法案》卻令加州總檢察長，及各市檢察官可以起訴相關企業，並在發現被告對員工進行錯誤歸類後強制其暫停營業。巴克萊（Barclays）分析師二〇一九年估計，如果被迫將加州司機重新歸類為雇員，可能會使優步的年度成本增加五億美元[28]。優步及其他零工經濟企業都在透過投票措施改變該法，而且努力透過談判與勞動領袖和立法者達成協議，希望以合法途徑修訂這部法律。

無法成為「社畜」

坐落在日本南阿爾卑斯山脈的深處、富士河源頭的溫泉家族企業慶雲館，是金氏世界紀錄中最古老的旅館，已經走過了一千三百多年的歲月，傾注了家族五十二代的心血。

慶雲館第五十二代傳人深澤雄二接受媒體採訪時曾經說道：「感覺困難的時候該做的不是放棄，反而要再嘗試，今天跟昨天比，明天跟今天比，絕對不能輸。無論環境怎麼變化，慶雲館有些東西不能變，我想在守護祖先傳承下來的財產的同時，更好的適應時代，讓慶雲館更好的存活[29]。」

日本傳統溫泉的工作人員多是當地年長的勞動者，但是這家擁有千年歷史的旅館裡，十三名客房服務人員中，九位是二十多歲的女性，連客房部的主管也才三十三歲；全部四十三名員工中，二十三人都不超過三十歲。更稀奇的是，這些年輕人多是從日本四面八方慕名而來。一九三九年出生的深澤，並不像同輩的企業管理者那樣迷信終身僱傭制，在他看來：「只有對慶雲館有感情，才能更專業的工作。所以我們選用的，是對慶雲館有愛和認可的年輕人。年輕人有向上的活力，氣氛也更開朗熱鬧。」

在傳統僱傭制度下，人生最好的歲月的一大部分在企業裡度過，個人的命運和企業的命

28 孫聰穎：〈優步「削足適履」對抗加州新規，零工經濟再遭挑戰〉，科創板日報，二〇二〇年一月十日。
29 陳文宇：〈世界最古老旅館，四成都是回頭客〉，《環球人物》，二〇一四年第二十七期。

運緊密相連。最典型便是日本。在日本經濟騰飛的一九六〇至一九七〇年代，終身僱傭制度最被廣泛的採用，當時享受終身僱傭的員工比例達到歷史最高。

日本經濟騰飛的祕密之一，一度被認為是透過年功序列制度將薪資增長、職位晉升透過年資與技術間接掛鉤，從而為員工的技術能力的提升提供激勵。其主要特點是員工年齡越大、年資越長，熟悉程度越高、薪資也越高。日本企業中老員工的薪資約為新員工薪資的三倍，終身僱傭者的薪資約為臨時僱傭者的一．四一倍。如果員工經常跳槽，一切就會從零開始，所以日本企業的員工不會輕易跳槽。

這在穩定基本員工團隊、緩解勞資矛盾、增加職工對企業的向心力等方面，發揮了積極作用。員工由於享有職業穩定的保障，對於企業引進新的生產工藝和設備的排斥就會較小。這確立了日本企業的技術密集型的發展導向，為整個日本經濟的高效、持續、創新發展奠定了基礎。

不過，終身僱傭制並不代表企業不能解僱員工，在一九七〇年代，日本企業裡開始出現「窗邊族」。那些在職場內不受重用的職員，經常會被安排坐在窗邊的角落位置。他們不被安排任何工作，連辦公桌和辦公用品都要被撤去，也不被允許做自己的事情，例如閱讀書報等，只能無聊的盯著窗外。好面子的日本員工可能會因羞愧和厭煩而自動離職。企業希望以這種迂迴的方式達到解僱員工的目的。

進入一九九〇年代後，日本經濟增長停滯，以及新生代工人對終身僱傭認同的降低，使得終身僱傭制度在一九九〇年代左右開始變革。有學者分析發現，從一九九〇年代中期到二〇〇八年，大公司（無固定期限雇員一千人以上）的大學畢業生中，二十五歲至三十四歲工人的終身僱傭比例下降了約二〇%。

事實上，在日本，長期以來存在正式員工和非正式員工兩類勞動者，兩者存在「同工不同酬」問題。由於經濟長期不景氣，許多日本企業為了繼續維持這種對正式員工有利的制度，不得不在招募新人時大量僱用非正式職員，這使得非正式職員人數連年遞增，到二〇一〇年前後，非正式員工占勞動力總數約四〇%，其與正式員工在福利待遇、薪資水準、醫療保險等方面差距明顯。正式員工的待遇以年齡、學歷、年資等為基礎，大都為終身僱傭制；非正式員工的薪資和福利較差，與企業簽署短期合約，工作不穩定。

那些失去長期僱傭合約的中年人，許多淪為「麥當勞難民」。據報導，日本許多打零工者長期居住在網咖。這些人付不起房租，吃便利商店的便當，而網咖一個小時只收一百日圓（約新臺幣二十五·六元，日圓與新臺幣的匯率約為一比〇·二五六元）。但自從麥當勞開始通宵營業，他們有了更好的選擇：一個漢堡僅八十日圓，一杯咖啡也只需一百日圓，還可以無限續杯。換言之，在店裡過一夜最多才花一百八十日圓。由於符合便宜和能夠睡覺的需要，麥當勞成為千千萬萬個人過夜的場所[30]。

據報導，日本厚生勞動省在二〇一八年推動法律的修訂，目前議會已就相關議案進行討

30　蔣豐：〈日華媒：日本「麥當勞難民」大量湧現顯僱傭制弊端〉，中國新聞網，二〇一三年一月二十八日。

論，計畫在未來十年完成勞動力市場的改革，其中計畫在二〇一八年至二〇二〇年實施廢除終身僱傭合約的相關法律，在二〇二一年至二〇二四年逐步實施設定加班上限的相關法律，在二〇二二年前後實施「同工同酬」的相關法律等[31]。

真正瓦解終身僱傭體系的是日益殘酷的競爭，直接縮短了企業的存活時間。今天，我們也越來越難與一家公司長期同生同死。

美國《財星》（*Fortune*）雜誌的統計資料顯示，美國六二%的企業壽命不超過五年，只有二%的企業能存活五十年。另外，貝塔斯曼（Bartelsman）等人透過對十個經濟合作與發展組織國家的資料分析發現：二〇%至四〇%的企業在最初兩年之內就會退出市場，四〇%至五〇%的企業可生存七年以上，在一年之內有五%至一〇%的企業離開市場。

根據中國國家工商總局在二〇一三年發布的《全國內資企業生存時間分析報告》，從二〇〇八年年初至二〇一二年底，五年內全中國累計退出市場的企業共計三百九十四·二三萬戶。其中，三類行業構成企業退出市場的主體：批發和零售業企業數量最多，達到一百四十二·八四萬戶，占退出市場企業總量的三六·二%；其次是製造業六十七·四三萬戶，占比一七·一%；租賃和商務服務業居第三位，占比九·七%[32]。

在互聯網行業，企業的生命週期更是被按下快轉鍵，中國互聯網企業成為獨角獸（估值超過十億美元的創業公司）平均花費四年，而美國企業則要花費七年。與成名快形成對比的是企業存活率低：團購網站二〇一一年數量達到五千家，之後三年驟減至兩百家；P2P網貸平臺二〇一五年數量達到三千四百家，之後一年降至兩千三百家[33]。

根據標準普爾五百指數（S&P500），一九六〇年代大企業的最長平均壽命為六十一年，到二〇一七年只有二十五年。由於使企業壽命縮短的環境要素未來也將逐漸擴大，企業壽命可能會越來越短。這意味著傳統的僱傭關係，也許已經不能適應今天企業生命週期的快速新陳代謝。

零工經濟正是互聯網平臺興起下的產物，但隨著監管的不斷強化，這些平臺並不總是處於上升週期，而零工經濟也會隨之起落，從這個角度看，以優步為代表的零工經濟也在老去。後起商業模式註定還會在未來誕生出零工經濟的三·〇版。

31 劉紅：〈日本啟動勞動力市場改革〉，《金融時報》，二〇一八年八月十四日。
32 龔雯、有之炘：〈近六成企業平均壽命為五年，生存危險期為第三年〉，新華網，二〇一三年八月九日。
33 〈成獨角獸僅需四年互聯網公司為何成名快倒閉也快？〉，《工人日報》，二〇一七年十月十二日。

03 你的人借我用，疫情催生出「共享員工」

曾經無限風光的共享經濟先鋒們，如今也開始對員工揮舞裁員之刀。

二〇二〇年四月，優步在提交給美國證券交易委員會一份文件中提到，計畫裁掉三千七百名全職員工，約占其全球員工總數的一四％，這已是該公司上市以來第四次裁員，但此次裁員人數是此前三次累計的三．五倍。此外，優步執行長達拉．科斯羅薩西（Dara Khosrowshahi）也宣布放棄該年剩下的薪水。優步稱受新冠肺炎疫情影響，優步在美國一些城市的訂單數下降了近七成，而根據數據分析公司 Superfly Insights 的數據顯示，疫情暴發後，優步在美國的訂單量下降了九四％，優步的股價也下跌了近一半。

優步的主要競爭對手來福車也宣布將裁員一七％，近一千名正式員工將離職。來福車還將進行為期十二週的降薪，從五月開始，高階主管領導層降薪三〇％，副總裁降薪二〇％，其他所有「豁免員工」降薪一〇％。雖然市場巨大，但優步和來福車這對難兄難弟，至今仍未盈利，二〇一九年兩家公司的虧損額都在十億美元以上[34]。

另一個共享經濟模範生 Airbnb 一度被認為是矽谷財務狀態最好的公司之一，在新冠肺炎疫情期間也度日維艱。Airbnb 執行長布萊恩．切斯基（Brian Chesky）在二〇二〇年時預計公司的收入可能趕不上二〇一九年（約四十八億美元）的一半，所以裁員一千九百名員工，占其員工總數的四分之一以上。不過，被遣散的員工可獲得一百四十五週的薪水，每工作一年將再增加一週的薪水，過去一年僱用的員工，將為他們刪除必須待滿一年才能取得股權的限制。如此一來，所有離開的員工，不管他們待了多久，都可以成為 Airbnb 的股東，並對美國員工提供額外一年的健康保險。

切斯基在此前發出的一份內部郵件稱「病毒是他一生中面臨的最痛苦的危機」，他特別強調，被資遣的員工並非工作做得不好，而是受全球旅行業務減少影響，公司已經無法維持之前的規模，許多團隊將瘦身。《富比士》雜誌讚揚 Airbnb 在裁員中對員工的關懷，並主張其他公司也應該學習他們人性化的做法[35]。

儘管科技行業在疫情中整體表現出了抵禦風險的能力，但共享經濟在疫情中普遍遭受巨大衝擊。二〇二〇年四月，網路女王瑪麗·米克（Mary Meeker）發布的年度網路趨勢報告稱：「近年來優步、來福車和 Airbnb 等創新企業，為全球按需服務市場創造了數百上千億美元的市場，但這些業務在疫情中受到了沉重的打擊。」

不過共享經濟在中國又萌發了一個新的物種：共享員工。

34 Andrew J. Hawkins, Uber lays off 14 percent of its workforce in COVID-19-related cost-cutting, The Verge, May 6, 2020。

35 Khalil Smith, What Airbnb Got Right About Announcing Layoffs, Khalil Smith, Forbes, May 6, 2020.

員工如何「共享」？

「今天的主要工作是從倉庫揀貨，然後擺上架。」二〇二〇年三月十二日，在成為家樂福成都八寶街店，和溫莎ＫＴＶ成都門市「共享員工」半個月後，劉林在超市做事的熟練程度已不遜於正式員工。在八寶街門市，劉林經過面試、培訓、辦薪資卡後上工，工作時間一般每天八小時左右。

據《四川日報》報導，在家樂福工作期間，ＫＴＶ方負責給劉林發基本薪資，並購買社會保險，而家樂福按每小時十七．八元標準計算兼職薪資。在借出員工時，ＫＴＶ和共享的商超[36]簽訂了共享員工協議，員工必須持有健康證，在面試合格後也分別和商超簽訂了兼職協議，還特別請律師對協定的合法合規性進行了審查：「員工在工作期間，因工在工作地點受到傷害，由甲方（商超）負責[37]。」

此前一個月，成都市電子商務企業協會、成都市食品商會等發起共享員工招工令，向有無薪假員工的企業發出合作邀約。三天時間收到五百份簡歷，蘇寧易購電商平臺就要走了一百五十多人。「前來應徵的有網約車司機、個體從業者、餐飲服務員等。」成都市電子商務企業協會祕書長吳蕾介紹說。

另據零售企業沃爾瑪統計，沃爾瑪在四川與鄉村基餐飲有限公司、音樂派ＫＴＶ、大米先生等企業合作，共享員工模式已在成都、樂山、遂寧等地門市落地。截至二〇二〇年三月中旬，沃爾瑪全國門市已入職共享員工超過五千人；成都盒馬鮮生的資料顯示，成都十四家門市在月初迎來超過三百名共享員工，他們主要在盒馬的前場和後倉從事打包分揀類工作。成都只是共享員工興起的一個縮影。二〇二〇年農曆春節後，可能是最近半個世紀以來，餐飲、酒店等服務行業遭遇的最艱難時刻。

作為中餐龍頭企業老闆，西貝董事長賈國龍在接受媒體採訪時大吐苦水：「算來算去最大的一個變數就是人事費用。但是國家政策規定，這些人假期都是要有薪水的，我們也認，而且我們身為一個負責任的品牌也想對員工好一點。但這樣短期沒問題，長期是扛不住的。我們一個月薪資發一．五六億，兩個月就三億多，三個月就四、五億了。哪個企業儲備那麼多現金流？[38]」

受新冠肺炎疫情影響，許多餐飲企業被迫歇業，即使開業的餐廳大部分收入來源也是外帶業務，因此如何解決現階段餐飲行業無薪假員工的收入問題，變得棘手起來。疫情暴發後，海底撈的市值相較於高位時，跌了將近三百億港幣（約新臺幣一千零八十三億元，港幣與新臺幣的匯率約為一比三．六一元）。而剛上市不久的餐飲集團九毛九也是一路下滑。賈國龍也後悔當初沒有選擇上市。恒大研究院二〇二〇年一月三十一日發布的《疫情對中國經濟的影響分析與政策建議》，估算餐飲零售額光二〇二〇年春節七天就有五千億元的損失。

36 商場裡的超級市場。
37 〈疫情過後，「共用員工」會成為常態嗎？〉，《四川日報》，二〇二〇年三月十七日。
38 田牧：〈西貝賈國龍：疫情致兩萬多員工待業，貸款發薪資也只能撐三月〉，投中網，二〇二〇年二月一日。

餐館無人問津的同時，生鮮電商的訂單紛至沓來，遠遠超出日常負荷。據中國網路產品競爭分析平臺易觀千帆統計，春節疫情期間，各大生鮮平臺訂單均比同期大幅增長，成交額均比同期增長二〇〇%以上：京東到家糧油副食以及肉品成交額，比同期增長均超過了七〇〇%；多點 mall 在一月的成交總額創新高，超過了四十二億元；盒馬周活躍人數首次突破千萬。但生鮮電商也面臨一個前所未有的難題：一方面是需求增加，訂單暴漲；另一方面是人員短缺，交通阻塞。疫情為生鮮平臺帶來特殊機遇，也對其商品供應以及配送運力造成嚴重考驗。

海底撈賦閒的員工、盒馬無法滿足的訂單，最終促成了共享員工的創意。據人民網報導，春節期間，盒馬全國門市在職員工只有七〇%，不少一線員工犧牲掉了原本正常的排班和休息，但是仍難以面對激增的訂單需求，員工缺口仍有六千人左右。在此背景下，盒馬最早提出了向暫時歇業的餐飲企業「借調」無薪假員工的想法。

透過北京商委和烹飪協會，盒馬找到雲海餚，雙方當場達成協議，次日便開始有員工陸續到盒馬上班了，借調的員工主要從事店內排面整理、倉庫整理、打包整貨等業務。兩天，盒馬就從雲海餚、青年餐廳等處招募了近五百名員工[39]。此後，沃爾瑪、生鮮傳奇、京東、蘇寧、聯想等企業也相繼跟進，推出類似的共享員工措施。

不過一週時間，共享員工模式已從商超與餐飲業，發展到物流和製造業，從一線城市向二、三線城市擴展，但各地模式各有不同。

以浙江寧波為例，三江購物在「求租」餐飲企業員工時提出，餐飲企業員工過渡到三江購物上班期間，三江購物和餐飲企業簽訂臨時勞務合約，由三江購物負責員工體檢、支付勞務報酬、為員工購買商業保險，疫情結束後，員工歸還餐飲企業；寧波三星醫療電氣股份有限公司和轄區相關酒店對於共享員工的約定，則是員工社會保險由原酒店參保，員工「共享」到三星公司期間，計時結算薪資，員工在途交通由三星公司負責派車接送，為防止意外，為員工購買商業意外險，等疫情好轉酒店復工後，共享員工有留在三星公司或者回酒店的自主選擇權；在奉化區，共享員工推進中，用工風險問題則得到了工傷保險的兜底[40]，當地人社部門為共享員工提供了單獨工傷保險的管道，即原單位已為員工繳納五項社會保險的，第二家臨時聘用單位可單獨為這些職工購買工傷保險[41]。

是權宜之舉還是未來趨勢？

作為非常時期的非常舉措，共享員工是共享經濟衍生出的一種新形式，也是「靈活用工」在當下的一種補充和體現。據中商產業研究院統計，二〇一九年包括共享員工在內中國靈活用工行業市場規模近五百億元，二〇二〇年受新冠肺炎疫情的影響，市場規模仍保持高

39 王政淇、馬昌、劉融：〈記者調查：盒馬「借兵」一千八百人「共用員工」抱團戰「疫」〉，人民網，二〇二〇年二月十二日。

40 保證負責。

41 〈期待疫情下的「共用員工」模式走向常態化〉，《寧波日報》，二〇二〇年三月二十三日。

速增長的水平，預計到二〇二五年這一規模將突破一千六百億元。

中國人社部大體上也肯定了共享員工模式。據中國新聞網報導，人社部在二〇二〇年二月二十一日表示，當前，一些缺工企業與尚未復工的企業之間實行共享員工，進行用工餘缺調劑，一定程度上提高了人力資源配置效率[42]。

但人社部同時也強調，共享員工不改變原用人單位和勞動者之間的勞動關係，原用人單位應保障勞動者的薪資報酬、社會保險等權益，並督促借調企業提供必要的勞動保護，合理安排勞動者工作時間和工作任務，保障勞動者身心健康。

合作企業之間可透過簽訂民事協議明確雙方權利義務關係。原用人單位不得以營利為目的借出員工。原用人單位和借調單位均不得以共享員工之名，進行違法勞務派遣，或誘導勞動者註冊為個體工商戶以規避用工責任。

隨著中國疫情的緩解，企業復工復產，共享員工陸續回到原單位。成都盒馬鮮生和雲海餚、蜀大俠、柴門、亞朵、探魚等單位合作了近一個半月，截至二〇二〇年三月十三日，成都盒馬鮮生還在職的共享員工剩下不到三分之一。對於後疫情時代，共享員工模式是曇花一現還是新常態的問題，各方看法並不一致。

浙江大學公共政策研究院客座研究員夏學民建議，可以從現在開始探索共享員工模式的常態化。比如有關部門牽頭建立空閒勞動力庫，採取線上線下相結合的方式，精準查找區內空閒勞動力資訊，建立相關就業需求庫，同時分類收集相關企業的用工需求，針對求職人員的意願進行有效媒合和適配。

不過，業界也有不同的聲音。上海江三角（寧波）律師事務所主任、合夥人律師李昊表示，目前大部分共享員工用工模式採用的是各自談判的方式，在相關法律框架下尋找臨時解決辦法，尚不適合大規模、常態化的進行。這一新模式的常態化發展，還需要對共享員工模式中雙方企業及勞動者之間的法律關係、勞動社會保險政策等予以釐清，以減輕對接難度，幫助企業避免法律風險[43]。

經濟常態化運行之下，共享員工模式難以大範圍持續。從僱傭方式和商業模式上看，共享員工和原來的服務外包或職位外包的模式相同。這些原來由人力資源公司，或協力廠商平臺來提供服務外包的業務，因為疫情防控這一特殊情況，由企業雙方自己完成。不過不管怎麼說，共享員工仍然為一些人提供了難得的工作機會，一如疫情不會是常態一樣，共享員工的繁榮更是因勢而生。

42　李金磊：〈人社部回應共用員工：不得以營利為目的借出員工〉，中國新聞網，二〇二〇年二月二十一日。

43　〈期待疫情下的「共用員工」模式走向常態化〉，《寧波日報》，二〇二〇年三月二十三日。

04 斜槓青年，不得已的跨界

瑪希・艾波赫（Marci Alboher）影響了一波人。

這位美國專欄作家在二〇〇七年出版的暢銷書《雙重職業》[44]提出了「斜槓人生」的概念，鼓勵職場人不要滿足於專一職業的工作模式，而要選擇有多重職業及身分的生活，這也被視為對抗職場倦怠的一劑良藥。瑪希・艾波赫的工作主要圍繞文字和傳播知識，她本人就是這一概念的力行者：作家／記者／演說家／講師。

理論上，「斜槓」意味著你可以用不同的身分和屬性定義自己，而不再單一被社會、他人定義。我們的父執輩身分相對固定，受到其社會階層和社會角色的極大限制，但在網路社會，多重身分成為可能。

其實，斜槓職業並不新鮮，從二十世紀那些印在名片上的一長列職位資訊，到今天在領英個人介紹上用斜線標識的多重技能和職位，都是斜槓職業。

找一份工作，不如找多份收入？

我們熟悉的第二職業也是斜槓職業的一種。對於有著一份正式工作的人來說，斜槓職業的好處是很明顯的。首先它會增加你的收入。透過從事第二職業來使你的收入來源多樣化，可以提高財務穩定性，並可以幫助人們擺脫債務負擔。

在美國德州，公立學校的老師們由於年收入低於全美平均水準，所以相當多的人被迫成為斜槓教師。從一九八〇年開始，薩姆休斯頓州立大學每隔兩年，都會對其所在的德州的教師進行調查，二〇一四年的一次針對該州六萬名教師協會註冊的教師中的八百三十七位調查顯示，受訪的老師說，他們在課堂外每週平均要花十七個小時去做一些教學相關的工作，例如校務工作、打分數、備課等。

除了承受教學任務重壓之外，德州教師協會調查顯示，幾乎一半的德州教師都有暑期校外工作。八三%工作到深夜的教師希望辭去自己的第二職業，但是他們每年的薪資至少需要增加九千美元才可以支持他們這麼做。

出於個人愛好和經濟壓力，英國員警不少人做起兼職。英國《星期日郵報》（*The Mail on Sunday*）獲得的資料顯示，二〇一六年英國有執法權的員警做兼職的人數，比五年前上升了約三〇%，當下共有一萬九千七百一十一名員警做兼職，二〇一一年時這一數字為一萬四千九百一十六人。員警們兼職的內容可謂五花八門，潛水教練、婚禮策劃人、減肥顧問、攝影師、音樂人、催眠治療師……有的人乾脆直接開辦了自己的公司。以倫敦警察局為例，

44 Marci Alboher, One Person/Multiple Careers: A New Model for Work/Life Success, Business Plus, February 23, 2007.

那裡是英國員警兼職人數最多的單位，共有四千四百四十一人兼職，其中兩百二十八人當司機，六十三人當電工或水管工、四十一人當花匠、二十人當按摩師、九人當模特兒[45]。

在中國，隨著互聯網、電子商務及行動支付的普及發展，兼職平臺延伸到眾多行業，越來越多的人可以隨時隨地獲取或發布兼職資訊，特別是一些激發個人興趣、發揮潛能的自由兼職，能滿足年輕人自由支配時間，及體驗不同職業人生的願望，利用空閒的碎片時間，兼職賺取額外收入，正在成為中國人一種新的生活方式。比如體驗一款遊戲、觀看廣告影片答題、參加新品試用回饋、回答調查問卷、到附近商場尋找指定產品的條碼……打開行動終端應用，騰出幾分鐘完成任務並提交審核，就能透過協力廠商支付軟體提現、充值話費等方式獲得相應的報酬。

不過，兼職在職場人群中占比並不高。中國人力資源公司前程無憂在二〇一六年發布的《職場人兼職情況》顯示，僅有一一．七％的人坦承自己在兼職，從未有兼職經歷的人占受訪者人群的五五．三％，而明確表示不考慮兼職的人不足四％。不過，超過半數的人說，他們願意每天花費兩小時至四小時進行兼職工作。

調查中有孩子的受訪者兼職比例最低，這可能與子女撫養以及教育，占據家長較多精力和時間有關。調查還發現，學歷高者的兼職比例相對較高，這是因為熟悉線上行銷、線上支付，和善於計算互聯網平臺的各種補貼的人，更能夠獲得兼職機會。而更隱祕的利用個人的專業技能和經驗的兼職，也更傾向高學歷者。

這份報告還做了一些個案深度訪談。一位在廣告公司工作的受訪者表示生了孩子後，生活重心已經由婚前以工作為中心變成現在以家庭為中心，但為了提高自己在家裡的經濟地位，兼職做起了海外代購。「每天利用碎片化的時間發發微信，找找貨源，這個工作量還是可以接受的，且關鍵是賣的產品是自己和小孩在用的產品，賣起來比較容易上手，賣不掉自己也能用[46]。」

一名基層公務員兼職開滴滴還一度引發熱議。二〇一六年六月的一天，安徽黃山歙縣王村鎮一個副鎮長洪升前往縣城辦事時，在滴滴打車軟體上接單，開自家車載客，結果被舉報。耐人尋味的是，運管部門稱此舉屬於違規營運，縣紀委表示將依規查處，而輿論場上則呈現另一種畫風：不少媒體在報導中呼籲理解和寬容，普通網友更是一片按讚。

透過《廣州日報》採訪，我們才得知這位副鎮長的難處：「我是五月上旬才在滴滴網約車平臺上註冊為司機的，到被舉報，才做不到一個月。不扣除油費的話，大概賺了三千元吧。我的上班時間是每天上午九點到下午五點，主要是在下班時間拉客。因為收入太低，所以我每天都從早忙到晚，有時還忙到凌晨兩、三點鐘，每天只能睡五個小時[47]。」

其次，斜槓職業還能拓展你的職業技能。很多人本身擁有不同專業的學位，而在進入職場時，往往選擇了其中一個學位進入一個行業，然而其他專業能力可能會就此閒置、荒廢。

45 〈出於個人愛好和經濟壓力英國員警兼職忙〉，《廣州日報》，二〇一六年三月二十一日。
46 應丹：〈兼職比上班還掙得多？最熱門兼職中專車司機不敵代購微商〉，杭州網，二〇一五年七月九日。
47 《副鎮長開滴滴被查：當天就賺了四塊錢，我給公務員丟臉了》，《廣州日報》，二〇一八年五月二十四日。

天賦不該浪費

當前大學生就業時，很多跟所學專業並不符，據麥可思研究院發布的《就業藍皮書：二〇一九年中國大學生就業報告》，社會工作、文化產業管理、旅遊管理、園藝等科系的就業相關率都不到五〇%，也就是說，這些科系的畢業生有一半畢業後從事的，都是與大學所學專業無關的工作。這些就業相關率低的科系可以分為兩類：一類是應用方向相對較窄的冷門工科或基礎理科；另一類是技術性要求不高的人文社科，比如各種管理科系。所以，這一人群有著從事斜槓職業比較好的基礎，由於斜槓職業和學歷科系對應，很有可能展現出一定的專業度。

最後，斜槓職業也讓你的興趣愛好有機會得以施展，充實生活。中國最著名的斜槓企業家王石，五十二歲那年，在擔任萬科集團董事長期間，還再次登頂聖母峰，創下世界登頂聖母峰最高年齡的紀錄。此前，他還成功登頂世界七大洲的最高峰，成為中國首位完成這一紀錄的企業家。

梁建章在營運中國最大的線上旅行網站攜程的同時，還研究人口學：二〇〇六年，他師從素有「管理經濟學之父」之稱的愛德華．拉齊爾（Edward P. Lazear），和諾貝爾經濟學獎得主蓋瑞．貝克（Gary Stanley Becker），研究人口、創業以及中國勞動力市場；二〇一二年七月，他與十五位國內法學、人口學學者聯名簽署《停止計畫生育政策的緊急呼籲》的建議函，並正式寄送到全國人大及其常務委員會，引發了主流經濟學家對於中國人口問題的關注。

但**斜槓工作者的主流人群還是自由職業者**。在真實生活中，斜槓職業並非像社群網路由一連串職業壘砌出來的成功一樣輕巧，而是飽含許多旁人不知的艱辛。《斜槓青年》一書的作者Susan Kuang（本名曠世典），本人就是創業者／獨立個人自媒體人／專欄作者／作家／雜誌創始人，她根據自己的經驗，提出了斜槓青年如何拓寬技能護城河的幾條建議：

- **定位**。選擇做什麼有時候比單純努力更重要，利用商業畫布來問自己幾個問題，以便進行清晰的職業定位：我是誰？我擁有什麼？我能幫到誰？誰可以幫助我？怎樣和客戶打交道？怎樣宣傳自己的交付服務？我要付出什麼？我要得到什麼？
- **打磨技能**。**專注**。在確定某一個方向後，可以參考一萬小時定律，找到一個榜樣學習改進，採用專業方法進行刻意練習，自我訓練和提升，構建完整職業技能體系。
- **打造影響力**。在打磨自己的技能時，不斷的向他人提供有價值的輸出，如寫作、分享、演講、微課[48]等；當有一定的成果時，逐漸培養忠實粉絲，開始做付費分享、付費課程、付費社群。當自己感覺做得不錯時，加入其行業圈子與大V[49]成為朋友或合作，擴大影響力。

48　時間在十分鐘以內，有明確的教學目標，內容短小，集中說明一個問題的小課程。
49　指在微博上活躍有著大群粉絲的用戶。

不過，Susan Kuang 的經驗主要適用於內容產業，比如自媒體、培訓、諮詢等。在現實中，一些人在主要職業之外的斜槓職業，往往都是些觸手可及的職位。

前程無憂調查發現，兼職最多的八大工作依次是網店／代購、兼職教師、文字類兼職、專車司機、禮儀／司儀、服務員／收銀員、銷售和會計／財務。其中，六一・一％的兼職白領選擇代購／微店／淘寶，而討論熱度最高的專車司機只占到一六・八％的比例。

同時，多數受訪者對兼職收入的預期並不高。其中四一・七％的受訪者對兼職期望薪資為兩千元至五千元，三七・四％的受訪者接受每月兩千元以下的兼職月薪，低於受訪者正式工作收入的一半。這與互聯網平臺提供的大量機會密切相關。其次，由於人工規模的成本和市場競爭，類似配送、餐飲服務等工作越來越頻繁的使用非正式雇員，以降低管理和社會保險成本。

據義大利自由職業者聯合會 Acta 的統計，在義大利，八〇％的自由職業者可以歸入斜槓族，二〇一七年該國有超過五百三十萬自由職業者，占總工作人數的五分之一（據歐洲統計局資料，同期，整個歐洲從事自由職業在整體就業人群占比一五％），其中在那些擁有大學文憑的自由職業者中，有高達二〇・二％的人持有博士文憑。義大利年輕人許多也是被迫成為斜槓族，一份工作已經難以支撐生活。Acta 的調查研究顯示，七五％的斜槓族年收入為三萬歐元，而另有二三％的斜槓族的年收入尚且不足一萬歐元[50]。

不過，成為斜槓族並不完全是迫於經濟壓力。德國人非常重視家庭，現時仍有很多父母想專注在家照顧小孩，而成為斜槓族的一員便於留家的父母（多數為母親）能更自由的安排時間陪伴小孩，不必受全職工作的束縛之餘，亦能遷就孩子的日常作息時間。斜槓族成為幫助當地人專注家庭的一個解決方法。

同時，如今的青年重視工作與生活的平衡，尤其是自己的私人時間甚為寶貴，故當地的年輕一代也會選擇成為斜槓族，以較為個人化和彈性大的工作時間表，為自己的生活留一絲喘息的空間。

50 https://www.morningfuture.com/en/article/2019/01/02/slash-workers-freelance-work/509/.

05 居家辦公，看上去很美

我們被病毒一腳踹進了未來。

二〇二〇年的春天，為了阻斷新冠病毒傳播，保持社交距離成為各國強制規定。從騰訊、阿里巴巴等大型互聯網公司到大眾、百勝等跨國巨頭，紛紛發布通知要求員工在家遠距辦公。

在農曆春節的兩週後，從騰訊會議到釘釘，一堆辦公應用的下載量達到歷史最高峰。艾媒諮詢資料顯示，二〇二〇年新春復工期間，中國有超過一千八百萬家企業採用了線上遠距辦公模式，共計超過三億用戶使用遠距辦公應用。

疫情在歐洲、北美迅速蔓延，亞馬遜、谷歌、微軟等美國公司也要求員工在家辦公。

至此，一直被業界鼓吹的遠距辦公不期而至。然而，在經歷了最初幾天的新鮮感之後，很多人發現，遠距辦公並不是有一部電腦就萬事大吉，它遠沒有想像的美好。就連軟體公司Automattic的執行長馬特·穆倫維格（Matt Mullenweg）都在其部落格中寫道：「這不是我想像的分散式工作革命的方式。」畢竟，「即使在像Automattic這樣的遠端友好公司中，我們也要依靠面對面的團隊聚會和會議，來加強我們的聯繫並完成工作[51]」。

技術難題易解

最開始人們遭遇了一些技術上的麻煩。

節後遠距辦公第一天，釘釘「崩潰」、企業微信「斷片」，成了許多媒體的頭條新聞，想必這些撰寫報導的記者也是它們產品的使用者。在接入遠端會議時，絕大部分員工絕不會因卡頓而憤然離去，除非對職業規畫另有謀算，他們不像對待影片、遊戲和新聞頁面延遲時那樣決然離開，相反的，他們還是會老老實實的待在螢幕前，關掉美顏、關掉背景模糊，節約流量，等待恢復正常。

面對鏡頭裡的同事，他們依然會面帶微笑。為了應對突如其來的遠距辦公流量洪峰，巨頭們都紛紛擴大通信設備的容量，幾何式的加大了對線上辦公的投入：從一月二十九日開始到二月六日，騰訊會議日均擴充雲端主機接近一．五萬臺，八天總共擴充超過十萬臺雲端主機；阿里雲截至二月十三日則是陸續擴充了將近十二萬臺雲端伺服器，卡頓的現象很快得以解決。

熱門應用節節攀升的用戶數，也見證了遠距辦公的繁榮：截至二〇二〇年二月十一日，AppStore 免費排行榜中，阿里釘釘仍然穩居單日下載量第一，迎來了史上的最風光的時刻。而雲辦公全家桶服務，包括企業微信、騰訊會議、騰訊文件、騰訊樂享、TAPD 騰

51　部落格內容詳見：https://ma.tt/2020/03/coronavirus-remote-work/。

訊敏捷協作平臺等也得到了巨大曝光，此外，騰訊學堂則攀升到了 AppStore 免費排行榜第三名。

與中國相比，美國線上辦公市場發育得更成熟。根據前瞻產業研究院引用資料：二〇一七年，美國超過八成企業引入了遠距辦公制度，已有三千萬人在家中遠距辦公，占美國工作人口的一六％至一九％。但在疫情防治期間，他們也遭遇過網路延遲卡頓。

住在美國加州帕洛阿爾托的德雷克・潘多，當他和妻子開始在家遠距辦公時，只要兩個小孩線上學習或是觀看線上電影，他就無法接聽視訊電話，也沒辦法發送大尺寸電子郵件附件。他索性關閉家裡的 Wi-Fi，用一段長達二十三公尺的網路線，將電腦和路由器直連，網路速度才有所改善。

據統計，全美約有九三・七％的人口，都能在常住地附近找到穩定的網路服務提供者，但仍有兩千一百三十萬美國人無法有效連網。專業媒體 Broadband Now 卻質疑該資料，他們根據實際調查給出了自己的估算，認為全美至少有四千兩百萬人無法順利接入互聯網，一些農村地區的偏差更為明顯[52]。

二〇二〇年三月十六日，英國首相鮑里斯・強森（Boris Johnson）呼籲人們在家辦公。次日早上九點開始，英國各地的人們陸續發現自己不能打電話、發簡訊和上網，英國四大電信營運商EE、沃達豐、O2和3全部出現服務故障。

根據英國網站 Downdetector 公布的資料，故障多發地點主要在倫敦市和英格蘭西北部地區。為了保證網路快速穩定，歐盟內部市場和服務專員蒂埃里・布雷頓透過推特呼籲，盡可能觀看標清影片而不是高清影片[53]。

在家心結難破

但長時間悶在家裡也讓人變得孤立、難受，ＳＯＨＯ的夢想開始破裂。

並不是每個人的家裡都有一間安靜的書房，而且許多家庭並沒有辦公用桌椅，長時間窩在沙發上容易出現腰酸背痛等情況。《紐約時報》專欄作家凱文・羅斯就只能把自己餐廳的一角改裝成了臨時辦公區，開始了遠距辦公生活。

還有專業裝修人士建議，可以把陽光、通風俱佳的陽臺改造成臨時辦公室，如果沒有陽臺，則可以選擇把辦公區安排在客廳的窗戶一側。如果客廳空間不便做工作區，或者壓根也沒客廳，那就考慮將臥室空間劃分出一塊，作為辦公區使用。為了在視訊會議中把居家辦公環境呈現得更好，人們需要挖盡心思找到最合適的一角辦公。

日本作家青樹明子是資深ＳＯＨＯ族，她之前曾撰文吐槽家裡沒有完善的工作環境：

---

52 貢曉麗：〈遠距辦公＋線上學習，歐美國家寬頻不夠用，還有四千兩百萬美國人沒網〉，天下網商，二〇二〇年三月十九日。

53 標清（Standard Definition），是物理解析度在 720p 以下的一種影片格式。720p 是指影片的垂直解析度為七百二十線逐行掃描。具體的說，是指解析度在四百線左右的ＶＣＤ、ＤＶＤ、電視節目等「標清」視訊格式，即標準清晰度。而物理解析度達到 720p 以上則稱作為高清（High Definition）簡稱ＨＤ。關於高清的標準，國際上公認的有兩條：影片垂直解析度超過 720p 或 1080i；影片寬縱比為十六比九。

辦公室裡的環境最適合工作。桌子和椅子都是為辦公而設計的，大都符合人體工學，即使長時間伏案工作也不會感到累。在家裡就不一樣了。使用家裡的桌椅工作，容易出現腰酸背痛等情況。不僅如此，筆記型電腦的螢幕也比較小，工作時會感覺眼睛疲勞。家裡沒有用來開視訊會議的攝影鏡頭。沒有用來開視訊會議的空間。也沒有印表機。打算居家辦公的話，光是準備這些設備就是一大筆開銷。我一直在家工作，所以準備了兩臺電腦。但奇怪的是，兩臺電腦說壞就會一起壞。印表機也一樣。雖說需要避免外出，但不出去購買這些設備，就無法工作[54]。

對於有孩子的家庭來說，居家辦公，有太多可以分散你精力的狀況發生。BBC就曾報導了這樣一個故事：

當伊恩．懷特二〇一六年十一月開始在倫敦的家裡辦公時，他以為自己找到了理想的模式。這樣一來，他既能陪在兩個月的孩子身旁，還可以為新成立的 British Business Energy 公司工作，那是一家專門幫助企業客戶比較電力和煤氣供應商費用的公司。他在格林威治區有一間兩個房間的房子，他在裡面擺了一張餐桌，於是就開始幻想把奶爸和老闆兩個角色集於一身的美好生活。但實際上，他最終一個角色都沒能扮演好。兩個月後，他試著把孩子送到全天制的托兒所，而他本人則重新回到餐桌旁工作，以為這樣就萬事大吉了。然而，房子維修、日常瑣事和快遞信件卻總會不期而至，分散他的精力。一個月後，懷特明白他無法在家裡獲得足夠的生產力。於是，他在倫敦橋附近的聯合辦公場所裡租了一張桌子。這一次，他終於回到正軌。

更多人不太適應在家的慵懶氛圍。就像凱文・羅斯在專欄中吐槽的那樣：「穿著運動褲，洗手消毒液就在手邊，時不時的吃兩口我的緊急口糧配給，也就是零食。我完成了很多工作，但由於缺乏刺激，我開始感到不安。我已經有幾個小時（或是幾天）沒有與任何非親非故的人面對面互動了，幽閉煩躁開始襲來。」

一些管理者也不適合居家辦公。這次的居家辦公，並不是企業的主動選擇，而是為了應對疫情被迫採取的措施。據《日本經濟新聞》報導，在日本，無論是公司還是個人，都是在沒有完全做好心理和其他準備的狀態下，啟動了居家辦公。

開發人事評估系統的明日之團公司（ashita-team）對一百五十名管理職位的人員進行了網路調查，調查發現，三一%的管理人員表示「因沒有人與人的交流而感到寂寞」，另一方面，身為部屬的普通員工則大都表示「因沒有人際關係壓力而感到輕鬆」，雙方形成巨大反差。調查人員指出：「普通員工可以集中精力提高生產效率，管理人員卻無法進行業務要求和確認，感受不到成果。」還有七四%的管理人員稱，居家辦公期間對部屬的人事評估「比到辦公室上班時困難」[55]。

54 青樹明子：〈居家辦公為何讓日本上班族困惑〉，日經中文網，二〇二〇年四月二十七日。
55 〈日本三一%管理人員因部屬居家辦公「感到寂寞」〉，日經中文網，二〇二〇年五月六日。

素以勤奮聞名的德國人，對於居家辦公的支持率並不太高。據統計，德國的勞動力大約三千兩百萬，在疫情防治期間有八百萬人在家工作，這意味著德國勞動力的四分之一都實現了Home of ce，而在疫情暴發之前，只有一二%的勞動力在家工作[56]。

一份研究報告顯示，只有二〇%的德國員工更願意在家辦公，剩下八〇%的人希望每天都在辦公室工作。這一資料是與歐洲整體的趨勢背道而馳的，在北歐、法國、英國和盧森堡等國，大約五分之一的人在家工作，而在冰島，這一比例高達三分之一。對此，德國勞工部門的解釋是「或許德國人更注重團隊精神，喜歡在一起工作」。

效率因人而異

關於居家辦公的效率問題，目前尚無定論，更多是因人而異。中國青年報社社會調查中心對一千九百二十六名上班族進行的一項調查顯示，比起在公司辦公，三八．二%的受訪上班族認為在家辦公效率更低，一六．九%的受訪者認為在家辦公效率更高，二三．七%的受訪者認為兩者效率差不多。在家辦公支援條件方面，調查中，六六．四%的受訪者認為需要功能完善的辦公平臺和軟體，六四．〇%的受訪者認為個人需要足夠自律，確保按時完成工作任務，六一．七%的受訪者認為需要安全高效的資訊傳輸管道[57]。

零點有數科技公司，針對中國三十一個省區市的四千八百五十位受訪者的調查研究顯示，新冠肺炎疫情防治期間，上班族採用遠距辦公進行工作較為普遍，其中大、中型企業受訪者對遠距辦公的使用比例更高，分別為七七・五%和七九・五%。互聯網行業、金融業和文化娛樂服務行業從業者的遠距辦公比例均在八〇%以上，高於其他行業。

遠距辦公的受訪者中，有八三・一%表示遇到過問題，其中最大的問題是工作效率變低（三三・七%），接下來依次為家裡網路不好（二四・五%）、遠距辦公系統不夠成熟（二二・八%）、工作品質變差（一七・八%）、每天工作時間更長（一六・一%）等[58]。

保障居家辦公的勞動權益在一些國家也被提上日程。德國勞工和社會保障部部長胡貝圖斯・海爾（Hubertus Heil）稱，德國採取疫情應對措施後，居家辦公者比例從疫情前的一二%升至二五%，他打算二〇二〇年下半年向議會提交法案，使民眾在疫情結束後仍能擁有在家上班的權利，能選擇完全在家或一週中數天在家上班。「希望在家辦公，且工作性質允許這樣做的人應該能在家辦公，即使新冠肺炎疫情結束後也如此，」海爾說：「這場疫情讓我們看見，許多工作可以在家做。」

不過，德國雇主協會聯合會執行長斯特芬・坎彼得沒有對這類法案表示支持。他說，必須以企業利益和客戶要求為主，「我們需要減輕負擔，而不是用更多要求限制發展和靈活性[59]。」

---

56 楊子江：〈八百萬人居家辦公，更專注更高效？〉，《體壇週報》，二〇二〇年四月三十日。

57 周易：〈在家辦公你效率如何〉，《中國青年報》，二〇二〇年二月二十六日。

58 楊雨奇：〈調查：疫情期間上班族遠距辦公普遍工作效率待提升〉，中國新聞網，二〇二〇年二月二十九日。

59 惠曉霜：〈德國勞工部長擬提法案保障居家辦公〉，新華網，二〇二〇年四月二十八日。

在日本，居家辦公給企業增加了額外成本，這讓人難以想像。根據日本第一生命經濟研究所的估算，要讓員工居家召開網路會議，從初期費用來看，平均每家公司每年需花費約四百九十萬日圓。基於正式員工的遠距辦公比例（約二八%）和法人企業統計調查等，第一生命經濟研究所估算出，日本國內企業在居家辦公方面每年總計要投入一．三兆日圓。

「沒想到要花這麼多錢。」東京都墨田區一家金屬加工企業的總務負責人在接受《日經新聞》採訪時感嘆。最近該公司把約五十名員工中的十人改為居家辦公，需要租借帶回家使用的個人電腦，並補貼居家時的通信費用。為提高資料處理能力，還準備設置伺服器，但需要「花費超過一百萬日圓」。該負責人對這筆費用遲遲下不了決心[60]。

但更多管理者可能會延續疫情防治期間的做法。二〇二〇年三月三十日，顧能公司對三百一十七名首席財務長和財務主管進行了調查，七四%的受訪者表示，在疫情之後會將至少五%的現場工作員工轉移到永久的遠端職位。遠端工作是高級財務領導人創造性成本節約的一個例子，目的是避免更嚴重的裁員，並將對營運的負面影響降至最低。

顧能公司的業務副總裁亞歷山大．班特（Alexander Bant）表示：「大多數首席財務長認知到，技術和社會的發展使得遠端工作，比以往任何時候都更適用於更多不同的職位。從財務職能來看，九〇%的財務長此前預計他們的會計結算過程受到的干擾最小，幾乎所有活動都可以在異地執行。」

與此同時，雲罷工已經出現。

二〇二〇年四月二十三日，都靈 Scai Finance 互聯網公司在家辦公的員工們，舉行四小時的線上罷工。義大利今日網報導，此前，Filcams-Cgil 工會與都靈 Scai Finance 公司就停工補貼問題進行了談判。工會代表們在一份聯合聲明中指出，社會保險局的停工補貼申請已經開放五個星期了，但該公司只為一百六十名員工中的二十四人申請了該補貼。此外，公司採取輪班制度，員工減少了工時，薪資也相應減少了。綜上，工會要求該公司應發放補償金給員工。最終，該公司與工會未能達成一致。一百六十名居家辦公的員工，決定在四月二十三日進行四小時的線上罷工。

可以預見的是，隨著疫情的平復，居家辦公將暫別高潮。

60 中藤玲：〈居家辦公給日企帶來每年一．三兆日圓負擔〉，《日本經濟新聞》。

06 數位遊民的理想與現實

「到快樂的地方去工作，你的技能比護照更重要。」

人力資源網站 Jobbatical 不僅口號聽起來悅耳動聽，更關鍵的是，所提供的就業職位也深得ＩＴ自由職業者的歡心。

這些工作機會都是全球性的，遍布美國、歐洲、亞洲，大都是為期三到六個月的短期項目，恰好也是環球旅行者在一個陌生城市新奇感的上限。

比如馬爾他一家客戶行銷網站在徵首席網路工程師時，強調可以「住在地中海溫暖的島嶼，一年四季都有好的天氣」；優步在科羅拉多州博爾德計畫招募一個專案軟體經理，稱這裡的綜合生活成本比舊金山低一六％，不過這聽上去好像並沒有低太多，但是對於月光族來說，足夠給晚餐加個雞腿了。

這家網站的支持者正是「數位遊民」（Digital Nomad），如果你按照英文的字面，很容易把這波人誤解為數位時代流浪漢、生活的棄兒，或者沉迷在網路世界裡的御宅族、被迫離開母國走四方的「迷失的一代」。

但恰恰相反，這是一些擁有強大選擇能力的人，他們中的大部分年輕而多金，身懷一技之長，主動選擇做一個地球村的流浪漢，他們熱愛遠端工作，賺著第一世界的美元，到東南亞的碧海藍天中去低調揮霍。

自由職業者和ＳＯＨＯ族都不是數位遊民

維基百科對數位遊民的定義中，也突出強調了他們「擁有足夠的財務緩衝能力」。不過，在美國，他們也只是屬於這個社會的一小撮。在熱門的問答社區 Quora 上，「Digital Nomad」內容標籤之下，關注者只有數百人。

相較於英文名裡的邊緣姿態，在簡體中文世界裡，Digital Nomad 的譯名——數位遊民——顯得傳神優美，包含了中國年輕人對不同於循規蹈矩的生活方式的嚮往，所以才會產生類似這樣廣泛的討論：是不是只有「碼農」（按：程式設計師）才能做數位遊民？

回答這個問題之前，首先需要澄清數位遊民的兩個大誤會。

誤會之一，數位遊民就是自由職業者。

領英在二〇一五年發布的《中國自由職業者報告》，發現了中國自由職業者有這麼幾個特點：

- 年齡上，主要為工作年限不長的年輕群體。
- 職業上，目前可分為三大類：專業人士、銷售代理／無底薪推銷員、個體戶。其中，專業人士主要指包括攝影師、設計師、獨立翻譯在內的擁有專業技能的自由職業者。

- 在地域上，他們更廣泛的分布於中小城市。
- 在能力上，他們相較於固定職業者，擁有更廣的人脈，更多的技能，他們擁有的核心技能大致可分為語言類、設計類、文案行銷類。

顯然，數位遊民屬自由職業者的一部分，最大的區別是，數位遊民的主要收入是透過互聯網來獲得的。隨著互聯網滲透日常生活中，未來自由職業者的收入將會有更多是透過互聯網來獲得。

誤會之二，「SOHO族」就是數位遊民。

最早是開發商在中國炒熱了SOHO的概念。在上下班動輒需要數小時的北上廣深，主張在家辦公的SOHO概念，火熱了一陣子，並且帶動了一批loft[61]建案的銷售。但第一批先鋒很快發現了SOHO生活的弊端。

網友「暗夜教主」二〇〇七年就在豆瓣上吐槽：「自從SOHO以來，我漸漸發現上班的意義並不僅僅是賺得薪資，而是還有一個同事的交往空間。自從一個人SOHO以來，生活開始孤單乏味，這時候才發現，即使是一個無聊的工作，錢也並不是它唯一的產品。」

與在家辦公的SOHO族不同，數位遊民尤其忍受不了蝸居一室，他們志在四方，當然也有效避免了SOHO族社交圈子過窄的問題。地產界也與時俱進推出了聯合辦公空間的產品，作為SOHO的交換替代補充。

如何成為數位遊民？

不過，與自由職業者和SOHO一族類似的是，成為數位遊民，還需要跨過關鍵的三道門檻：

第一道門檻：足夠「長」的一技之長。

除了程式設計師外，律師、會計、編劇、音樂製作人、心理諮詢師、自由撰稿人、教育輔導等都非常適合做數位遊民，這些人都有一個共同的特點——突出的專業能力。

遺憾的是，這些卓越的專業能力，通常需要經年累月的積累。就像一萬小時定律所說的那樣，幾乎沒有捷徑可走。人類腦部確實需要這麼長的時間，去理解和吸收一種知識或者技能，然後才能達到大師級水準。頂尖的運動員、音樂家、棋手，需要花一萬小時（其實是虛指），才能讓一項技藝臻於完美。

來自美國的部落客 **R. L. Adams** 就認為，有志於從事社群網路行銷的同學，就相當適合做數位遊民，並且他還給出了極具操作性的建議：發布一部以社群網路行銷為主題的電子書，然後開設一個部落格，如果有可能的話，再創建一個線上課程直接向用戶收費。這方

61　原先指的是歐美式房屋中特有的閣樓空間；時至今日，則是偏向運用在無牆面隔間、開放式空間設計的舊倉庫或工廠。

法，聽起來和「知識付費」很像，但最關鍵的一點是誰也沒法幫助你——如何建立專業能力，他說的主要是如何展示這些能力。不過，敢於展示自我並不是件容易的事情。

在基層政府工作了七年多後，網友「西皮士」在二〇一七年年初決心離職，全身心投入音樂創作。不久，他在豆瓣上發布贊助離職計畫，透過每人五百元的網路眾籌，製作和銷售他的音樂專輯。二〇一七年，共有兩百四十九位聽眾贊助支持他。目前，豆瓣收錄西皮士的武俠風格音樂專輯有八個，曲目近百首。所得收入遠超過他當公務員時的薪資。

第二道門檻：足夠寬廣的商業平臺。

成為一個數位遊民，就意味著你將成為自己的老闆、自己的員工、自己的商務經理，對於數位遊民來說，最關鍵的是要找到商業化平臺。

在今天商業化平臺幾乎是社群網路或類社群網路的同義詞，從海外的臉書、推特、Instagram 到微信、微博、豆瓣，都為數位遊民提供了大量潛在客戶。

在美國，數位遊民的另一主要族群是藝術家，特別是畫家、攝影師，他們都是社群網路行銷高手。

在社群網路出現之前，藝術家們需要透過種種複雜的管道，才能讓自己的作品被更多人看到。如今，許多藝術家都將 Instagram 作為自己的「線上作品集」，在藝術市場上他們漸漸從被動轉變為主動，自己擔任著藝術品的創作者、經銷者和管理者的角色。據《Hiscox 線上藝術品交易報告》，七一％的收藏者透過互聯網購買藝術品。

這份報告發現，社交媒體不僅幫助重新塑造了互聯網用戶與藝術家、專業機構之間的關係，也在影響著藝術的傳播乃至生產方式。

在中國，微博、豆瓣、lofter[62]也發揮著類似作用。

「蟲子」在豆瓣九年就經歷了「新用戶—專業達人—創業者」的三次變形。二〇〇八年，為了給看過的書和電影分類，她註冊了豆瓣，後來當興趣聚焦在廣告業時，又透過豆瓣的關聯推薦搭建了知識譜系，又在興趣小組裡接觸到了圈子裡的專業網友，最後，在二〇一一年創立了自己的小小廣告公司。

「人五」在豆瓣上有四萬多人關注，他的經歷也頗為勵志：從一個普通大學畢業後，專職從事插畫設計，後來去義大利留學，「上了豆瓣週年首頁廣告位置，去年日曆雖然畫得不好但賣得挺好的，版稅夠我在歐洲一年生活費」。

當然，這聽上去就像「別人的豆瓣」，對於大部分人來說，閒逛和瀏覽是上網的常態，因為長期浮在資訊平流層的表面，最終也失去深入的能力。這也註定了類似蟲子這樣的用戶是少數的。但也印證了機會總是留給有準備的人。

第三道門檻：足夠強大的內心和自律精神。

想要成為一個數位遊民，自己就必須有更強的自律能力。

成為數位遊民，你雖然可以擺脫惱人的辦公室政治和大量無意義的冗長會議，但是你依

62 樂乎，是由網易開發的輕部落格服務，目標群體是相對小眾的文藝青年。

然無法擺脫遠端雇主那裡的條條框框，可以說官僚主義無處不在，你逃離了集體，但依然還是受到集體的一些影響。

特別是對於那些一邊旅行一邊工作的人來說，由於在異國常常會面臨語言不通、不可靠的酒店 Wi-Fi、多變的環境形成的干擾，因此保持心理健康十分重要。

ZestDesk 創始人詹姆斯．摩爾（James Moore）經常在中國、香港及新加坡等地旅行，他認為在陌生的環境，最重要的是要保持心理健康，他給的建議看上去還比較有說服力：

- **制定一個睡眠時間表，每天盡量在差不多的時間睡覺，每天的睡眠時間最好不少於七小時**。考慮到大部分數位遊民都是跨時區作業，堅持做到這點十分難得。
- 創造一個寧靜的環境，外出旅行最好帶上耳塞和眼罩。
- 管理好焦慮等負面情緒，比如可以在睡前特別空出二十分鐘來冥想。

除去心理健康之外，保持身體健康也相當重要。由於大量數位遊民都是從事腦力勞動的，工作時大部分時間都需要對著螢幕，因此，一些久坐帶來的疾病也不可避免。數位遊民網站 Proxyrack 創始人薩姆克羅斯說：「沒有人體工學的桌椅，和由此產生的背部和頸部疼痛影響了我的睡眠、情緒和生產力。」而他的解決方案，是買一張可攜式站立式辦公桌，工作時盡量站著。

想成為數位遊民，生活方式最好像個支持極簡主義的信徒。已當三年數位遊民的塞西莉亞．海恩斯（Cecilia Haynes）在一篇Podcast[63]文章中寫道，成為一個數位遊民的好處之一，就是極簡主義帶來了巨大快感，她的全部家當就是兩個巨大的行李箱和一個錢包。

大勢所趨，及早準備

即便再有吸引力，任何一種曾經令人怦然心動的生活方式，也存在保鮮期。

旅遊部落格作者馬修．卡爾斯丹（Matthew Karsten），在過去七年享受了邊旅遊邊靠寫遊記部落格賺錢的生涯之後，他認為這不是一種可持續的健康生活方式，於是決定搬回到美國。為此，他特地寫了篇文章反思數位遊民生活方式給他帶來的困擾：

> 讓人感到了寂寞，遠離家人、錯過無數的朋友聚會，旅行中難以建立有意義的人際關係；比起邊旅行邊工作，SOHO式的工作方式也許效率更高；在五十多個國家旅行之後，對於不斷的從一個地方趕往另外一個地方的生活已經感到厭倦。

不過，真正讓他結束流浪漢生活的，其實是他二〇一五年在墨西哥遇上的一個名叫安娜

63 一種數位媒體，指一系列的音訊、影片、線上電臺或文字以列表形式經網際網路發布，聽眾可下載或串流當中的檔案以欣賞。

的女孩，是安娜讓他產生了找一個窩、安一個家的衝動。而且他反覆重申他並不後悔七年前的選擇——成為一個數位遊民。

另一位退出者馬克・曼森（Mark Manson）二〇一三年在〈數位遊民陰暗面〉一文中寫道：「經濟學家說天下沒有免費的午餐。在我看來，天下也沒有毫無代價的自由生活。作為數位遊民，我們只不過選擇了另一副更輕的枷鎖而已。」

但未來可能會有更多人主動或被動選擇戴上這樣一副枷鎖。

顧能則表示，到二〇二〇年，人工智慧將導致一百八十萬個工作職位被淘汰，但屆時也將創造兩百三十萬個工作職位。這些被創造的新職位，大部分要求更高的技能、更高的藝術感知和溝通能力，與當前數位遊民所從事的職業類似。

與其踏上被機器奴役之路，不如提早做打算。

07 逃離朝九晚五，一個美國青年的烏托邦試驗

肯・伊格納斯（Ken Ilgunas）是「被失業」的。

二〇〇五年四月，他從紐約州立大學水牛城分校畢業時，正值人生的最低潮，剛出校門就背負著巨額負債——三萬兩千美元的助學貸款。一所普通大學的英文系本科文憑，讓肯意識到，自己幾乎難以找到一份體面的工作。唯一的就業去向是他假期當臨時工的一家建材超市，但這個二十一歲的年輕人已經受夠了推車小工的生計。回收推車、整理貨架、倒垃圾、隨時準備在關鍵時刻伸手幫顧客，沒完沒了，那才是一眼就能看到頭的工作。

直到畢業時，「生在平常人家、長在郊區、接受大眾教育」的肯才意識到，自己人生的每一個舉動不過都是按部就班。讀高中是法律強制要求，上大學是社會的主流，進入職場也是迫於經濟壓力，雖然擁有很多東西——汽車、CD、數不清的衣服，卻從來沒能真正主宰自己的生活。這次頓悟看上去如此套路。

長久以來，當肯轉動自家臥室書桌上的地球儀時，他總是被其中一個地方所吸引，那裡有茫茫雪原、絢麗的北極光和奔跑的麋鹿群。幾乎在每個春天，肯都起意動身前往那裡，但真到了暑期，在兼職還貸款、參加不帶薪的實習刷簡歷等種種更為現實的考量面前，這個夢想一而再的被擱置。

阿拉斯加對於肯其實也沒有任何意義，但總是有一種力量牽引著他的嚮往，毫不遜於香車美女。終於在畢業前幾個月，肯登上了前往阿拉斯加的飛機，在那片北極之地，他登上了五千多英尺（約一・五二四公里）的布魯克斯山脈，經歷了人生第一次戶外徒步、迷路。

所有有過戶外登山經驗的人，相信都有著和肯相似的感受：「登山的目標永遠只有一個，它能讓複雜的生活簡化，你只要一步一個腳印的往前走，竭盡所能，不輕言放棄。」這趟短暫的阿拉斯加之行，給了肯一股莫大的勇氣，去挑戰自己人生的大山，首當其衝的就是五位數的貸款。如果在超市從臨時工轉正成全職工，去掉房租等日常生活開銷，肯一年也省不到幾千元，還債遙遙無期，可能真得還上二十年。他需要的是一份低開銷、相對高薪酬的工作，以便能在盡可能短的幾年內還清貸款。

啟程圓夢

肯決定和按部就班說再見。告別按部就班的第一步是，在經歷過二十五次拒絕後，他決定不再費勁給任何報社投簡歷了，直接去阿拉斯加的凍腳鎮。他發現在這個鎮上的旅館和餐廳打工的時薪，是他在超市拉推車的好幾倍，而且還包吃包住。除了短暫的夏季外，地處北極圈的凍腳鎮人跡罕至，當地幾乎沒有娛樂設施，常住人口為三十五人。

雖然與在超市推推車類似，在北極圈打工，同樣屬於「低技術含量、低責任要求」的雙低工作，但這非常匹配肯想快速還款的需求。他在凍腳鎮的第一份工作，是「北極山地探險遊」旅行團的司機。最忙的時候，凌晨五點起床，忙到深夜十一點下班。

肯在旅行社收入的井噴[64]，源自一場意外。有次，他拉著繩子協助六名遊客上岸時，一不小心被浪拍到河裡，當天肯收到了有史以來最多的小費。從此，肯每次在木筏接近岸邊時，都會費勁的拉著纖繩邊喊「大家都坐穩了，危險」，並「確保」自己被河水打溼。

在阿拉斯加的第一個夏天過去時，肯不但還掉了四分之一的貸款，還攢下了三千多美元。肯決定繼續在這裡待下去，他成為凍腳鎮一家餐廳的廚師。他的同事都是面帶煞氣、眼神冰冷的社會人，如同整個凍腳鎮的冬天，「空氣中彌漫著金屬特有的冷酷和肅殺」。

凍腳鎮只有一個人讓肯感受到人生應有的價值。「北極山地探險遊」其中一個景點是智叟村，村裡的民俗導遊傑克，過著自給自足的生活，「每天都在勞動，每天都是假日」。他擁有全美最靠北的菜園，還會捕獵、出售野獸的毛皮、下河打魚，在旅遊旺季還兼職當導遊。肯羨慕傑克這種獨立、敏銳、堅強、健康的生活狀態。

在北極圈的長夜裡，肯再一次感到了目標的虛無。在凍腳鎮裡打工的，幾乎都是背負重債的人，那也是肯正在經歷的生活，而傑克的生活在肯看來最為自由，也是他理想的生活。在還清助學貸款後，肯想找到一個真正的工作目標，一個值得他為之奮鬥、一個能讓勞動變得有意義的方向目標，讓人生豁然開朗。

64 比喻某人或某事一個時間段突然活躍起來。

離開凍腳鎮後，肯參加了一次加拿大安大略的獨木舟之旅，一行五人效仿加拿大早期的船夫，用打火石和鐵片引火，睡覺蓋羊毛毯子和棉被，拒絕現代人習以為常的殺蟲劑、濾水器和野營爐，所行的獨木舟也是遵循古法打造、不時漏水的樺木皮船。這趟一千五百公里的水上探險，讓肯習慣了不停的忙碌、不停的勞動的節奏，卻對文明生活越發漠視。

在畢業兩年後，肯終於弄明白了一件事，當初他之所以執意去阿拉斯加，是因為他想「跳出文明的圈子，看看真實的荒野」，看看「一個還沒有被道路、人群、科技和垃圾淹沒的天涯海角」。但在凍腳鎮的司機座裡、在後廚的灶臺邊，肯並未看到完全真實的荒野。後來，當肯重返阿拉斯加時，他找了份北極巡山員的好差事。這份看似可以媲美澳大利亞的護礁員的工作，也有艱辛的一面，他得隨身扛著六十磅（約二十七．二二公斤）的背包，忍受蚊蟲叮咬還有灰熊的襲擊。

「車居」研究生

在北極巡山時，肯常和搭檔靜靜的搖著槳，常常「幾乎有一整天的時間任思緒隨潺潺的水流四處蔓延。但思緒的河流總是不經意的圍著兩個漩渦打轉」。

第一個漩渦是肯發誓不能再負債了。而另一個是肯發誓給自己找到下一個人生目標，而這一目標也是中國學生異常熟悉的選擇——考研究所。

下這個決定時已是二〇〇八年的夏天，肯在過去三年不但還清了所有貸款，還攢下了三千五百美元，也是他從十三歲當報童到現在第一次有了積蓄。肯的另一個好友喬希，在一家貸款公司做業務，依然深陷債務和一堆不必要的開銷之中——水電費、健身卡、Netflix的會員費，犧牲的是自己的時間和自由。肯收到了來自美國杜克大學的錄取通知書。

為了能夠在毫無負債的情況下從杜克大學畢業，肯想到的第一件事是省去高昂的住宿成本，他花了一千五百美元買下了一輛一九八九年產的雪弗蘭廂型車，準備住在車裡。

肯為自己打造了一個車輪上的瓦爾登湖，做起了杜克大學的梭羅[65]，當然所有這一切必須悄悄進行。他拆掉中排車座以便安放床鋪，一個行李箱和三層塑膠抽屜整理櫃，加上野營爐，幾乎就是他的全部家當。他在學校體育館辦卡用於日常洗澡，在圖書館看書的同時為筆記型電腦和手機充電，同時他還找了份校內兼職，給教授當助教，一切有條不紊的進行著。

一開始，肯還很享受這種生活，他在車上寫作、思考、閱讀、反思，就像梭羅在瓦爾登湖畔那樣，他期待孤獨所激發的靈感。但一、兩個月之後，肯發現，他雖置身人群，卻無法與任何一個人深交，孤獨感陣陣來襲，他覺得自己還是需要交朋友，進行正常的社交生活。除了一隻耗子和在戶外俱樂部認識的一個好朋友之外，幾乎沒有人知道肯以車為家。

杜克大學白人學生普遍家境優渥，平均收入為普通之家的五、六倍之多。但凍腳鎮和安大略漂流的經歷，給了肯自信，他不屈服於流行的風潮，不再盲從別人的價值觀。「雖然杜克大學的人幾乎不知道我住在車上，但我已經不在乎他們用什麼眼光看我了。我自在的穿著

65 美國作家，最著名的作品有散文集《湖濱散記》，記載了他在瓦爾登湖的隱逸生活。

從『救世軍』[66]買來的舊襯衫和褪色的牛仔褲，不再因此感到自卑、焦慮；我也不在乎頭髮是不是太長了，髮型是不是很老土，只需要把自己收拾得整潔大方就可以……。」

其間，肯還去了趟瓦爾登湖，發現梭羅的小木屋並非建在森林深處，鐵路近在咫尺，飛機從上空呼嘯而過，他就生活在社會之中，每個人都能看到他。肯意識到梭羅的這場試驗不僅是為自己，也是為了每一個人。他聯想到自己的車居生活：「車居試驗的生活智慧，要是把它們憋在肚子裡，誰也不說，似乎太浪費了。」

於是，他把這段經歷寫成了一篇文章，並經老師推薦在《Salon News》發表後，車居生活終於曝光。他因此獲得了近百個推特好友。杜克大學也十分開明的處理了「車居事件」，提供了一塊校內停車位給他，同時要他承諾畢業之後不得繼續在校內停車。

肯也悟出一個道理：「住在車裡並不意味著你獲得了真正的自由，只有走過自省的歷程，才能看清長久以來困住我們的巨網是什麼。」

研究所畢業後，肯把大學畢業後的這段經歷，寫成了一本書。一如書名《箱型車裡的梭羅》（*Walden on Wheels*），二〇一三年該書出版時，肯找到了自己對自由的定義：擁有改變的能力。

66 救世軍為基督新教中的一個從事傳教與社會服務的組織。臺灣救世軍目前有五間教會（臺北、內湖、臺中、埔里、臺南）。

第六章

活在當下，才能幻想未來

如果不能飛翔，那就奔跑；如果不能奔跑，那就行走；如果不能行走，那就爬行；但無論怎樣，你都要保持前行的方向。

——非裔美國人民權運動領袖

馬丁・路德・金恩（Martin Luther King Jr.）

01 辦公室還有未來嗎？

巴爾札克說幸福沒有歷史。辦公室也沒有。

在二十世紀之前所有西方偉大文學作品中，幾乎沒有描寫辦公室生活的，因為實在不值得一寫。蜷縮在陰暗窄小辦公室裡的人大部分都是書記員，他們從事著抄抄寫寫的機械勞動，要麼面黃肌瘦、形容枯槁，要麼肚子大得快垂到大腿上，總之，是群可憐而乏味的人。只有赫爾曼・梅爾維爾（Herman Melville）是個例外，他在一八五三年發表的那篇傑出短篇小說《抄寫員巴托比》（*Bartleby, the Scrivener*）中，第一次把在辦公室裡的人作為小說的主角，而辦公室人員也第一次在文學中登場，詭異而荒誕。

在華爾街開業多年的老律師已請了三名雇員，但隨著辦公室業務擴增，他又聘了一位名叫巴托比的年輕人來擔任抄寫員。新來的巴托比在抄寫上展現了超群的穩定力，比今天互聯網公司流行的九九六工作制還拚，他的加入讓老律師感到安心，便想要委以其他任務。怎知在一次請巴托比協助校正工作時，他拒絕了，不只如此，除了抄寫之外，其他業務一概不做，全都以一句「我不願意」回應。他的態度惹惱了老律師和其他同事，就算老律師質問拒絕的原因，他也不願回答……後來，他被抓入大牢，絕食而亡。

在《抄寫員巴托比》發表的年代，辦公室還不是一個流行的工作場所，整個美國大概只有不到五%的勞動力在辦公室謀生，紐約之外，辦公室職位甚至都不被看作一個正經的職業——不種地，也不鋪鐵軌；不煉鋼鐵，也不鍛造刀槍。這群人與大自然隔離，體會不到四季輪換，生命的意義也無從談起。他們不生產任何東西，最多只是複製文件。

辦公室職員們大都身體羸弱、過於陰柔，缺乏體力工作者們傲人的肌肉和雄性氣魄，連帶著他們的著裝也受到當時媒體的批評：他們不穿勞工標準的綠色服裝襯衫，但又買不起昂貴的、有領子的商務襯衫，於是只能買來洗得潔白耀眼的假領子別在襯衫上。

從那件假領襯衫起，人們就對白領階層充滿了欲罷不能、無法克制的戲謔衝動，無論是愛倫．坡（Edgar Allan Poe）的小說還是後來史考特．亞當斯（Scott Adams）開創的呆伯特漫畫。巴托比的「喪」就這樣一路從十九世紀傳染到二十一世紀。美國人發明了格子間[1]，方便人們在那裡孕育夢想，而白領夢就是關於自由和升遷的承諾，只不過十夢九空。

格子間的崛起與收縮

對於有尚武傳統的山姆大叔[2]來說，美國夢的褪色，正是始於辦公室的崛起。

根據國際設施管理協會（International Facility Management Association）的資料，現在

1　指辦公環境以隔板割斷一格一格的分割開來，形成獨立的空間。
2　Uncle Sam，美國的綽號和擬人化形象，一般被描繪成為穿著馬甲禮服，頭戴星條旗紋樣的高禮帽、身材高瘦、留著山羊鬍、帥氣、精神矍鑠的老人形象。

約有七〇%的美國公司採用開放式辦公布局，也就是我們常說的「格子間」。開敞式格子間辦公空間如此流行的主要原因在於其低廉的成本，辦公空間越窄小，所需支付的租金就越少，相對利潤也越高。眼下，格子間的面積還在不斷縮小：一九九四年，美國每個員工還可以擁有二．五四一坪左右的隔間，而到二〇一〇年縮減至不到二．一二坪。

當德州牛仔的彪悍，被華爾街的貪婪和矽谷的誇誇其談取而代之，對於辦公室的反抗，終究沒有出現一位卓別林式的人物振臂高呼，只是在一部非主流電影《上班一條蟲》（*Office Space*）裡飄蕩出那句有氣無力、頗為自哀自棄的臺詞：「生而為人，並不是為了待在狹小的隔間內，對著電腦螢幕坐上一天又一天。」

螢幕是格子間的中心，格子間構成了辦公室，辦公室堆砌出了市中心，市中心勾勒出了天際線，天際線又描摹了數十年的輪廓。十九世紀末，隨著製造業、商業分工的日益細化，幾乎所有的行業都經歷了工廠和辦公室的分離，辦公室的工作也從最初的書記員細分為會計、法務等數百種職業，辦公室還幫助城市塑造了中央商務區的概念，也最終成為二十一世紀的勞動力最為主流的就業形態。

撇開夢想，你選擇了怎樣的辦公室，也意味著選擇了怎樣的人生。

隨著白領隊伍的壯大，經理和設計師經常討論員工應該坐在哪裡，應該用什麼樣的辦公桌，他們周圍的牆壁和窗戶應該是怎樣的。

腓德烈．泰勒（Frederick Taylor）最先對前工業時代的辦公室工作進行改造，讓它變得和工廠裡的體力勞動一樣高效：在開放空間裡為低階職員設計一排排整齊劃一的桌子；為中階職員設計幾乎相同的隔間；為高層的少數幾個人設計有個性的辦公室。後來，人們用「泰勒制」來總結工業時代的整齊劃一。

但是二戰結束時人們已清楚的發現，組織嚴密的辦公室被證明可能是弄巧成拙：那時候，工業分析師梅奧（Elton Mayo）和其他人已經發現，整齊的檔案櫃式辦公室實際上適得其反，令人壓抑，使人消極，反而降低了工作效率。

辦公家具生產商 Steelcase Corporation 於一九九七年對公司職員進行了一項調查，發現九三％的人想要換個工作環境。到了二〇一三年，雪梨大學兩名研究者的調查結果顯示，情況在這些年中並未有過什麼變化：在全部的辦公室工作者中，六成格子間辦公者非常不滿意自身工作環境。

一如英國專欄作家蜜雪兒．古德曼的吐槽：「在世界各地，隨著越來越多的公司採用開放式辦公室，那些零距離合作的員工也獲得了更多令彼此抓狂的機會。凌亂的桌子和惡臭的垃圾只是個開始，還有其他一些頗具爭議的問題，例如有的人喜歡大聲喧嘩，有的午餐味道濃烈，有的同事體味難聞，有的人霸占桌子卻不使用，甚至還有人把用完或損壞的釘書機放在桌子上，等著其他人來處理。」

研究人員發現，與擁有更多私人空間的員工相比，在開放式辦公室工作的人請病假的時間要多出近三分之二，他們感到更不快樂、壓力更大、工作效率更低。哈佛商學院二〇一八年的研究發現，開放式辦公室使得員工面對面的交流減少了約七〇％，並且增加了大約五〇％的電子郵件交流和即時通信，這打破了人們認為開放式辦公室有利於員工協作的觀念。

最好的辦公室也換不來幸福感？

格子間的初衷是打造一個開放交流的辦公環境，結果卻適得其反。然而開放式格子間設計一直存在，對許多公司來說，其象徵意義之強，成本之低，實在難以放棄。甚至很多公司之所以選擇格子間開放式辦公室，只是為了模仿那些非常成功的科技公司。

直到從谷歌到微軟，美國西海岸的年輕人轉變思路，把辦公室按照大學來設計，使員工可以裝飾自己的座位，甚至可以帶孩子、寵物一起上班，一切問題才似乎迎刃而解。年輕人不再想離開辦公室，當然也放棄了反抗。你在這裡幾乎可以完成所有事情：工作、健身、吃飯、購物、休憩、交流等。

科技公司極具奇思妙想設計感的辦公大樓正在成為當地熱門景點。谷歌位於加州山景城的公司總部占地十二英畝（約一萬四千六百九十坪）。為方便員工在公司總部內部通行，谷歌提供免費的共享單車「G-bike」給員工使用。谷歌公司總部還設有有機花園、網球場、運動場和沙灘排球場等。

臉書在 MPK 20 辦公園區的總部樓頂上，有一個九英畝（約一萬一千零一十七坪）的綠色屋頂、半英里長的環形小路，屋頂上栽有樹木，種有多種植物，建有咖啡館、聚會場所和更衣室。

亞馬遜則甄選了遍布世界五大洲、五十多個國家的四百個品種的四萬株植物，種植到西雅圖新辦公大樓 The Spheres 裡，打造出了一個現實版的亞馬遜雨林。蘋果的飛船總部更是成為全世界「果粉」的聖地，《連線》雜誌特約編輯史蒂芬・李維（Stephen Levy），把他造訪剛完工的蘋果飛船總部大樓之旅，形容為「第一批進入侏羅紀公園的遊客」。

雖然簽約獎金、健康保險、精緻午餐等福利已經被看作矽谷高科技公司員工的標準福利，就像《經濟學人》雜誌報導的那樣：「他們吃的東西可不是隨隨便便做出來的，而是由藍帶廚師精心烹飪的（按：法式藍帶廚藝學院是世界上第一所西餐與西點人才專業培訓學校）；這些人在哪裡午睡？沙發上？那豈不是太low了，人家可是在能保證高品質睡眠的午睡艙（Nap Pod）中小憩；要是還有精力，他們還可以選擇去健身或者練練瑜伽；除了專車接送外，有的公司甚至為員工提供乾洗服務，真的是一應俱全[3]。」

對於矽谷的公司來說，最寶貴的資源就是員工的頭腦。而在數位革命重塑商業世界的大背景下，這些頭腦之間的競爭正變得越來越激烈。由此，便激發了薪資福利的軍備賽，特別是餐廳競賽。

一九九九年，當時谷歌只有五十個員工的時候，就花了讓外人跌破眼鏡的天價，聘請名廚查理・艾爾斯（Charlie Ayers）坐鎮谷歌；臉書一共有十一個員工餐廳（大約六千個員工在公司用餐），其中比較大的是 Epic cafe，除了兩個比較大的餐廳的菜單天天換之外，臉書還長期提供世界特色餐廳，如日本壽司、拉麵、墨西哥餐廳、亞洲菜系餐廳、素食主義者

3　〈矽谷科技公司高福利的背後：八一％員工工作不開心〉，新浪科技，二〇一六年二月七日。

餐廳，短短幾年內盡量做到面面俱到；領英的 inCafe 更像是一個有機健康餐廳，餐廳的菜單每週都會更換，還提供各種健康飲食的書籍，鼓勵員工吃有機時蔬；Airbnb 把每日的菜單昇華到另一個境界，每天的菜單都是有主題的，有時以電影為主題，有時以音樂家、藝術家等為靈感，廚師根據主題烹製新鮮的菜餚，更重要的是 Airbnb 宣傳企業精神無所不在。

但矽谷許多員工過得並不開心。二〇一五年，一項針對五千名科技及非科技公司員工工作滿意度的調查顯示，很多人都覺得自己被孤立、能力發揮受限、職場上面臨很多困惑。只有一九％的科技公司員工覺得自己工作開心，一七％的科技公司員工覺得自己在工作中實現了價值。但是大多數情況下，科技公司員工比非科技公司員工的不滿要更多：三六％的科技公司員工對自己有較為清晰的職業規畫，但是在商業和金融領域，這一比率為五〇％；二八％的科技公司員工了解所在公司的發展前景，而在非科技公司，這一比率為四三％；四七％的科技公司員工和同事相處融洽，在非科技公司，這一比率為五六％[4]。

這很可能又是另一個烏托邦。當公司作為一種組織形式，它吞噬勞動力的智力和汗水，吐納出產品和貨幣，但其效率已經逼近熵值上限。從ＳＯＨＯ到共享辦公空間的流行，都體現了勞動者們對於工作地點和方式多樣化的探索。終身僱傭體制的瓦解和零工兼職的流行，預告了主宰人類近一個世紀的公司體制的衰落。

官僚制企業的生命力正在衰減。十九世紀末二十世紀初，高度社會化生產的機器大工業興起，使得官僚行政管理體系在市場組織中大行其道，傳統企業普遍採用官僚制式組織架構——明確各部門專業分工並層層鋪開，保證企業戰略自上而下有效落地——以支撐其「精準執行」的業務形態需求，以專業分工、等級劃分明確為特徵的官僚制因此得延續百餘年。

隨著數位時代的到來，傳統的官僚制企業及其格子間文化正面臨解體的風險。今天，知識和資料是個人和整個經濟的主要資源，土地、勞動力和資本等傳統生產要素還在發揮作用，但已不同於往昔。臃腫緩慢的傳統組織制度給公司轉型帶來的阻礙日趨明顯，科技公司的扁平化、平等、柔性的人事制度雖然越受歡迎，但也並非拯救公司的靈丹妙藥。

公司體制在衰退，但個體的力量也遠未壯大。

走出辦公室，一如走出那個溫柔的良夜，對絕大多數人來說依然遙不可及。數位遊民只局限於程式人員和設計師等少數職業，而且這兩個領域已經高度紅海化；「U盤式生存」[5]被證明對抗經濟週期波動的能力極差，當年呼籲做超級個體的人如今已經成立了公司，基本不具備複製性。辦公室就像是巡遊在太空中的飛船，在打開艙門之前，你不但需要確認自己已經穿好了太空服，更需要自信和勇氣。楚門世界的大門總有被打開的那一刻。

4 〈矽谷科技公司高福利的背後：八一%員工工作不開心〉，新浪科技，二〇一六年二月七日。

5 U盤是指隨身碟。U盤式生存為羅振宇提出的一個概念。指以後的社會，不是一成不變都待在某一個地方工作一輩子就行的，而是像U盤一樣能夠隨時進行適應才可以。

02 人工智慧，是朋友還是敵人？

人類對於機器的感情一直相當複雜。

一八一一年十一月，英國諾丁漢郡的工廠老闆收到署名「奈德・盧德將軍」和「盧德王」的書信，信中提到了工人們對新發明的飛梭機的憤怒。正是這些新發明的機器，讓織布效率提升了好幾十倍，但也讓自稱盧德的工人們丟掉了飯碗，其中一些工人開始焚燒工廠、搗毀機器、恐嚇突襲工廠老闆，一時間英格蘭上演盧德主義的「冰與火之歌」大戰。後來，「盧德主義」和「盧德派」在西方成為保守、落伍、反對進步的代名詞。

如果說十九世紀盧德運動搗毀的主要是有形的機器，那麼進入二十世紀後，新盧德派則直接向「技術至上」背後的思想發起進攻，他們號召人們像早期的盧德派一樣，起來反抗技術災難，提出要反對產生於舊世界觀的技術，要認識到所有的技術都具有政治性，要建立對技術的批評制度。

最極端的新盧德運動代表泰德・卡辛斯基（Ted Kaczynski），在他那本著名手冊《論工業社會及其未來》（*Industrial Society & Its Future*）中寫道：「工業化時代的人類，如果不是直接被高智慧化的機器控制，就是被機器背後的少數精英所控制。如果是前者，那麼就是人類親手製造出自己的剋星；如果是後者，那就意味著工業化社會的機器終端，只掌握在少數精英的手中。」

一九九五年卡辛斯基各寄了一份包裹給《紐約時報》和《華盛頓郵報》編輯部，裡面是一疊《論工業社會及其未來》。他在包裹裡留言，如果《紐約時報》和《華盛頓郵報》肯一字不漏的刊登他的一篇論文，他就會結束長達十七年的炸彈襲擊。最終，這篇文章被《紐約時報》和《華盛頓郵報》這兩家美國大報以手冊的形式分發給民眾，而警方也透過字跡找到了過去連環炸彈襲擊的真凶。

卡辛斯基試圖用炸彈去迫害科學家，以製造科技倒退的形式達成「人類自由的解放」，喚醒人們對於工業社會弊端的警惕，但他也把盧德運動帶入了死胡同，而對於技術的滾滾車輪，那些他曾經製作的炸彈、寫過的文字，無異於螳臂擋車。

在二十一世紀，我們今天的技術能力比卡辛斯基時代更強大：機器人技術、人工智慧（ＡＩ）與機器學習的發展開啟了自動化的新紀元，機器在越來越多的工作上已表現得與人類旗鼓相當，甚至超越了人類，而機器似乎比人更值得信任。

消失的工人

在伊隆．馬斯克看來，工廠本身應該被視為一款產品去打造，把工廠中出現的問題看成工程或技術挑戰去解決，因此，工廠應該是生產機器的機器，而不是其他什麼東西。

二〇二〇年四月，透過特斯拉中國官網發布的影片，這家全球最大的電動汽車生產商，在上海打造的最新一代超級工廠終於掀開了神祕面紗。

在這個超大型廠房中，遍布密密麻麻的機械手臂，沖壓和焊接生產過程幾乎都是由機器操作完成：車身零件從沖壓機下線，先是透過傳送裝置運輸到車身焊接區域，然後由焊接機器人完成車身焊接相應工序。只有在最後的車身零件的裝配和試車階段，才會需要員工進行裝配和調試的輔助性工作。

幾乎所有的特斯拉超級工廠裡都有個神祕的二樓，那裡負責生產汽車零件，同樣也是機器主宰的世界。一如特斯拉前副總裁葛列格．瑞秋（Greg Reichow）為《連線》雜誌撰文所寫的：「在特斯拉工作時，我喜歡和參觀工廠的人交流。他們通常對特斯拉巨大的工廠、驚人的自動化程度、數以百計的機器人感到驚訝，但事實是，他們只看到了特斯拉工廠製造程序的一半。他們不知道特斯拉工廠還有一個祕密二樓，這裡專門用作製造電池、動力電子設備和驅動訓練系統，是特斯拉最為先進的製造和自動化系統誕生的場地。在這裡，機器人高速移動，機械臂高速運轉，它們由碳纖維代替鋼製作而成[6]。」

越來越多的工廠在朝「黑燈化」[7]、「無燈化」的方向發展，工人的職責則從直接生產產品，變成退居二線，以指揮、維護機器為主。在中國製造業重鎮上海，「無人工廠」被設定為未來工廠的樣板，《解放日報》在二〇二〇年四月，報導了幾家上海黑燈工廠模範生的故事：引入機器人以前，海立集團上海工廠鈑金車間單條流水線上，有十多名工人操作十二臺半自動機械，每班生產三千個外殼，每名工人在八小時內要重複三千次動作。如今，每條流水線上還是那十二臺機械，但串聯者變成了八臺機器人。

它們沿著三十公尺長的生產線排開，以大約十秒鐘一個動作的節奏抓取半成品，迅捷準確的送到下一個工位[8]，並可以連續工作幾百個小時不休息。當然，全機器人車間也並非完全無人，鈑金車間原有近一百五十名工人，如今只需三十人。他們的角色從體力勞動者轉變為機器人的管理者，擔負「監工」和「醫生」的職責，負責照顧機器人，讓其時刻處於最優狀態[9]。

在寶鋼「黑燈工廠」內，兩條兩百公尺長的生產線透過機器人作業和行車無人化，基本實現「機器代人」。智能化改造前，冷軋產線的進料關口、鋅鍋撈渣、鋼捲打捆貼標等各個工段上都需要至少兩名工人值守，如今十二臺智慧機器人包辦了所有「危髒難」[10]的苦活累活，每條產線只需要兩至三名工人流動檢視。三十．二五坪的操作室裡，分散的幾名操作人員戴著口罩、相互隔開。他們只需要透過智慧遠端操控系統，就可以實現對寶鋼股份上海寶山基地的有序操控。

6 Greg Reichow, Tesla's Secret Second Floor, WIRED, October 18, 2017.

7 關閉作業區域的照明燈光，把工廠完全交給機器。從原材料到最終成品，所有的加工、運輸、檢測過程均在空無一人的「黑燈工廠」內完成，無須工人留守。

8 由某個人或某一設備完成某一道工序的工作位置。

9 〈上海製造業已基本完成數位化轉型「無人工廠」擘畫上海製造新未來〉，《解放日報》，二〇二〇年四月十六日。

10 危險、髒亂、困難。

車間外，「智慧物流」同樣顯現奇效。在一萬八千一百五十坪的成品物流智慧倉儲內，無人吊機用「鋼爪」將一捲捲成品鋼捲精準調運，與一輛輛駛來的無人駕駛重載框架車緊密協作，不斷將成品鋼材運往成品碼頭。在這個無人倉庫裡，智慧化的運作有效提升了物流效率，每天十萬噸的鋼捲在這裡周轉並發往全球。

作為全球最大的電子代工廠商，富士康也是自動化的急先鋒。BBC的報導稱，早在二〇一六年，富士康已經利用機器人技術，將昆山工廠的員工人數從十一萬減少到了五萬，成功減少人力成本[11]。

富士康在發給BBC的聲明中稱：「我們正在用機器人技術以及其他創新的製造技術，取代員工過去所從事的重複性勞動，並透過培訓，使我們的員工專注於生產過程中附加值更高的元素，如研發、程序控制和品質控制。在生產過程中，我們將繼續利用自動化和人力，並希望在中國維持大量員工。」

此前，富士康相關管理人士也表示，其使用機器人主要是為替代「3D」職位的員工，即骯髒（dirty）、危險（dangerous）和無聊（dull）的工作。

作為世界工廠，中國也是全球最大的機器人買家。國際知名諮詢公司IDC在二〇二〇年四月發布的統計稱，中國是全球最大的機器人（含無人機）市場，二〇二〇年約占全球總量的三八%，總支出為四百七十三．八億美元，至二〇二四年將占全球市場的四四%，規模將達到一千兩百一十一．二億美元。

儘管中國機器人採購總量最大，但在機器人的普及度上，並非第一。根據國際機器人聯盟（International Federation of Robotics，簡稱ＩＦＲ）公布的資料，二〇一八年工業機器人密度（每萬名製造業員工擁有的機器人數量）最高的國家是新加坡，達到每萬名員工八百三十一臺，其次是韓國，達到每萬名員工七百七十四臺，德國、日本以及美國等已開發國家工業機器人密度也均在每萬名員工兩百臺以上。而中國是每萬名員工一百四十臺[12]，近年來穩步提升，略高於全球平均水準。但是作為一個製造業大國，對標其他已開發國家，中國工業機器人密度還有較大的提升空間。這意味著未來，在中國的工廠裡，還會有更多的機器人上工，而工人的身影會越來越少。

驚人的預測

現今流水線上的工人，面臨的局面可能比十九世紀英格蘭紡織工人更危急，畢竟與他們競爭的不再是飛梭這樣的簡單工具，而是許多方面比人類更強大的智慧技術。

人工智慧革命相較於傳統的技術革命，對就業造成的衝擊具有獨特性：範圍更廣，不是從一個產業影響到另一個產業，而是滲透到各行各業；力度更大，受到衝擊的職位超出此前

11　〈富士康機器人取代人力工廠員工減六萬〉，ＢＢＣ中文網，二〇一六年五月二十五日。

12　ＩＦＲ二〇一九年統計資料，機器人密度最高的國家仍是新加坡，每萬名員工中有九百一十八臺。韓國排名第二，每萬名員工八百六十八臺；臺灣排名第八，每萬名員工兩百三十四臺；中國排名第十五，每萬名員工一百八十七臺。

任何一次技術革命的數量；持續性更長，原本在一個行業中被取代的人可以學習新的技能、尋找新的機會，但人工智慧降低了整體人力成本，失業者在更換行業後很可能很快又被替代；就業及收入的極化效應更為顯著，在弱人工智慧時代尤為如此，從事重複性勞動的人會受到強烈打擊，創造性活動、ＡＩ技術創造者和使用者則會受益，這樣就會加劇兩極分化。

面對人工智慧，就連這個星球上那些最聰明的大腦，也會產生出無力感。

二〇一七年五月，中國圍棋職業九段棋手柯潔在烏鎮零比三不敵 Google 的人工智慧 AlphaGo，現場流淚表示，今後不再對戰人工智慧。後來，騰訊人工智慧圍棋團隊「絕藝」成為國家隊的訓練夥伴，而觀眾對人機對戰亦有興趣，於是次年四月，柯潔在福州再次挑戰人工智慧，弈至一百四十五手，柯潔中盤認輸後感嘆「跟ＡＩ下棋總是有無力感。確實它的計算和對大局的判斷都是在我之上的。也不知道自己表現得好或者壞，因為確實很難下」。

二〇一七年，麥肯錫全球研究院出了一份轟動全球的報告稱，麥肯錫全球研究院對八百多種職業所涵蓋的兩千多項工作內容分析得出結論，依薪資計算，全球經濟中有相當於十五兆美元的工作內容可以利用現有技術實現自動化，受影響人群高達十二億人。

首先，只有不到五%的職業可以利用現有技術實現全面自動化。其次，大約六〇%的職業，有三成以上的工作內容可以利用現有技術實現自動化，這表示因自動化而產生性質改變的職業，要比因自動化而消失的職業多。

這份報告發出後，其他國家的研究機構也發布了類似報告，以預測自動化技術對未來就業市場的影響。

北京大學市場與網路經濟研究中心組織幾十位專家，挑選了四百多個職業進行評分，結果發現，從全中國範圍來看，可能有七〇％的職業會受到人工智慧的衝擊[13]。如果剔除掉農業人口受到衝擊的機率，大概有六〇％的職業會受到衝擊。據了解，衡量一個職業是否容易被替代，要從三個維度進行考慮：第一個維度，行業所需要的社交智慧；第二個維度，所需要的創造力；第三個維度，需要的感知和操作能力。

韓國就業訊息中心（Korea Employment Information Service，簡稱ＫＥＩＳ）針對韓國電子通訊研究院（ＥＴＲＩ）、韓國科學技術院（ＫＡＩＳＴ）、首爾大學、成均館大學、延世大學的人工智慧和機器人方面的二十一名專家，進行問卷調查得出預測，未來十年內韓國將有一千五百七十五萬個工作職位會被機器人取代。

從職業種類來看，預測到二〇二五年為止，在從事純勞務職業類別的人當中，有九〇・一％將因機器人而失去工作。緊接著是農林漁業（八六・一％）、安裝機械製造與組裝人員（七九・一％）、服務人員（七五・九％）、技術人員（七四・三％）和銷售人員（七四・二％）。而坐辦公室的上班族中，每十名就有六名（六一・三％）將失去工作職位，五六・三％的專家工作職位也將拱手讓給機器人，甚至就連相對替代率較低的管理人員中，每兩人也會有一人（四九・二％）因人工智慧失業；預測還指出，清潔工、廚房輔助人員將會完全

13 陳永偉、許多：〈人工智慧的就業影響〉，《比較》雜誌，二〇一八年第二期。

消失，而金屬加工機械操作工、員警、紙漿和紙生產人員（機器操作工）、化學品加工及生產人員（機器操作工）也有九〇%以上會被機器人取代。至於會計師、飛行員、投資和信用分析師、資產評估師、專利律師、企業高級管理人員、大學教授、食品科學研究員、博物館及美術館策展人等職位，其預測替代率在三〇%左右，相對來說較不易被機器人所取代。

比麥肯錫全球研究院更早發出這類預測的是日本野村綜合研究所（Nomura Research Institute，簡稱NRI），在二〇一五年這家日本著名的研究機構曾透過與英國牛津大學副教授邁克爾．奧斯本（Michael Osborne）等人的共同研究發現，在未來十年至二十年，日本所有勞動者四九%的工作將可能被人工智慧和機器人代替，其中網路維護員、建築施工人員和計程車司機等職業被代替的可能性較高。奧斯本副教授認為，美國勞動人口的四七%、英國的三五%有可能被人工智慧和機器人代替。

野村綜合研究所二〇三〇年研究室表示，日本的比例之所以超過美英，可能是因為「白領員工的勞動生產效率低下，從事能夠被人工智慧和機器人取代職業的人較多」。而不會消失的工作主要是處理藝術、哲學、人文學等抽象概念，說服和理解對方感情等所謂社會行為交流的職業[14]。

諾貝爾經濟學獎得主、耶魯大學知名經濟學教授席勒（Robert Shiller）指出，人工智慧對人類社會產生極大威脅，青少年根本不知道自己預備的專業知識能否找到工作，而類似的難題，將讓經濟陷入「長期停滯」。席勒說，就連他自己也無法對自動化的威脅免疫，因為他在耶魯大學授課的影片，未來也許會在線上免費任人取用，這麼一來，有誰會想要親自出席上課？有時候他甚至覺得，未來自己恐怕會被自己給淘汰掉[15]。

被毀滅的和創造的

機器人雖然消滅了一些職位，但也製造了一些職位。

工廠的自動化進度並非直線上升。馬斯克的 Model 3 工廠最近又開始用優秀的員工替換掉了被認為是世界上最先進的製造生產線。據 The Next Web[16] 報導，Model 3 未能達到生產目標，讓公司的股東感到緊張。每週五千輛的產量目標直到二〇一九年六月才實現。

二〇一九年七月一日，伊隆·馬斯克宣布 Model 3 有望在八月實現每週六千輛的產能水準。此前，馬斯克曾吐槽，其實將工人安置在生產線並不是什麼好事，他說道：「機器人總是需要降低速度來配合人類，工作效率實在太低了。」現在，為了完成生產目標，馬斯克選擇了讓生產的「最後一英里」完全自動化，但最近他卻認為「特斯拉過度的自動化是個錯誤」，而「人類被低估」。他在推特上表示：「是的，特斯拉的過度自動化是一個錯誤，再準確的說，這是我的錯誤，人類被低估了。」

14 信蓮：〈日本四九%勞動力未來或被機器人代替〉，中國日報網，二〇一五年十二月四日。
15 Ryan Vlastelica, This is what scares Nobel Prize-winning economist Robert Shiller about the economy, Marketwatch, April 4, 2017.
16 一個於二〇〇六年創辦的科技及網頁開發新聞網站。

在工廠裡，自動化在替代一些職位的同時，也催生了許多新的職位。美國線上求職平臺ZipRecruiter在二〇一九年末發布的《工作的未來》報告中稱，二〇一八年，人工智慧創造的就業職位是它摧毀的就業職位的三倍左右，而且出現在科技行業以外的多個行業。其中機器人行業的工作職位增長了八四%，超過了金融、保險、商業和專業服務行業。

中國機器人產業已經遭遇了人才荒。根據教育部、人社部與工信部聯合發布的《製造業人才發展規畫指南》預測，到二〇二〇年，工業機器人相關領域人才缺口將達三百萬，僅工業機器人系統操作員和運維員，在未來五年內需求均將達到一百二十五萬左右。人社部報告顯示：

當前論學歷，四四．四四%的工業機器人系統操作員和運維員是專科學歷，四五%的學歷為大專及以下，學歷門檻並不高；論薪資，四五%的工業機器人系統操作員，和運維員薪資是當地平均薪資的兩倍，普遍高於當地平均薪資；論需求，六七%的從業人員所在的企業或公司，引入了工業機器人或智慧製造生產線作為生產設備，職位需求在不斷增加[17]。

普華永道[18]的預測相當樂觀，在其二〇一八年十二月發布的《人工智慧和相關技術對中國就業的淨影響》報告中預測，人工智慧及相關技術，在未來二十年將取代中國現有約二六%的工作職位，高於對英國二〇%的預估，但也能透過提升生產率和實際收入水準在中國創造出大量新工作機會，這意味著中國淨增加就業職位為九千三百萬左右，其中，透過收入效應產生的工作職位近三億，但透過替代效應流失的工作職位為兩億多。

分具體行業看，據普華永道估算，中國的大部分新增職位預計將出現在服務業，預計淨增長率為二九%（約九千七百萬），尤其是醫療保健等子行業，可能會出現大幅增長，而建築業的職位淨增長幅度將達到二三%（一千四百萬），人工智慧對工業領域的就業淨影響大致偏中性。而預計農業的淨流失職位約為兩千兩百萬。

如何應對「增長的貧困」

經濟學界長久以來有一種擔憂的聲音：機器人的使用可能會帶來所謂的「貧困化增長」，即雖然經濟增長了，但社會福利卻下降了。

中國人口與發展研究中心主任賀丹曾公開呼籲，應關注由人工智慧帶來的收入分配差距或許在將來可能會拉大問題[19]。「人工智慧的快速發展，使一些在知識和技能起點上占據優勢的群體，在勞動力市場上的競爭力得到強化，而一部分群體可能會被長期甚至永久性的排除在勞動力市場之外。財富向資本和技術擁有者、向知識技能人才聚集的趨勢將有所加劇，勞資之間、不同勞動者之間收入將有所分化，差距會拉大。」

如何應對？麥肯錫全球研究院曾經給出了建議：勞動者應全面運用科技，解放生產力，

17 李婕：〈「機器換人」，換出就業新空間〉，《人民日報》（海外版），二〇一九年十二月十日。
18 四大國際會計師事務所之一。
19 《擁抱人工智慧——全國政協「人工智慧發展對勞動就業的影響」專題調查研究綜述》，《人民政協報》，二〇一九年十二月三十日。

努力提高難以被機器所替代的人類技能。具體看：

勞動者應在日常工作中全面運用自動化。這樣有利於各級員工（包括管理層）騰出時間提升那些機器尚不能取代的能力。相對的，工作會變得更複雜、更難組織，因此管理者需要花更多時間培訓和指導員工。

對於面臨教育和職業抉擇的人們來說，了解具體領域的自動化前景，知道哪些是時代所需的核心技能，哪些技能即將被淘汰，可以幫助自己從勞動力市場角度規畫更好的未來。

科技領域的高技能人才將供不應求，同時，隨著企業格局變化、項目外包增加，這類勞動者以自由職業身分承接項目的機會將會越來越多。中等技能工人的工作內容（如高預測性的體力勞動、資料收集和分析等）實現自動化的技術潛力最大，因此這些工人可以尋求再培訓的機會，做好準備，轉向那些機器無法勝任的工作。輔以自動化科技的低技能勞動者可提高產量和生產力，但薪資可能會下降，因為低技能勞動者可能供過於求。

教育體系也應適時調整。政府應與教育機構合作，提升學生的科學、技術、工程與數學（STEM）技能，著重培養創造性、批判性和系統性思維。在職場瞬息萬變的時代，勞動者具備敏捷性、適應力和靈活度至關重要。

03 消失的邊界：數位時代，工作將重新定義

二〇〇五年情人節那天，支付巨頭公司 PayPal 的三位員工啟動了 www.youtube.com 這個功能變數名稱。據說，這三個人打算創建一個叫做「Tune in, Hook up」的網路約會服務，但是後來失敗了。

不過這個平臺倒是很適合上傳和分享影片，所以當這幾位聯合創始人意識到，就連二〇〇四年印度洋海嘯，和珍娜．傑克森（Janet Jackson）在二〇〇四年超級盃中場秀走光這樣的大流量事件，在網路上都很難找到影片時，他們決定在四月二十三日把自己的影片分享平臺分享出去。

網站一經推出，僅用了一個月的時間每天的觀看者就達到了大約三萬名。六個月後，這一數字攀升至兩百萬。在不到一年的時間裡，YouTube 獲得了兩千五百萬的瀏覽量，每天上傳到平臺上的影片數大概有兩萬個。二〇〇六年十月，谷歌用價值十六．五億美元的股票收購了 YouTube。

這三個年輕人或許沒有想到，他們最初想打造的約會平臺，最終成為影響全球青年的「聖地」。和所有著名公司的創業經歷一樣，全球熱門影片網站 YouTube 的創立也堪稱傳奇。借助數位趨勢網站編輯凱萊布．丹尼森（Caleb Denison）的妙筆，我們得以一窺

YouTube 十多年前差點兒「往事如煙」的一刻[20]。

網紅成了最嚮往的職業

YouTube 堪稱二十一世紀的夢工廠。

三歲時，瑞恩的父母幫他在 YouTube 上，建立了一個名為「萊恩的世界」（Ryan's World）的頻道，最初這個影片主要上傳的是萊恩玩各式各樣的玩具，直到有一天，一個名叫「充氣溜滑梯上的巨大雞蛋驚喜玩具挑戰」（*HUGE EGGS Surprise Toys Challenge with Inflatable water slide*）的影片在頻道上線，萊恩的人生迎來了重大轉折（見下圖 QR Code）。

五歲的萊恩在草坪上的簡易充氣滑梯玩具中跑上跑下，尋找藏在其中的雞蛋驚喜，然後一個個打開藏在雞蛋裡的小玩具。這段看似平常的影片二〇二一年六月已獲得了高達二十億次觀看，成為 YouTube 歷史上最熱門的五十大影片之一。萊恩因此成為名人，截至二〇二一年六月，萊恩的世界有三千萬訂閱者，還有西班牙語和日語等多個語言版本。

「萊恩的世界」如今也是 YouTube 上最賺錢的頻道，而二〇一一年出生的萊恩也成為史上最年輕、最會賺錢的 YouTuber。在富比士發布的二〇一九年 YouTube 收入排行榜中的資料，萊恩以兩千六百萬美元排名第一，

◀ 2016 年發表的「充氣溜滑梯上的巨大雞蛋驚喜玩具挑戰」影片，觀看數高達 20 億次。

再度蟬聯榜首，比前一年還多賺了四百萬美元。

在全球最賺 YouTuber 排行榜上，排行第三名的同樣是一位兒童——來自俄羅斯的女孩拉辛斯卡雅（Anastasia Radzinskaya），據富比士估算，她的年收入有一千八百萬美元。她在二〇一四年出生時患有腦性麻痺，父母將她的康復過程拍成影片上傳，創立了一個 YouTube 頻道。目前，她的影片內容主要是與父親玩耍的各種場景。目前，阿納斯塔西婭已擁有七個頻道，訂閱者超過一億。

在韓國，一位年僅六歲名為 Boram 的網紅，靠著自己兩年多的直播收入，在首爾江南地區為父母購置了一套價值八百萬美元的豪宅。

Boram 在 YouTube 上擁有兩個頻道，一個專門做玩具測評，另一個則記錄平時生活的日常點滴，共計有三千一百多萬訂閱用戶。Boram 最熱門的影片是她吃炸醬麵的影片，獲得了超過五．七億次觀看量。

今天網紅的影響力，早已遠遠超過過往的電視、電影

◀ 第三名的俄羅斯小女孩拉辛斯卡雅，一年進帳 1,800 萬美元。

◀ Boram 吃麵影片的點閱數達到 5.7 億次觀看。6 歲就在首爾江南區買下價值新臺幣 2.5 億元的豪宅。

20 Caleb Denison, Aneight-year-old U.S. YouTuber earned $26 million in 2019, Digital Trends, December 19, 2019.

明星，借助互聯網，他們可以輕鬆觸達全球數十億人群，這讓互聯網一代的童年生活變得格外不同。

美國學者尼爾・波茲曼（Neil Postman）曾在《童年的消逝》（*The Disappearance of Childhood*）一書中指出：「電視作為一種媒介，比印刷媒介更能全方位滲透進生活，電子媒介對社會的影響是巨大的，它改變了人們的思維和行為方式，也模糊了兒童和成人之間的界限，使得兒童逐漸『成人化』。」

波茲曼倘若在世，想必也會被互聯網的能量所震驚。YouTube 每月有二十億登錄用戶，平均每分鐘會更新上傳五百個小時的影片。越年輕的用戶越喜歡 YouTube。從二〇一九年三季度披露的資料看，十五歲至二十五歲是 YouTube 用戶最集中的年齡段，該年齡段的人有八五％在用 YouTube。

YouTube、Snap 等影片社區的崛起，捧紅了一波兒童網紅，讓萊恩、拉辛斯卡雅成為許多兒童的偶像，也深刻塑造著更年輕一代的職業觀。

調查研究機構哈里斯洞察與分析公司（Harris Insights & Analytics）在二〇一九年對中國、美國、英國三個國家的兒童進行的一次職業興趣的調查發現，大約有三〇％的美國和二九％的英國兒童的夢想是成為 YouTuber，在兩國最嚮往的職業中均排名第一，而 YouTuber 在中國兒童中也是第三受歡迎的職業。

英國親子平臺 Hoop 在二〇一九年針對一千名十六歲以下兒童的職業夢想調查發現，男孩更想要活在鎂光燈之下，男孩的最大夢想是成為足球運動員，其次是員警和 YouTuber／

Vlogger[21]。研究也發現，五分之三的受訪兒童承認流行文化，如電視、書籍、YouTube、電腦遊戲、名人等，在塑造長大後的工作夢想時發揮關鍵作用。其他重要影響因素是學校，占二〇%；家長占一〇%。

日本學研教育綜合研究所在二〇一九年透過對全國一．二萬名小學生的調查，公布了最新的《小學生白皮書》，「YouTube 網紅」成為日本小學男生排名第一的夢想職業，二至十名分別是足球運動員、棒球運動員、汽車駕駛員、員警、醫生、公司職員、科技研究員、考古研究員和公務員。

成年人對於成為 YouTuber 的熱情也在熾熱燃燒。YouTuber 也是英國年輕人的夢幻工作。據BBC報導，五十年前在英國的同類調查中，當時的年輕人最嚮往的職業前三名分別是教師、科學家和足球運動員。將近一半的現在五十歲以上的人認為，當年他們沒有太多選擇，養家糊口比興趣愛好要更重要[22]。最近的一項對十六歲至二十五歲的英國年輕人職業意願調查顯示，四分之三接受調查的英國年輕人最想從事的職業是 YouTuber。絕大多數年輕人表示，不願從事他們父母的職業，更不願一輩子就幹一個行業。

為什麼 YouTuber 這個若干年前還沒人聽說過的職業，會成為當今年輕人的最愛呢？在上述調查中，接受訪問的年輕人給出最多的答案如下：首先是自由自在，不必朝九晚五，聽

21 〈夢想職業變了！女孩想當科學家，男孩想當網紅〉，參考消息網，二〇一九年三月十五日。
22 玉川：〈當今英國年輕人就業的夢幻工作〉，BBC中文網，二〇一七年七月一日。

人指揮；其次是能賺錢，幹得好還能賺大錢；還有受人羨慕，有利於提升自信心，「粉絲」可能遍及世界各地。

潮流依然來自偶像的力量。

二十二歲的露西·厄爾在大學最後一年，跟父親借了五百英鎊開始在 YouTube 上利用影片教英語。一開始只是業餘時間做，直到八個月後，她才敢全職做 Vlogger。因為，這時她的 English with Lucy 已經擁有三十五萬訂戶，她的頻道流量超過了一千兩百萬，並開始有了足夠的收入。現在，露西每天從劍橋郡的家裡，透過影片在 YouTube 和其他網站教英語，她的「學生」遍及世界各地，從歐洲、亞洲到南美洲。她活潑甚至俏皮的風格，不僅使人們輕鬆愉快的學習英語，而且還能了解英國的風俗民情。她認為，這是自己做出的最棒的決定。

新華網在二〇一七年做的一次調查研究發現，受訪的「九五後」中有超過一半的人最嚮往的新興職業是主播，接下來依次是網紅、聲優、化妝師、Cosplayer（專業角色扮演者）等[23]。YouTuber 也是很多中國年輕人的職業備胎。《中國青年報》的記者就曾採訪了幾位在二〇二〇年新冠肺炎疫情防治期間，製作影片部落格的故事[24]。

王嘉沛在一家整形醫院工作，疫情防治期間她也拿起手機，錄製影片分享美妝心得。她很理解養號[25]人的迫切，只有積累足夠的粉絲，才能在帳號裡帶貨，或者吸引廣告主，今年的錢不好賺，只好給自己找一個 Plan B（替代方案），讓生活多一條出路。

另一位 YouTuber 張馨「研究對標帳號[26]、分析短影片內容、研究近期焦點影片」。她還上網路課程，聽有經驗的 YouTuber 講短片傳播技巧。在十五天的時間裡，她在自己的影片帳號中，更新了十一部短片，雖然按讚量仍是兩位數，粉絲數也沒有大的變化，但她覺得，至少邁出了第一步。

消費的主體，是符號的秩序

YouTuber 為何會成為全世界年輕人嚮往的職業？這看似難以理解，卻是當下主要經濟體，從生產者社會向消費者社會轉型所帶來的必然。

美國經濟學家約翰．加爾布雷斯（John Kenneth Galbraith）從現代公司以實現「穩定」為首要目標的這一點出發，提出了「生產者主權」論。在現代資本主義社會，生產者設計和生產產品，並控制著產品銷售價格，然後透過龐大的廣告、通訊網路和推銷機構對消費者進行「勸說」；現代大公司還對政府進行遊說，以左右政府的採購決策。

在加爾布雷斯看來，在生產者主導的社會，關鍵在於消費者和生產者之間力量的不平

23 〈圖解：九五後的謎之就業觀，你看懂了嗎？〉，新華網，二〇一七年五月二十四日。
24 張敏：〈「影片博主」成為年輕人的 Plan B〉，《中國青年報》，二〇二〇年四月十四日。
25 指自己申請一個微信帳號後，透過手動操作來維護帳號的活躍度，以不被系統凍結封號。
26 想把帳號做好，剛開始時需要找到跟自己領域相同的帳號，透過對競品的分析和模仿，尋找出適合自己又適合傳播的表現形式，同時透過對比找出差異化（優勢點）。

衡，因為生產都是有組織的、集中的，最典型的就是世界五百強這些巨無霸公司，而消費者則是分散的、個人化的，他們無法採取集體行動，因此，會處於弱勢地位。

在一個生產者主導的社會，雖然表面上「顧客就是上帝」，但消費者大致上處於被控制的地位。在加爾布雷斯看來，在現代經濟條件下，借助於專業的市場調查機構，生產者能夠獲得消費者需求及其變化的豐富資訊，把握消費發展的流行趨勢，設計和生產適應消費者需求的產品；透過龐大的廣告網、通訊網和推銷組織對消費者進行轟炸式的「誘導」，生產者可以迫使消費者接受其提供的品種、款式、規格、價格，按照其指導購買和消費。生產者借助於現代技術將其意志強加給消費者，於是，在現代經濟條件下，不是需求創造供給，而是生產創造消費。

而與「生產者主權」相對應的另一個概念是「消費者主權」，指在商品市場上消費者占據主導和支配地位的狀況，消費者的購買和消費決策決定著生產者生產什麼。在經濟學中奧地利學派和劍橋學派的代表學者始終堅持，現代資本主義是建立在消費者主權這一基本原則之上的。

在諾貝爾經濟學獎得主海耶克（Friedrich von Hayek）看來，消費者在市場上每花一元貨幣就等於投出一張選票，消費者喜歡某種商品，願意花錢去買它，就等於向這一商品的生產者投了一票。各個生產者就是透過消費者在市場上「投貨幣票」，了解社會的消費趨勢和消費者的動向，從而以此為根據，組織生產適合市場的需求，銷路好的產品，以滿足消費者的要求，從而最終達到利潤最大化的目的。

縱觀人類文明史，其實也是一部擺脫物質貧乏的歷史。二十世紀初以來工業化及現代化的迅猛推進，開始帶動人類社會從短缺走向富裕，已開發國家首先邁入富裕社會行列，而後開始在全球範圍內擴散，中國在歷經四十多年改革開放之後也已經感受到富裕社會的來臨。隨著富裕社會的來臨，日常生活中的消費活動建構了一種新的社會秩序，改變了以往的社會整合路徑，透過增強消費者的自主性重構了權力關係。

作為最早提出「消費社會」這一概念的後現代主義理論家，尚．布希亞在一九七〇年出版的《消費社會》（*La société de consommation*）一書中指出，在當代資本主義社會中人不再消費物，而是消費符號，同時社會依靠符號區分階層，而整個「消費社會」是一個依靠具有差異性的符碼[27]組織起來的動態結構，對其的任何抵抗只會成為「消費的重新推進器」。

從日常的服裝消費，最能印證布希亞所說的「消費的主體，是符號的秩序」。

今天，人們買衣服，不是考慮衣服避寒的使用價值，而是購買衣服所隱含的意義，因為不同的衣服的風格、品牌，象徵了人的個性和社會地位。人們購買衣服，大都是針對商品所被賦予的意義。在數位世界，這一切可以線上完成：人們從 YouTube、從 Instagram、從小紅書等社區平臺裡的 YouTuber 那裡被播下欲望的種子，完成所謂「種草」；然後前往亞馬遜、淘寶、京東等電商平臺下單，完成所謂「拔草」；當下在中國大熱的直播電商，更是在分秒之間，完成消費者欲望的激發和滿足。

27 Code，用於溝通意義的一套慣例。

在數位時代的消費社會，從YouTube到Instagram，從微博到B站，無不扮演著舉足輕重的角色。在這個社會裡，人們的消費對象不再是商品的使用價值，而是大眾媒體、網紅達人所創造的符號價值；人們生活的世界也不再是由具體物品所構成的實體世界，而是由文章、圖片、影片所構築起來的擬象世界和「超真實」的世界；人們的需要也不再是主體性的需要，而是由各色YouTuber們所建構出來的「虛擬」的需要。一如邁克・費瑟斯通（Mike Featherstone）在《消費文化與後現代主義》（*Consumer Culture and Postmodernism*）一書中所揭露的：「大眾傳媒把羅曼蒂克、珍奇異寶、欲望、美、成功、共同體、科學進步與舒適生活等各種意象附著於肥皂、洗衣機、摩托車及酒精飲品等平庸的消費品之上。」

今天的人們許多都活在媒體製造的鏡像之中，成為大紅大紫的YouTuber，某種程度上也成了「造鏡人」。

一九九一年波斯灣戰爭爆發的時候，當德國《明鏡》（*Der Spiegel*）週刊的記者問布希亞是否願意到伊拉克戰場走一走時，布希亞的回答是：「我靠虛象生活。」在傳播學者陳力丹看來，大眾傳媒取消了意義和現實，從而消解了交流，正是在這種意義上，布希亞才否認了波斯灣戰爭的現實性[28]。

同樣的，布希亞對於「九一一事件」的分析，也同樣能印證其對後現代社會媒體的觀點，他認為恐怖主義正是霸權主義這枚硬幣的反面，而媒體是被操控的工具。在伊拉克戰爭中，當大眾夜以繼日的觀看美軍與伊拉克官方的軍事武力交火時，他對這場戰爭的觀感，實際上與看美國越戰大片的感想，並無兩樣。因為他們所看到的電視影像，只是由持某一政治傾向的攝影師捕捉、剪接和變形的結果，大眾看到的已遠非真實的伊拉克，而是被具有即時轉播功能的媒體所「虛擬化」的紀實敘事作品。

YouTuber 之所以成為全球年輕人嚮往的職業，也正因為它所帶有的鏡像屬性和造夢功能。在傳統社會，傳播權及內容製造權一向掌握在傳播機構的手中，但 YouTube 現象顛覆了這個權力結構，展開了「全民播客」的新時代。這個轉變的重要作用是促使「使用者主導的內容」進入社會傳播的主流。

今天的 YouTube 不僅僅是一個影片社區，更是一架龐大的商業機器。谷歌發布的二〇一九年財報首度披露了 YouTube 的財務資料，在二〇一九會計年度，這個影音平臺的廣告收入為一五一．五億美元，在過去兩年翻了兩倍。曾擔任 YouTube 商務總監的羅伯．金索（Robert Kyncl）在其著作《串流龐克》（*Streampunks*）中寫道：「如今的 YouTube 幾乎在全世界所有國家都提供服務，它的廣告收入會分給來自九十個國家的創作者，YouTube 擁有七十六種語言的當地語系化版本，這些語言已經覆蓋了九五％的互聯網用戶。」

比收入更可觀的是，據谷歌最新財報，YouTube 每月已註冊用戶的訪問量基本穩定在二十億以上，在二〇二〇年一季度，平臺獲得了三兆的收看。YouTube 也成為 YouTuber 造富機器：平臺上超過一百萬訂閱使用者的頻道翻了一倍；透過影片在 YouTube 賺錢的 YouTuber，收入在十萬到一百萬美元之間的人數，與之前一年相比增長超過四〇％。

28 陳力丹、陸亨：〈鮑德里亞的後現代傳媒觀及其對當代中國傳媒的啟示〉，傳媒學術網，二〇〇七年六月七日。

在財報電話會上，谷歌執行長桑達爾．皮查伊（Sundar Pichai）也申明 YouTube 其實並不僅僅是一個影片平臺，他說：「關於 YouTube，這是一個規模巨大的平臺，而直接回饋廣告對我們來說是一個增長潛力巨大的領域。隨著時間的推移，你會發現，當人們在很多商品和服務上消費時，其實也是他們 YouTube 體驗的一部分，我們如何營造更好的消費體驗，對我們來說也是一個巨大的機遇。」

邊界模糊：生產與消費融合

新科技不僅為媒體傳播帶來福音，也重塑了消費者的習性和人生。與生產型社會中，人們主要集中在農業和製造業不同，進入消費型社會，與娛樂、內容消費相關的服務業創造了海量的就業職位，從而營造出一種消費即工作的景象。

早在一九八〇年代，美國學者艾文．托佛勒（Alvin Toffler）就曾創了一個新詞——「產消合一者」（Prosumer），結合了生產者（Producer）和消費者（Consumer）的角色，意指一種生產者即消費者，或消費者即生產者的現象。托佛勒在《Wealth3.0：托佛勒財富革命》（*Revolutionary Wealth*）一書中提出了「產銷合一經濟」的概念。

數十年後，「產消合一者」概念，在使用者生成內容的互聯網內容平臺上得到了近乎完美的闡釋。從臉書到 YouTube，從 Quora 到知乎[29]，到推特到微博，這些大名鼎鼎的網站所創造的商業成就，大部分都來自消費者本身，人們源源不斷的把自己辛苦編輯的文字、拍攝的照片和影片上傳到這些平臺上，彼此評論按讚。一如托佛勒的預言，我們每一個人，成了形塑未來經濟的主體。

工作與娛樂、生產與消費，邊界正在消融，也滋養了數位時代勞工的永動機制，復旦大學新聞學院副教授姚建華梳理出了兩點機制[30]：

第一，**興趣勞動化**。曹晉、張斌、胡綺珍等學者，透過對中國和臺灣字幕組成員的參與式觀察和半結構化訪談發現。字幕組成員往往基於自己的興趣和對影視作品的喜愛，利用互聯網合作完成發布、翻譯、時間軸和協調等工作任務，自願為國外影視作品製作中文字幕，並在各種網路論壇中發布與傳播。

換言之，字幕組的工作沒有任何物質報酬，字幕組論壇伺服器每年的營運和維護成本，甚至多由網路論壇管理員和資深字幕組成員自掏腰包予以解決。全球華人能夠透過網路下載或點播影片，觀賞到最新、免費且配有製作精良的中文字幕的影視節目，無疑得益於字幕組成員的「無酬勞動」。

第二，**勞動遊戲化**。現在從外賣平臺到網約車平臺，都把遊戲中的獎賞機制引入到各自領域，為了鼓勵外送員多送單、送難單，平臺往往在他們的工作中植入「挑戰賽」活動，如

29 Quora、知乎皆為線上問答網站。
30 姚建華：〈數字勞動的「永動」機制：何以可能？〉，《新聞戰線》，二〇一九年第九期。

外送員在指定的時間段內完成規定的訂單量，就可以獲得一定數額的獎金。

二〇一八年歲末，美團就連續舉辦了十二期「暖冬系列賽」，在每一期中，騎手完成最低單量要求，即可在下一期獲得獎金的加成，最高可加成二〇〇%。勞動遊戲化的過程激發了外送員用努力、熱情和實力去挑戰更多的工作量和更難的工作任務，在此過程中的成就感和責任感驅使他們自願付出更多的勞動。

行銷人士很早就體驗到這種革命性一刻的到來。

「我既是一個市場行銷人士，也是品牌研究者，同時身兼三百六十度整合策劃專員，我很幸運可以站在這樣一個時代的臨界點上。對於這樣的多重身分歡喜異常。」Axis Business Consulting 合夥人兼聯合創始人艾倫．盧瑟福（Alan Rutherford）說。正如一九八〇年至一九九〇年代，數位媒體還沒興起，人們尚可以清楚的區分媒介和廣告兩者，而現在呢？邊界正在消失，暗流湧動，看似分離的行業間有了更多潛在的交叉勾連，背後的關聯性正在加強。當所有的枝椏融會在一起，交融的時代也賦予了人們更多的角色。

今天，每一個網民都是數位勞工。過去，傳統媒體要為撰稿人付出大量稿費，出版社需要和作者簽訂煩瑣的合約以落實版稅的分配，而今天，臉書、推特、Instagram、微博的用戶們則心甘情願免費把自己的文章、圖片、影片上傳至平臺。

二〇〇〇年，義大利學者蒂齊亞納．泰拉諾瓦（Tiziana Terranova）在《免費勞動：為數位經濟生產文化》（*Free Labor*）一書中首次提到數位勞動的概念，認為數位勞動是和傳統物質勞動有著顯著區別的「非物質化勞動」模式。在泰拉諾瓦看來，數位勞動是免費勞動的一種表現形式，是指知識文化的消費被轉化為額外的生產性活動，這些活動被勞動者欣然接納的同時，勞動者卻受到了一定程度的剝削。

作為左派經濟學家，福克斯認為，商品經濟時代，勞動工人是勞動力市場的主要力量；隨著數位經濟的發展，數位化技術所賦予的數位勞動，使得數位一體化占據了市場的核心地位，這意味著勞動工人將逐漸被數位化勞動技術所代替。以互聯網為代表的資訊與通信技術改變了勞動力市場的位置與形式，將勞動的場所從工廠轉移到網路、轉移到個人的電腦與手機，並透過偶像宣傳和灌輸意識形態，讓人們心甘情願的免費勞動。然而追根究柢，資本對勞動者的剝削沒有變——只能說是變得更殘酷、更隱蔽。

工作倫理的衰落

消費社會的到來直接掏空了傳統工作倫理的根基。

現代社會的工作倫理發端於新教工作倫理。在富蘭克林的《窮查理年鑑》（*Poor Richard's Almanack*）中，馬克斯・韋伯（Max Weber）看出了資本主義精神。富蘭克林推崇的誠實、節儉、克己、守時、勤奮的品質，促使商人與小作坊主積聚了巨額財富。競爭在行業間出現了，田園牧歌式的懶散被集體性的自覺貪欲摧毀了。工作是資本主義精神的核心，對財富的無休止追逐強迫人們壓制享樂的欲望，人們由上帝的奴隸轉變成工作的奴隸，清教徒的禁欲精神是當時的社會與道德準則。

新教工作倫理的核心思想強調工作是美德，財富是天恩，貧窮是罪惡。經過十八世紀的世俗化過程，新教工作倫理褪去了神學的外衣，但依靠勤勞節儉、克己制欲就能取得成功以及責備窮人的精神實質保留了下來，成為英國、美國社會文化的一部分。

每一次技術變革，都會帶來相應的工作倫理變革。「泰勒制」正是工業革命催生的代表性的工作精神。

美國機械工人泰勒從一八八一年開始，利用在米德威鋼鐵廠擔任工長、總工程師和伯利恆鋼鐵公司顧問之便，進行了一系列試驗，包括金屬切削試驗、搬運生鐵塊試驗和鐵鍬試驗，取得了很大成功。在金屬切削試驗中。他用碼錶記錄切削過程每個動作的時間（所以後人戲稱實行「泰勒制」的時代為碼錶時代），找出用最少的動作、最短的時間完成切削任務的辦法，並注意不斷改進工具。

在動作研究的基礎上制定了合理的工作量標準，也就是定額。透過生鐵塊搬運與鐵鍬試驗，不斷改進鐵鍬的形狀、規格，以及各種原料裝鍬的最好方法，使工作效率提高了三倍，人員大為減少。不但工廠主滿意，工人也增加了薪資。

泰勒透過科學試驗，逐漸形成了一套管理理論，先後發表了《計件工資制度》、《車間管理》、《工廠管理》等一系列管理著作。泰勒對工人所宣揚的工作精神，強調雇主和工人不要有對立情緒，而要互相信任，共同為提高勞動生產率而努力，這樣對雙方都有利。這一套管理思想和方法被人們稱為泰勒制，也稱「泰勒主義」。它大大提高了勞動效率，而且緩解了勞資矛盾，因而在美國迅速得到了推廣，甚至軍隊也推行了泰勒制。其工作標準、工作程序（即工藝流程）、工作定額、工人培訓和生產計畫等基本內容，直到今天仍是企業管理必不可少的基礎。

但一如歷史學家華勒斯坦在《近代世界體系》（*The Modern World-System*）中所說，從文藝復興運動開始展開的「資本主義的世界體系」，可能在二〇五〇年代終結，被一種新的體系取代，就像現在的社會體系在十六世紀取代了中世紀世界體系一樣。

二戰之後，工業社會進入輝煌頂峰，從汽車、鋼鐵行業延綿而來的泰勒制也發揮到了極致，但在消費者主義和駭客精神這兩大洪流的衝擊下，工業社會工作倫理的堤壩開始出現「管湧」[31]。

消費社會的興起給了新教徒式的工作倫理最致命一擊。

一九六〇年代喧鬧的縱欲主義狂歡運動，在毒品與搖滾樂的刺激下，徹底表明「對個人娛樂」的追逐成為一切社會理念的核心。在這樣的社會形態中，一切都是為最終獲得快樂而服務的，一切行為的核心是娛樂。

茱麗葉・修爾（Schor, Juliet B.）在其著作《消費過度的美國人》（*The Overspent American*）中，反諷了美國人是如何掉入「消費—工作—消費」的陷阱之中：一九八〇年代的美國人的消費總量比四十年前多了兩倍。他們工作，然後購物。工作就是為了花錢，休閒

31　壩身或壩基內的土壤顆粒被滲流帶走的現象。

就是為了購物。電腦、電話和電視使得家庭成為終端零售點。

為了維持一個越來越高的物質生活標準，美國人的工作時間越延越長，因為維持這樣一個物質生活標準的成本越來越昂貴。於是，人們越來越追求這種物質生活標準，越來越不看重休閒時間，因為時間是有機會成本的。在維持物質生活標準面前，休閒時間是一種浪費。

工作的價值某種程度上也被異化為消費的價值，人們需要購買越來越多的商品，需要越來越多的錢。然而，經濟衰退、工作不穩定和失業的風險，使工人覺得賺錢比削減工作時間更重要。道理很簡單，失業使得自由時間的價值貶值了。失業使人變成無用的人，無從參與公共生活，使得男人退到「女人的世界」（廚房和家）；在某種意義上，失業是「男人的恥辱」。這一情況，從反面凸顯了工作的價值。

美國當代作家強納森．法蘭岑（Jonathan Franzen）的小說《修正》（*The Corrections*），講述了一個美國典型的中產階級的家庭，日益陷入病態並最終分崩離析的過程，可以看到消費主義對美國傳統的巨大衝擊。

伊妮德．藍博特和丈夫艾爾佛瑞生活在美國的城郊小鎮上，他們有三個孩子：大兒子蓋瑞，有穩定的工作和收入，看似有個溫馨的家庭，但是卻罹患了憂鬱症；二兒子齊普，在大學教書，因與女學生有了不正當的關係，丟掉了教職，後又去了立陶宛，以詐騙美國同胞為生；女兒丹妮絲是一家餐廳出色的廚師，與餐廳的老闆有了性關係之後，老闆的妻子卻愛上了她。

伊妮德試圖把在外生活的三個孩子齊聚到家中，過一個團圓的耶誕節，但最終卻發現這個看似和諧的家庭已經陷入了分崩離析之中。書中的人物一個個都是病態的，連艾爾佛瑞都患有帕金森氏症，已經陷入了半痴呆的臆想狀態。

《修正》出版不久，九一一事件爆發。《紐約時報》的書評文章稱：「法蘭岑的小說置身於九〇年代那窮奢極欲（性濫交、毒品氾濫、東岸的時髦飯店和高科技小玩意）的全景之中，而這些都是『瘋狂的美國經濟』所帶來的衍生品。因此，這部小說可能看上去與當時那種肅穆的社會情緒格格不入。然而正好相反，《修正》在廢墟中巍然挺立，立刻就成為一個已毀世界的豐碑，成為一座燈塔，照耀了一種新小說的發展方向[32]。」

互聯網的出現，進一步解構了殘存的工業時代工作倫理，使之鼓勵的禁欲、克制、勤奮的精神更加支離破碎。數位一代早已聽不進「努力工作」的老生常談，「後浪們」的生活經驗和人生教訓都是從社交媒體、影片網站裡習得的。

電子前哨基金會（Electronic Frontier Foundation，簡稱ＥＦＦ）的創辦者約翰．佩里．巴洛（John Perry Barlow）被視為「賽博空間時代的湯瑪斯．傑佛遜」，他於一九九六年在瑞士達佛斯發出的《網路空間獨立宣言》（*A Declaration of the Independence of Cyberspace*），可謂互聯網先鋒與工業巨頭的決裂：

「我們正在創造一個世界，在那裡，所有的人都可加入，不存在因種族、經濟實力、

---

32 Sam Tanenhaus, Peace and War, New York Times, August 14, 2012.

武力或出生地點而產生的特權或偏見。我們正在創造一個世界，在那裡，任何人，在任何地方，都可以表達他們的信仰而不用害怕被強迫保持沉默或順從，不論這種信仰是多麼奇特。你們關於財產、表達、身分、遷徙的法律概念及其情境對我們均不適用。所有的這些概念都基於物質實體，而我們這裡並不存在物質實體。

「我們的成員沒有軀體，因此，與你們不同，我們不能透過物質強制來獲得秩序。我們相信，我們的治理將生成於倫理、開明的利己以及共同福利。我們的成員可能分布各地，跨越你們的不同司法管轄區域。我們內部的文化世界所共同認可的唯一法律就是『黃金規則』。我們希望能夠在此基礎上構建我們獨特的解決辦法。但是我們決不接受你們試圖強加給我們的解決辦法。」

《網路空間獨立宣言》所宣揚的精神，加速顛覆了泰勒體制的那一套條條框框。互聯網既孵化出了一批九九六的工作狂人，也孵化出了賽博龐克主義者這樣的悲觀流派。

威廉・吉布森（William Gibson）在一九八四年出版的《神經喚術士》（*Neuromancer*），標誌著賽博龐克的誕生，這部小說講述的是一個犯罪團夥圍繞著一樁祕密任務，挑戰嚴謹的公司秩序、解放個體的故事，整個故事情節帶有賽博龐克強烈的反烏托邦風格：掌握資訊的人掌握世界，技術無法消除犯罪和不平等，有如香港九龍城寨一般的建築群構成了地下生態系統……。

一如美國科幻評論雜誌《超新星言述》（*Nova Express*）的編輯兼作者勞倫斯・帕森

（Lawrence Person）描述道：一個典型的賽博龐克角色是處於社會底層的邊緣人，他們往往被一個電腦科技和資訊流通極為發達的反烏托邦性質的社會所遺忘，整日只關注新鮮科技，他們樂意進行身體改造方便侵入龐大的虛擬網路世界。在那樣一個社會，任何企圖把意義注入工作的行為，都是徒勞的。

有別於賽博龐克所描述的「高科技、低生活」，英國皇家藝術學會（Royal Society of Arts）發布的《未來工作方式的四種設想》的報告中列出了四種設想，展示了二〇三五年世界可能變成的模樣[33]：

第一種設想，**大技術經濟時代**，那是一個技術得到迅速發展的世界，創造了新機器時代，以極低的價格提供高品質的產品和服務。缺點就是一些跨國公司說了算，最終會導致失業率上升，就業不穩定。

第二種設想，**精準經濟時代**，雇主透過監控工作場所，可以對員工的表現做出即時評價。零工經濟平臺對員工進行管理，競爭代替合作。這份報告稱，普遍認為這種做法會發展成一個更加精英化的社會，人們的努力都會得到回報，資源得到更好的利用，浪費現象也不復存在。

33 Douglas Broom，《未來工作方式的四種設想》，世界經濟論壇官網，二〇一九年七月十五日。

第三種設想，**外流經濟時代**，這是一種經濟崩潰的情景，創新資金被削減，英國「陷入低技能、低生產率和低薪的工作模式」。資本主義被其他經濟模式所替代，食物、能源和銀行業出現合作社和共同體。低薪資促使很多人遠離城市，過上自給自足的生活。

第四種設想，**共情經濟時代**，設想了一種以責任管理制度為基礎的未來社會。隨著技術的進步，相對的，公眾對其風險的認識也在不斷提高。科技公司進行自我監管，與外部利益相關者合作，工人和工會共同管理自動化生產。但是報告也發出警告：「這種發展趨勢帶來了情緒勞動，即需要管理自我情緒，甚至克制自己，以滿足他人的需求。」

報告寫道：「世界發展的主要推動力，包括新技術的開發和應用，極具複雜性和不可預測性，對此，所謂的預測與先知都是徒勞的。況且發展趨勢是不可能被準確預測的。歷史上充斥著對技術進步與影響進行了錯誤預估的案例。與其做出整齊劃一的預測，還不如讓那些有權勢的人考慮未來的多種情景，並使工人們為可能出現的各種結果做好準備。」

04 在不確定的世界，穩住自己

新冠病毒不但捧紅了線上會議工具 ZOOM，同時也把冥想類應用推向了大眾。

美國猶他州正念的創始人 Vicki Overfelt 一度被診斷出患有新冠肺炎。當她康復時，她回到了自己的冥想社區，那時該社區的活動基本都轉向了線上。不久，她幾乎在與三千多人通話時進行冥想。她說：「（疫情防治期間人們）很容易陷入所有這一切的存在性焦慮之中，而冥想可以幫助我們理解和應對巨大的壓力[34]。」

冥想通常被認為是一種單獨的活動，一種獨自坐著並感到舒適的方式。但是在這個提倡保持社交距離的特殊時期，人們正在使用它來感覺與其他人的團結感，即使這只是虛擬的。據移動資料分析平臺 App Annie 的資料，二〇二〇年三月二十九日當週，冥想類應用程式的下載量達到了七十五萬次，比一月和二月的每週平均值增長了二五％。安卓用戶在那一週使用這些應用的時間也比平時多了約八五％。

34 Rachel Lerman, Feeling stressed? Meditation apps see surge in group relaxation, Washington Post, April 22, 2020.

此前，冥想課程已經在華爾街和矽谷頗為流行。推特和 Square[35] 執行長傑克．多西等矽谷高階主管正在進行佛教冥想靜修，大城市的高端水療中心正在安裝「冥想吊艙」，冥想應用程式 Headspace 籌集了七千五百萬美元，每年華爾街人士都在追逐布里奇沃特合夥人創始人雷．達里歐的領導，並花費近一千美元來學習超然冥想。甚至，在蘋果 iOS 10 的「健康」功能中，也可以發現「冥想訓練」的選項。冥想正在成為科技公司眼中健康生活的關鍵字。

冥想起源於古印度的婆羅門教和耆那教，而它的廣泛傳播，則得益於美國人的推廣。十九世紀末期，受新印度運動改革家辨喜（Swani Vivekananda）在美國的演講影響，西方開始對冥想有了基礎認知。而直到一九六〇年代，透過嬉皮士的美國反文化潮流浸染，冥想得以在美國二次流行。二〇一七年，冥想的普及程度已經超過按摩，與瑜伽持平，成為美國第二大補充醫療方法。

儘管冥想如今十分盛行，也已被人類踐行上千年，但心理學家和精神學家們相關的學術研究僅有幾十年而已，關於它究竟是如何影響人們的大腦、改善身心，又在多大程度上幫助那些身心罹患痛苦的人，至今沒有明確的結論。

科學家曾使用功能性磁振造影觀察人腦時發現，正念冥想會啟動人腦中一些區域的神經元連接。但需要冥想多長時間這些大腦區域才能被啟動？冥想練習結束後人腦中這些區域是否還能保持活躍狀態？這些問題尚無確實結論。慕尼黑工業大學教授克雷斯韋爾與他的同事們，在二〇一五年和二〇一六年分別進行了兩項研究，對象均為有心理壓力的成人失業者，將他們分成小組，研究他們進行冥想練習所獲得的心理療效。這些研究同樣證實冥想能夠幫助緩解壓力。

在二〇一〇年開展的一項研究中，哈佛大學的研究人員請兩千兩百五十名成年人在一個iPhone的應用程式中，記錄下自己每日的想法與行動，並將最終研究成果發布在《科學》（*Science*）期刊上，研究顯示人腦有四七%的時間在神遊，而這種神遊又常常會誘發不愉快的情緒[36]。

焦慮也是思考

冥想的流行，緣於無處不在、持續彌散的焦慮和虛無感。

二〇一二至二〇一四年，在國家科技部的支持下，中國國家衛生和計劃生育委員會，組織了四十餘家精神專科醫療機構和高校專業人員，展開了中國精神障礙疾病負擔及衛生服務利用研究。這項研究涵蓋了中國三十一個省、自治區、直轄市，結果發現，中國以憂鬱障礙為主的心境障礙和焦慮障礙，患病率總體上呈上升趨勢[37]。

35 Square 公司是一個支付服務提供商。Square 允許用戶透過手機在 Square 裝置上刷卡，或者手動輸入細節使用信用卡。

36 Bruce Lieberman, Peering into the meditating mind, Knowable Magazine, May 7, 2018.

37 〈衛計委：心境障礙和焦慮障礙患病率呈上升趨勢〉，中國新聞網，二〇一七年四月七日。

精神障礙概念十分廣泛，在世界衛生組織的分類裡，包括十大類四百餘種疾病。這次調查研究中所稱的情感障礙實際主要包括四大類疾病：憂鬱障礙、雙相情感障礙、身體疾病所導致的情感障礙、物質所致的疾病障礙。其中憂鬱障礙又包含憂鬱症、憂鬱障礙未特定、情感惡劣。

根據中國國家衛生和計劃生育委員會的調查發現，在中國，情感障礙患病率是四．〇六％，其中憂鬱障礙患病率三．五九％，焦慮障礙患病率是四．九八％。高於中國一九八〇年代、一九九〇年代調查結果。但與其他國家比較，中國情感障礙、焦慮障礙患病率低於美國、法國、烏克蘭，相較於巴西、南非等金磚國家[38]來說，中國的患病率也更低。

焦慮障礙在這次調查裡包含了八至九種疾病，包括特殊恐懼症、強迫障礙、社交恐懼等。根據美國家庭醫學參考書《默克手冊》（*The Merck Manuals*）的解釋，當焦慮在不適當的時間出現並頻繁發生，或程度強烈並長時間持續以致影響正常生活時，這種焦慮狀態則被視為疾病狀態。也就是我們常說的焦慮症（或焦慮障礙）。

與恐懼的情感「狀態」屬性相比，焦慮更被認為是一個思考的「過程」。

參與這次調查的專家分析認為，隨著中國經濟社會的高速發展，生活和工作的節奏顯著的加快，公眾的心理壓力普遍增加，導致患病的風險也相對的增加。同時，在近幾十年來，居民的健康意識和就醫意願也提高了，專業人員對精神疾病的識別能力也提升了。

從全球範圍看，焦慮症的普遍程度，已超過人們熟知的憂鬱症，成為人類精神健康的頭號敵人。全球疾病負擔（Global Burden of Disease Study）的資料顯示，二〇一七年，全球焦慮症的患病率為每十萬人，出現三千七百二十一．七六四例，在精神障礙類問題裡患病率居首位。從各國的差異看，歐美一些已開發國家的流行率明顯高於亞非地區的開發中國家。

美國賓夕法尼亞州立大學的大學生心理健康中心（Center for Collegiate Mental Health at Penn State）在二〇一五年展開一項研究，調查了全美的十萬多名大學生，發現一半以上的學生到校園診所就診時提到了焦慮問題，並視其為健康隱患。

美國大學健康學會（American College Health Association）的年度全國調查顯示，近六分之一的大學生，在過去的十二個月內曾被診斷為焦慮症或因焦慮症接受過治療。中央佛羅里達大學擁有約六萬名學生，是全美最大，也是發展最快的大學之一。與許多校園門診一樣，該校的心理諮詢和服務中心的客戶數量也在急劇增加，僅二〇一四年一年就增加了一五．二%。由於發展太過迅速，該中心的一部分儲物間都被改造成了治療師的辦公室。

眾多研究一再強調心理健康和學業成功之間存在關聯。在俄亥俄州立大學心理諮詢中心進行的一項調查中，深受焦慮症之苦的學生們將課業列為首要的壓力源。中央佛羅里達大學的心理諮詢中心及其非工作時間熱線，都是在期中和期末考試迫近時最為繁忙。

根據德國DAK醫療保險公司在柏林公布的「二〇一九年青少年兒童健康調查」，四分

38 金磚國家，原指金磚四國（BRIC），現指金磚五國（BRICS），是指五個主要的新興市場國家，分別為巴西、俄羅斯、印度、中國、南非。

之一的德國中小學生有心理異常反應[39]。例如言語、運動障礙或其他發育障礙。年齡在十歲至十七歲的青少年兒童中，有二％的人患有憂鬱症。同樣多的人患有焦慮症。根據該醫保公司的調查，全德國約有二十三．八萬名兒童和青少年患有憂鬱和焦慮症，而且患病女孩的人數比男孩多一倍。德國兒科醫生協會主席菲施巴赫（Thomas Fischbach）稱調查結果只是冰山的一角。他認為可能有很多漏網的病例。

用友愛化解孤獨

與焦慮同時困擾當代人精神狀況的是不時襲來的孤獨、虛無和無聊。

BBC在二〇一八年情人節啟動了孤獨實驗，來自全球各地（確切的說是兩百三十七個不同國家、島嶼和地區）的五．五萬人參與了這項調查，使其成為史上最大的一項針對孤獨的研究。此前，二〇一八年一月，為解決日趨嚴重的國民孤獨問題，官方統計顯示英國大約九百萬成年人活在孤獨的魔爪下，為此，英國政府特別設立孤獨次官，由體育和公民社團事務次官特蕾西．克勞奇（Tracey Crouch）兼任。

這個實驗項目發起人克勞蒂亞．哈蒙德（Claudia Hammond）總結調查結果，並與三個人探討了他們的孤獨經歷。住在倫敦、一九八五年出生的蜜雪兒．勞埃德經歷過焦慮和憂鬱：「我總有一種揮之不去的孤獨感。從十幾歲開始，我就感覺我有些與眾不同，和大多數朋友也不太合群。在過去的五年裡，這種感覺越演越烈。我很擅長聊天，和誰聊都可以，但這並不代表我能和他們建立長久的關係。你就像身處在一個讓人感到膽怯的人群之中，你不想讓其他人了解『真實的你』。」

一種常見的刻板印象認為，孤獨的主要對象是年長者和單獨生活的人。這並沒有錯，但BBC調查發現，有時年輕人的孤獨感更嚴重，且幾乎每個國家都呈現出這種結果。在北歐和美國等重視獨立的文化下成長的人們表示，他們不太會向同事展露他們的孤獨；在南歐、拉丁美洲、亞洲和非洲等國家，大家庭往往受到重視，年長女性感到孤獨的風險較低。

信諾保險公司和市場調查機構益普索借助「UCLA孤獨量表」，在二〇一七年線上調查兩萬名美國成年人，得分不少於四十三分者被視為孤獨，得分越高，孤獨和社會孤立程度越高[40]。結果顯示，調查對象平均得分四十四分，意味著「多數美國人被視為孤獨」，調查對象中，四六％有時或經常感覺孤單，四七％覺得被遺忘，五四％經常或有時覺得沒人了解自己，四三％感覺自己的人際關係沒有意義，四三％覺得與他人隔絕。

與BBC調查發現相似，美國最孤獨的一代是十八歲至二十二歲的年輕人，平均得分為四十八．三分。較少感覺孤獨的人是那些花費「適量」時間睡眠、工作以及與家人互動的人，無論這個「適量」究竟是多少。另外，與他人共同生活的調查對象也較少感到孤獨。

慈善救援組織 **Lifeline** 針對三千一百個澳大利亞人的調查發現，三四％的受訪者承認自

39 李京慧、文山：〈四成德國青少年患有憂鬱症和焦慮症〉，德國之聲中文網，二〇一九年十一月二十一日。
40 黃敏：〈孤獨成「流行病」？調查顯示半數美國人覺得孤獨〉，新華網，二〇一八年五月三日。

己沒有一個好的傾訴對象；六〇%的受訪者稱經常感到孤獨；八二・五%的受訪者認為孤獨感呈上升趨勢，而四四%的受訪者是與配偶一起生活[41]。

Lifeline負責人表示，澳大利亞人比歷史上任何時期都更加依賴科技，在這樣的背景下，更需要重新審視傳統的關心方式。事實上，澳大利亞人平均每週花四十六小時在看電視或使用電子設備上，此次調查的三一%受訪者承認，使用社交媒體讓他們感到更加空虛。

醫生們在幾十年前就知道，孤獨對健康非常有害。《科學》雜誌一九八八年就曾刊登一篇文章指出：「缺乏社交，對健康是個很大的危害因素，危害程度之大堪比很多眾所周知的因素，如吸菸、高血壓、肥胖症、高血脂等。」

愛情和友誼通常是人類對抗孤獨、空虛的良策，但需要大量持續的時間與精力的投入。自第二次世界大戰結束以來，人們已經變得越來越容易更改常居地點，特別是近年來很多年輕人出於工作原因，頻繁的更換生活城市甚至國家。大城市快捷的生活節奏，使得很多人的社交關係網中，大多數是過去在身邊但現在已分散在各地的好友。

錨定幸福感

二〇〇九年，美國加州大學柏克萊分校心理學終身教授彭凱平，受邀回中國籌辦清華大學心理學系時，有一個明顯的感受是「整個社會的經濟、社會各方面發展都非常迅猛，但好像對老百姓的社會心態、心理支持的關注並不是很多[42]。」

回中國前，彭凱平接觸到了積極心理學：「可以說外有Peterson[43]，內有孫立哲[44]，一個內因一個外因共同點燃了我對積極心理學的熱情。當然我自己也覺得積極心理學是一個很好的、有意義的概念，對中國社會有價值、有意義、有作用[45]。」

在彭凱平看來：「不確定性對人的心理影響非常大，我們都很著急，在匆忙趕路，不趕就要被拋棄。急就會產生躁，我們都很煩躁，壓力特別大。躁就產生戾，躁到極致人就要發作。所以我們經常會看到網路上、民意上、社會上因為一些小事就會罵人或者動手。然後就產生愁，比如憂鬱症、焦慮感普遍增加。採用積極心理學所提倡的疏導、取代、替代、昇華、轉移等方法，把這些消極的情緒和體驗用積極的學習來取代、替代、昇華、轉移、調節，這就是我們想要提倡的積極心理學。它是中國時代的一個發展需求，也是中國心理學走向社會的一個重要契機。」

幸福不是虛幻的概念，也不是簡單的滿足，更不僅僅是心靈雞湯，它有腦科學的定位，

41 程君秋：〈科技使人孤獨？調查：六成澳大利亞人感到孤獨〉，環球網，二〇一六年九月二十九日。
42 〈中國積極心理學第一人：你為什麼總是不開心〉，《健康時報》，二〇一六年十月二十一日。
43 Jordan B. Peterson，喬登．彼得森，多倫多大學心理學教授、臨床心理學家，前哈佛大學心理學系教授。主要研究異常心理、社會心理，以及人格心理學，尤其是五大人格。以在網路上帶動的話題、訂閱率驚人的講學影片，被稱為「西方最具影響力的公共知識分子」。
44 中國貧困農村的赤腳醫生，曾被毛澤東欽點為中國知青典型，留學澳洲、美國，後回中國創業，並兼任北京清華大學教授。
45 〈清華大學心理系彭凱平教授專訪：中國為什麼需要積極心理學？〉，《心理新青年》。

有神經遞質的作用，有經濟的、社會的各種效用，也有看得見、摸得著的生理變化。在一個快節奏、變動不居的時代，如何學會接受、化解憂鬱、焦慮、孤獨、空虛的情緒，是一個人能夠讓自己感受幸福的重要因素。

從二〇一二年起，聯合國宣布每年的三月二十日是國際幸福日，聯合國永續發展網站（Sustainable Development Solutions Network）首次發布《世界快樂報告》（*World Happiness Report*），編製這份幸福指數考量的因素包括人均國內生產總值、社會福利情況、社會信任包容、全民健康狀況、預期壽命等，調查方式是在每個國家選擇一千人，要求他們對有關生活品質的一系列問題做出回答，受訪者在一到十之間做出選擇，綜合各項得分進行排名。

二〇二一年全球幸福指數，針對全球一百五十多個國家和地區進行排名發現，生活在冰天雪地裡的芬蘭人是世界上最幸福的人，排名第一，緊隨其後的分別是丹麥、瑞士、冰島、荷蘭。報告認為，北歐國家幸福指數高的原因主要是國家福利可靠和廣泛、廉潔度高和國家機構運轉良好等。在這個榜單中，中國排行第八十四名，臺灣排名第二十四名。

幸福原本並不在現代主流經濟學的考慮範圍內。雖然亞當・斯密（Adam Smith）在《國富論》（*The Wealth of Nations*）裡並沒有將財富作為核心的唯一的研究目標，而是認為人類經濟行為的核心價值，是社會的和諧與人類福祉的提升，但西方主流經濟學自馬歇爾尤其是羅賓斯以來，就一直陷入到理性人假設的「鐵幕效應」的困境中。

經濟學僅關注收入、財富和消費，而忽略了影響人們幸福的其他許多重要因素，包括激勵與創造、健康、政治參與、社會渴望、自由、利他主義的喪失、不平等、社會資本的減少和地位外部性等。

關於經濟增長必然提高人們生活水準和人們幸福感的論點，已經成為廣大民眾心中顛撲不破的「常識」。但第二次世界大戰之後，歐美國家經濟得到了迅速的發展，國民個人收入顯著增加，但經濟學假設中國民幸福感提高的情況並沒有出現。與此同時，在一些較為貧困的地區，儘管人們在溫飽線上生活，但國民的幸福感並不低。

一九七四年美國南加州大學經濟學教授理查·伊斯特林（Richard Easterlin）試圖把量化研究引入到幸福感的測量，他在這年發表的論文《經濟增長是否能改善人類命運？》中提出，通常在一個國家內，富人報告的平均幸福和快樂水準高於窮人，但如果跨國比較，窮國的幸福水準與富國幾乎一樣高。這一發現被學界稱為「伊斯特林悖論」（Easterlin Paradox）。這篇論文也讓幸福指數進入公眾視野。

一些國家也意識到在強調經濟發展的同時，應該重視國民幸福感的建設，並將其視為國策。在「伊斯特林悖論」被提出的同一時期，不丹國王吉格梅·辛格·旺楚克於一九七二年提出「國民幸福總值」的概念，強調人類社會的真正發展是平等穩固的社會經濟建設、文化價值的保護和發揚、自然環境的保護和高效管理制度的建立。

世界衛生組織在二〇一五年的一份工作簡報中曾讚賞了不丹的經驗：「在不丹，七·四%至一一·四%的政府支出總額投入了衛生部門，強調初級衛生保健，禁止衛生服務私有化。一九九八年不丹建立了衛生信託基金，保證基本藥物和疫苗的不間斷供應。這些政策都是以國民幸福總值思想為基礎，把福祉作為國家政策制定優先考慮項的結果，體現了以人民健康利益為重的精神。不丹檢查了所有部門的計畫和政策，來保證其與國民幸福總值精神保持一致[46]。」

幸福指數研究在二十一世紀初期成為熱門學科。幸福是哲學、倫理學、經濟學、社會學的中心問題，幸福感則是心理學的科學命題，幸福指數則是政府關注的時代課題。如今，法國、英國和其他國家的政府都在對其國民的情感健康度進行調查。

英國華威大學的丹尼爾．斯格羅伊，和格拉斯哥大學的歐金尼奧．普羅圖認為他們找到了答案。兩人在研究了自一八二〇年以來在四個國家（美國、英國、德國和義大利）出版的數百萬本書籍和報刊文章後，描繪出了每個國家的幸福感歷史。

以英國為例，兩次世界大戰期間該國居民幸福感急劇下降，一九四五年之後又再次上升，到一九五〇年觸頂；之後一直逐漸下降，包括所謂的「搖擺的六十年代」[47]，直到在一九八〇年前後達到谷底。

美國國民的幸福感也在兩次世界大戰期間下降了；一九六〇年代內戰期間及之後的幾年裡，其國民幸福感同樣出現了下降；越戰期間幸福感長期下滑；一九七五年，美國在越南西貢被攻陷後狼狽撤退，同年國民幸福感也跌至該國史上最低水準。

斯格羅伊和普羅圖發現，幸福感確實會隨GDP的變化而改變。但是，健康和預期壽命對幸福感的影響更大（即使考慮到財富增加對健康的促進作用），這兩者的影響不像繁榮、蕭條和武裝衝突那樣是階段性的。

例如，壽命延長一年，對國民幸福感的影響與GDP增長四．三％的影響相同。而且，正如對漫長歷史的探究所顯示的那樣，戰爭導致幸福感下降最多。平均而言，一年的戰爭所導致的幸福感降幅需要GDP增長三〇％才能拉平。結果似乎是，雖然增加國民收入對提升幸福感很重要，但確保人口健康和避免衝突的作用更大。

放棄一些關於工作的幻想

在一個麥當勞化的世界裡，工作難以成為幸福的源泉。回憶一下你在麥當勞的用餐體驗，在觸控式螢幕幕上點單，然後等待叫號領餐，整個過程，你可能都不需要和任何工作人員打交道，硬邦邦的椅子也催促著饑腸轆轆的食客早吃完早點走，而無論是在上海還是紐約，薯條和漢堡的味道幾乎沒有差別，甚至店鋪的擺設都似曾相識，熟悉的標誌、同樣的桌椅。

對於在麥當勞工作的人來說，他們只需要按照培訓流程的規定操作，比如薯條炸七分

46 Gyambo Sithey, Anne-Marie Thow & Mu Li：〈國民幸福總值與健康：不丹的經驗〉，《世界衛生組織簡報》二〇一五。

47 《搖擺的六十年代》是一場由青年推動的文化大革命，發生在一九六〇年代中後期的英國，以《搖擺的倫敦》為中心，強調現代性和享樂主義的享樂主義。

鐘撈出、蘋果派超過九十分鐘沒有售出必須扔掉，這種工作很少允許員工發揮他們自己的技能，不允許他們在工作職位上有多少創新。麥當勞員工在統計報告裡往往被歸入低技能人群。麥當勞開闢了一條僱傭勞動的新途徑，那就是非全日制工人、低報酬和不提供保險。

麥當勞餐廳更像是一個未來工作場景的隱喻，這也印證了德國經濟學者霍克海默（Max Horkheimer）此前的判斷，「人是工具的延伸」。

一如馬克斯·韋伯認為資本主義的合理化的根本目標就是「效率」，為了提高效率而使事物整齊劃一，但圍繞這套目標所形成的社會制度其實是不合人性和非人化的，不斷衍生著的合理化的社會制度，最終將形成一個束縛現代人的鐵的牢籠。

美國社會學家喬治·雷瑟（George Ritzer）早就勸誡過我們，速食店營運準則——「高效率、可計算、可預測和高控制」，這些枯燥的標準化體系統治著人們的生活的全部，從教育、工作、醫療、旅遊、家庭生活，甚至包括生老病死。它使各種機構和過程單一化和機械化，人們身處其間感到一切都是例行公事，喪失了工作和生活的樂趣。

對於過程的控制反過來控制了人，不僅在生產過程中的工人和服務過程的服務員，受到諸如生產線之類的控制，消費者和接受服務者本身也被當作物來對待，被驅趕著透過接受服務的全過程。這種以麥當勞化為代表的現代合理化過程走向極端，將整個社會編織成一張無所不包的大網，控制了每一個人。

社會麥當勞化的一個突出的負面效應是，這不僅讓這個社會變成了不可愛的格式化的社會，還有一個必然結果，就是讓我們以為一切問題都有解決方案，當看不到解決方案，人就會變得情緒化，變成一個魯莽的、粗暴的人。

這可能也是市場經濟發展的一種必然。市場經濟是基於幸福的功利主義哲學——為盡可能多的人謀取盡可能多的利益制定的，但這些體制似乎並沒能發揮其功效，即填補人們的欲求之壑，反而將人們引向了一種更加不幸的境地。

耶魯大學教授羅伯特．萊恩從西方發達社會中憂鬱症多發、民主失調、人際關係破裂等現象著手，透過大量的資料、資料和理論研究，試圖破解幸福這個人類永恆命題與金錢、市場、民主的關係。萊恩稱，為錢工作的人只關心結果，往往只能從結果中獲得滿足。因此，那些只會為錢拚命工作的人，與那些具備多種工作動機的人相比，不僅自尊水準低，而且更容易焦慮。

中國清華大學公共管理學院教授王紹光給《幸福的流失》（*The Loss of Happiness in Market Democracies*）簡體中文版撰寫的序言中提到，人們從勞動力市場很難感受到幸福。同樣，研究者也強烈不建議人們透過購物來舒緩壓力、引燃幸福的導火線。因為消費很難給人帶來持久的幸福感。

國際環保組織綠色和平在二〇一七年對中國、德國、義大利的五千八百名受訪者進行的問卷調查發現，這些國家及地區超過半數的受訪者有過度購買衣服的行為，六〇％的中國受訪者和超過五〇％的義大利受訪者都承認，他們擁有的東西遠遠超出實際需要。全新、未剪下標籤的衣服，掛在超過半數的中國受訪者衣櫃裡，而德國和義大利也有超過四〇％的人曾在衣櫃裡發現有吊牌未拆的新衣。約三分之二的消費者購買衣服後感到滿足或興奮，不過大部分人認為興奮感在一天或不足一天便會消退[48]。

綠色和平在基於這次調查生成的《狂歡之後：國際時尚消費調查報告》中分析，當人們希望從購物中得到幸福的同時，調查卻呈現完全相反的結果。人們經常對自己衝動購物亂花錢的結果感到不光彩或有罪惡感。有過度消費傾向的人在購物血拚的間隔中會有空虛及無聊的感受，內心累積的不安和不滿足感，促使他們追求下次更大的購物刺激。

全球反消費主義的力量已漸漸壯大，有許多人開始反思自己的消費習慣、重新審視周遭物品真正的價值。人們因為環境及勞工議題，而對現有的經濟商業模式進行反省，不再從物品，而是從體驗及實在的人際關係中尋找人生意義及幸福。在嘗到過度消費帶來的苦果後，人們追求對身體與情緒有正面作用的持久聯結。

體驗消費可能比買衣服實物消費帶來稍長的滿足感，但也是稍縱即逝。

美國芝加哥大學商學院教授崔維斯・卡特（Travis J. Carter）和康乃爾大學心理學系教授湯瑪斯・吉洛維奇（Thomas Gilovich）的一項研究顯示，當一個人在思考一件衣服或者一件家具時，出現的影像可能是具體的、表面和局部的；但當一個人正在思考一次度假、觀看表演、用餐時，可能傾向於從抽象、核心和總體的特徵來對事件進行表徵[49]。

這些更抽象的體驗思考可以使事件看起來意義更重大，因此更令人滿意。體驗式消費與自我聯繫更緊密，人們更容易把體驗消費看作距離自我概念更近的東西，體驗消費與積極的自我認同更相關。大部分的成年人會把他們的體驗消費，看作比實物消費更能代表自我的一種定義，更利於自我解釋和進行社會交往，有助於自我成長和發展，這種和自我的緊密聯繫反過來產生了潛在的幸福感。

那麼真正的幸福感會從何而來？

「有一天，我們終將富到買不起幸福。在此之前，請珍惜你的家人、朋友、愛人，以及那些被稱為人的存在。」在二〇〇一年出版的《幸福的流失》中，萊恩給出這樣一個結論：幸福感主要來源於真摯的友誼和美滿的家庭生活；當人們不再為溫飽問題而煩憂時，收入的增加對於提高幸福感來說並沒有什麼作用，過度的物質主義，只會把人性引向自私自利，只重結果而無法享受過程。

走出意義的迷宮

今天，人們之所以容易焦慮、虛無、倦怠，還有一個重要原因是不知人生的意義何在。

「二十幾歲的時候，物質、感情，大部分我想要的東西幾乎都得到了，而我卻在那時候陷入了低潮，因為我找不到什麼意義了。後來我的諮詢師告訴我，**人生應該是一個過程，而不是一個個被拆分開來的目標。你是來『度過』這一生的，不是來『完成』這一生的**。抱著

48 〈買買買讓人更空虛？綠色和平調查探究消費心態〉，新浪公益，二〇一七年五月九日。

49 Travis J. Carter, Thomas D Gilovich, I am what I do, not what I have: the differential centrality of experiential and material purchases to the self, Journal of personality and social psychology, 2012.

這個想法我開始改變自己看事情的角度，曾經覺得結婚成家是個任務，完成了就結束了，到後來我才發覺，那只是開始。去體會我們朝夕相處中所有開心和不開心的點滴，那些流動和充盈的愛，才是真正的人生意義。」

二〇一九年十月，中國泛心理學媒體「知我」（KY）進行了一次「當代人自我探索水準」的調查研究，上面這段內容，正是其中一名受訪者對於人生意義理解過程的自述，但受訪者中大概仍有六〇%的人不知道人生意義是什麼。這次調查研究覆蓋了二．五萬人，針對的人群具備「高學歷、生活在一、二線城市」的特徵：從學歷水準來看，大學本科占五八．一三%，碩士研究生及以上占二六．一八%；在居住地域方面，來自一、二線城市的占八四．四七%；從收入水準來看，年收入在二十萬以上的占四五．三三%[50]。

KY的這次調查發現，六四%的受訪者選擇了人生意義「不明確或非常不明確」和「不好說」，選擇「明確」的受訪者占三〇．五五%，而選擇「非常明確」的僅占五．三四%。兩性對比，男性比女性稍微更明確自己的人生意義，男性當中，明確或非常明確自己人生意義的受訪者占四〇．一九%，女性當中，這一比例則為三五．一二%。在那些明確自己人生意義的人當中，認為意義在於「家庭幸福，有愛的人，被人愛和在乎」的人最多，占七七．九五%；其次是「享受生活」（六〇．一二%）和「獲得新的知識、資訊和技能」（五八．三八%）。

「年輕人對人生意義產生困惑是正常的，甚至可以說是積極的心理反應。因為它是人類個體成長應該經歷的一個發展階段。沒有過這種經歷的人，往往沒有思考、分析、辯論和內在化這樣的問題。」一如彭凱平在一篇文章中對於年輕人感到意義迷茫的解釋：人生本來是沒有所謂先天定義的意義的。如果有，那只能說有生物進化上的意義，那就是物種的生存和繁殖。而人，不僅僅是生物的個體，更是社會、文化和精神的個體，我們肯定會有高於動物本性的智慧和理性，因此，作為一個有積極人性的人，我們其實是用一生證明了自己的存在不是一種偶然；我們的一生也不是平淡無奇的等待死亡的過程。它一定要有特殊的屬於我們自己的意義和價值[51]。」

那麼，我們應該從哪裡去尋找意義呢？

對於人生的意義，可能很多人容易想得過於複雜，意義很多時候來自一系列小目標的設立和達成。

科羅拉多州立大學的邁克爾．斯戴格（Michael Steger）曾經和另外三位合作者一起做過一次試驗，講的是如何用拍攝計畫增進生活的意義感，他們在三所大學裡找了八十六名大學生，先讓被試者填寫生活的意義、生活滿意度、心理壓力等量表，並給每位被試者一臺相機，要他們在一週時間內拍下九張到十二張，他們認為對他們「有意義」的對象的照片。一週後歸還相機並對照片進行簡要描述和報告，之後重新填寫以上量表。透過對前測和後測兩組資料的分析，研究者發現，在這一週的拍攝以後，被試者對自己生活的意義更加明朗，生

50 《當代人自我探索水準白皮書》，KnowYourself，二〇一九年十月。
51 彭凱平：〈尋找人生意義不要落入虛無的陷阱〉，《中國青年報》，二〇一六年十一月二十九日。

活滿意度也顯著增加[52]。

這組試驗很容易讓人聯想到近年流行的「小確幸」。有計畫拍攝照片這種行為，正是日本作家村上春樹所說的小確幸——生活中「微小但確切的幸福與滿足」。村上在一篇文章中提及的小確幸，說是他自己選購內褲，把洗滌過的潔淨內褲捲摺好後，整齊的放在抽屜中，就是一種微小而真確的幸福。

在日常生活中，還有很多小確幸的一幕幕：摸摸口袋，發現居然有錢；電話響了，拿起話筒發現是剛才想念的人；你打算買的東西恰好降價了；完美的磕開了一個雞蛋；吃媽媽做的炒蛋；排隊時，你所在的隊動得最快；自己一直想買的東西，很貴，有一天你偶然在路邊攤便宜的買到了；當你運動完後，喝一口冰鎮透涼的飲料。

問題是，並不是所有人都能夠從日常生活的點滴中發現意義。據調查，大部分的日本人平時感到小小幸福的瞬間比較多，像是「吃到美味的東西，尤其是吃到好吃的甜點時」、「慢慢泡澡時」、「跟家人團聚時」、「鑽進被窩要睡覺時」、「工作完或睡覺前喝杯小酒時」、「出門去旅行或休閒時」、「被家人道謝或稱讚時」、「跟家人、情人說話，或跟兒子、孫子等一起玩時」、「看DVD或電視，看到想看的好片或節目時」、「去跑步或上健身房流汗後有快感時」等[53]。

不過，過於放大小確幸的作用，也有「撒嬌」的嫌疑。有批評的聲音認為，小確幸建立在一種高度的世俗性、個體性與民粹性之上，並以商品物質性為其背景[54]。這麼說來，小確幸遠遠不是日常的、常識的「小小的確定的幸福感」而已，而是資本主義發展沉滯期所產生的一種高度政治性的特定文化想像，是精神焦慮不安、物質前景黯淡的原子化個人企圖在當下的感受中，以碎片化的經驗安慰碎片化的自我的一種小詭計。

對於如何尋找人生的意義，本書無法給出精準的路線圖，但可以借助存在主義的智慧幫助你進行思考和探索。

我們不會詢問天災的意義，因為我們不相信天災源自任何賦予意義者的意圖。同樣，如果我們承認生命是自然所賦予，我們為何要質問人生的意義呢？

設想這樣一種情形：有一個落在地上的樹枝，有一天一個趕路人途經樹旁看見了這個樹枝，他靈機一動把它修剪成一支可用的拐杖，然後他帶著成為拐杖的樹枝繼續他的旅程。在這個故事中先天沒有存在意義的樹枝，卻因為路人後天的改造而獲得了目的性，並且被路人賦予了意義。就算我們知道路人的生命，或者樹枝的存在並沒有終極的意義，但我們能夠否認在路人的旅途結束之前，在這短暫的時間軸中，這樹枝存在的意義嗎？

意義是受到意識局限的，這根樹枝的意義不可能企及普世真理，雖然它對路人有意義，一旦路人消失了，這樹枝對一個農夫或者商人並沒有任何意義。也就是說一個事物的意義是

---

52 Michael Steger, Yerin Shim, Jennifer Barenz, Joo Yeon Shin, Through the windows of the soul: A pilot study using photography to enhance meaning in life, Journal of Contextual Behavioral Science, January, 2013.

53 劉黎兒：〈日本人的小確幸是什麼？〉，日經中文網，二〇一六年九月十四日。

54 趙剛：〈世界的再政治化〉，《文化縱橫》雜誌，二〇一四年第十二期。

由意識所規制，可以因為有不同的意識者而具備多重意義，或者只對特定的意識者具備意義。再者，意義是受到時間局限的，樹枝或許在路人的旅途過程中具備意義，一旦路人到達目的地把樹枝扔到路旁，這樹枝就再次失去了意義。「意識」（賦予意義者）是產生意義的必要條件。一朵存在但不曾被意識到的花，與一朵不曾存在的花，意義是相等的。意識是產生意義的先決條件，但就算有了意識，意義也會隨著意識的變化而受到局限。

所以，生命的意義是什麼？或許個體生命並沒有終極的意義，但在無意義的荒漠中存在短暫意義的綠洲。面對生命的意義，你可以用信仰回答，你可以用宏大的企圖心去實踐，也可用小確幸來安放。但只有認清了「無意義」，才能學會「重估一切價值」，才能找準自己存在的根基，才能明白我們在世界上還能做什麼、才能明白何謂真正的生活。

國家圖書館出版品預行編目（CIP）資料

倦怠，為何我們不想工作：努力不一定能賺更多，我的人生站不起來，又不想跪下，除了躺平還可以怎樣？／波波夫著 -- 初版 . -- 臺北市：大是文化，2021.09
368 面；17 x 23 公分 . --（Style：053）
ISBN 978-986-0742-71-8（平裝）

1. 工作心理學　2. 工作壓力

176.76　　110010839

Style 053

倦怠，為何我們不想工作

努力不一定能賺更多，我的人生站不起來，又不想跪下，除了躺平還可以怎樣？

作　　者／波波夫
責任編輯／蕭麗娟
校對編輯／陳竑悳
美術編輯／林彥君
副總編輯／顏惠君
總 編 輯／吳依瑋
發 行 人／徐仲秋
會　　計／許鳳雪
版權經理／郝麗珍
行銷企劃／徐千晴
業務助理／李秀蕙
業務專員／馬絮盈、留婉茹
業務經理／林裕安
總 經 理／陳絜吾

出 版 者／大是文化有限公司
臺北市 100 衡陽路 7 號 8 樓
編輯部電話：（02）23757911
購書相關諮詢請洽：（02）23757911 分機 122
24 小時讀者服務傳真：（02）23756999
讀者服務 E-mail：haom@ms28.hinet.net
郵政劃撥帳號：19983366　戶名：大是文化有限公司
法律顧問／永然聯合法律事務所
香港發行／豐達出版發行有限公司 Rich Publishing & Distribution Ltd
地址：香港柴灣永泰道 70 號柴灣工業城第 2 期 1805 室
Unit 1805, Ph. 2, Chai Wan Ind City, 70 Wing Tai Rd,Chai Wan, Hong Kong
電話：2172-6513　傳真：2172-4355
E-mail：cary@subseasy.com.hk

封面設計／Patrice
內頁排版／Judy
印　　刷／緯峰印刷股份有限公司
2021 年 9 月 初版
定　　價／新臺幣 380 元（缺頁或裝訂錯誤的書，請寄回更換）
I S B N 978-986-0742-71-8
電子書 ISBN／9789860742831（PDF）
9789860742855（EPUB）